中国东方资产管理股份有限公司
CHINA ORIENT ASSET MANAGEMENT CO., LTD.

中国金融不良资产市场调查报告2023

China's Non-Performance Financial Assets Market Investigation Report 2023

王占峰◎主编

中国金融出版社

责任编辑：贾　真
责任校对：李俊英
责任印制：程　颖

图书在版编目(CIP)数据

中国金融不良资产市场调查报告. 2023 / 王占峰主编. —北京：中国金融出版社，2023.4

ISBN 978-7-5220-1953-6

Ⅰ.①中… Ⅱ.①王… Ⅲ.①金融公司—资产管理—调查报告—中国—2023 Ⅳ.①F832.3

中国国家版本馆CIP数据核字（2023）第047181号

中国金融不良资产市场调查报告2023
ZHONGGUO JINRONG BULIANG ZICHAN SHICHANG DIAOCHA BAOGAO 2023

出版发行　中国金融出版社
社址　北京市丰台区益泽路2号
市场开发部　(010) 66024766，63805472，63439533 (传真)
网上书店　www.cfph.cn
(010) 66024766，63372837 (传真)
读者服务部　(010) 66070833，62568380
邮编　100071
经销　新华书店
印刷　北京侨友印刷有限公司
装订　保利达印务有限公司
尺寸　169毫米×239毫米
印张　16
字数　230千
版次　2023年4月第1版
印次　2023年4月第1次印刷
定价　68.00元
ISBN　978-7-5220-1953-6
如出现印装错误本社负责调换　联系电话 (010) 63263947

本书课题组

组　长：王占峰

统　筹：董裕平　刘亚楠

成　员：吕　鑫　谢莉莉　王育森　朱　珠
丁艳平　章　耿　刘　晶　杨洁飞
赵文耀　陈　熙　张文钺

前　言

习近平总书记明确指出，高质量发展是全面建设社会主义现代化国家的首要任务。实现高质量发展是中国式现代化的本质要求之一，确保金融稳定与经济安全既是高质量发展的重要基础，也是实现高质量发展必须跨越的重大关口。党的二十大明确提出要“强化金融稳定保障体系，依法将各类金融活动全部纳入监管，守住不发生系统性风险底线”。防范化解金融风险、保障金融稳定是金融工作的永恒主题。建立统筹协调、快速响应的风险处置决策和执行机制，及时隔离和处置风险，避免金融风险跨机构、跨市场传染，更好统筹存量盘活和增量投放，是确保金融体系稳健运行和有效服务实体经济的关键举措。

作为不良资产经营处置的专业化机构，金融资产管理公司具备科学精准开展风险资产处置和高效规范清收挽损的组织体系，二十多年不良资产市场运作经验的专业队伍，统筹协调多方资源推进风险隔离处置的金融工具与手段，在处置庞大规模风险资产和救助高风险机构的改革实践中发挥了重要作用，成为保障金融稳定、维护金融安全不可或缺的支柱性力量。

2022 年，金融资产管理公司按照“稳定大局、统筹协调、分类施策、精准拆弹”的方针，立足存量风险化解和金融机构救助的战略定位，持续加大金融不良资产收购处置力度，积极参与高风险中小金融机构改革化险，贯彻落实中央“保交楼、稳民生”决策部署，积极探索房地产领域风险化解有效路径，综合运用多种金融工具支持存量资产盘活，大力拓展困境企业重组和破产重整，着力提升实质性重组方式化险的质效，进一步加大对先进制造业等实体经济服务力度，全力做好经济金融领域风险处置工作，助力维护经济金融安全和社会和谐稳定。

当前金融不良资产市场交易不够活跃，不良资产投资者更趋谨慎。不良资产经营机构普遍面临风险资产处置难度加大、处置周期拉长、处置回收率延续震荡下行态势等挑战。金融资产管理公司要立足国情，坚定发展信心，坚持市场化、法治化原则，加快提升自身的不良资产精细化管理能力，加强对上下游产业资源整合，综合运用兼并重组、破产重整、夹层投资、过桥融资、阶段性持股等多种投资银行手段和方式，创新风险化解和处置手段，充分发挥自身专业风险化解机构的引领带动作用，充分调动和激发市场其他参与方的积极性、主动性、创造性，撬动更多社会资本积极参与存量资产盘活，助力困境企业脱困重生，实现金融风险处置成本最小化，切实提升不良资产综合经营水平。同时，就金融体系而言，要继续加强构建涵盖金融风险事前防范、事中化解和事后处置的全流程全链条长效机制，形成横向协同、纵向贯通、齐抓共管的金融风险防范化解合力，牢牢守住不发生系统性风险底线。

金融资产管理公司要牢牢把握高质量发展这个首要任务，全力维护和夯实高质量发展之基。要充分发挥自身战略功能，聚焦不良资产主业，大力防范和化解金融风险，有效维护金融稳定，不断提升金融服务实体经济质效，不断巩固经济运行整体好转和高质量发展持续推进的良好态势，不断实现经济与金融的良性循环。中国东方将以习近平新时代中国特色社会主义思想为指导，坚持金融工作的政治性、人民性，深刻把握金融工作规律，坚定不移地走中国特色金融发展之路，坚定不移地推动高质量发展，推动经济实现质的有效提升和量的合理增长。主动作为、守正创新、统筹协调，汇聚多方力量，积极探索市场化、法治化、常态化的金融风险处置机制，扎实提升处置复杂风险的专业能力，推动建立科学高效的金融稳定保障体系，不断提高金融体系抵御风险能力和服务实体经济质效，维护好国家金融稳定和经济安全，全方位助力推进中国式现代化建设。

为了更加科学地维护好我国金融安全，有效助力金融风险防范化解，中国东方连续16年出版《中国金融不良资产市场调查报告》，及时跟踪金融不良资产市场运行全景。该调查报告坚持问题导向，聚焦中国金融不良资产市场的现状与最新发展动向，对市场主要参与方进行深度调研，前瞻性捕捉金融领域潜在风险隐患信息，积累了比较宝贵的市场数据，同时结合相关数据进行深入研究，形成较为系统全面的分析结论，希望能够为国家防范化解金融风险工作提供有益参考。

王占峰

中国东方资产管理股份有限公司党委书记、董事长

二零二三年三月

目 录

第一部分　宏观环境

第二部分　商业银行观点

第三部分　资产管理公司观点

第四部分　信托公司观点

第五部分　中介机构（含投资人）观点

第六部分　不良资产市场分析与预测

第一部分

宏观环境

2022年，资产管理公司立足不良资产主责主业，积极探索房地产领域风险化解有效路径，大力拓展问题企业实质性重组，深度参与高风险中小金融机构改革化险等，防范化解各类风险，助力维护经济金融体系安全运行和社会的和谐稳定。2023年，随着优化调整疫情防控政策的落实，人流、物流将更加顺畅，经济社会生活各领域都有望加快恢复，经济活力将得到有效释放。课题组针对中国宏观经济与政策、金融风险和不良资产市场等的调整变化，向商业银行、资产管理公司、信托公司、中介机构和经济学家发放了不同类别的调查问卷，灵活运用单选和多选题目相结合的方式，对2023年可能影响不良资产行业发展的相关因素展开全面调查。其中，对经济增长、物价水平、资本市场、宏观经济政策、深化改革和金融监管的判断主要通过对经济学家进行调查和访谈获得，对金融体系风险、金融机构信用风险暴露和金融风险处置的判断则主要通过对相应参与主体进行定向调查获得。

一、对经济增长的判断

（一）预计2023年我国经济增速：3.5%~4.0%

调查结果显示，20.27%的受访者预计2023年我国经济增速为3.5%以下，33.69%的受访者预计增速为3.5%~4.0%，19.21%的受访者预计增速为4.0%~4.5%，12.65%的受访者预计增速为4.5%~5.0%，14.18%的受访者预计增速在5.0%以上（见图1–1）。

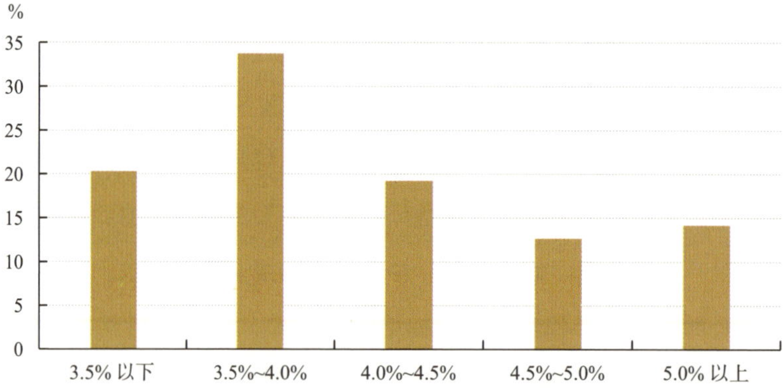

图 1–1　对 2023 年我国经济增速的判断

2022年国内新冠肺炎疫情多发、散发和房地产市场持续走弱是内需不足的重要原因。预计2023年经济运行将回稳向上、整体好转，主要基于以下三个方面：一是国内新冠肺炎疫情防控放开将极大地降低企业和家庭部门面临的不确定性，提升微观主体的投资和消费信心。同时，消费场景的恢复及一系列刺激消费政策的出台也将激发短期消费活力，推动消费倾向恢复正常，提升消费需求对经济的支撑作用。二是伴随房地产政策的调整加力，房地产行业下滑趋势或将有所缓解，房地产销售和投资有望逐步企稳，对经济的拖累减弱。三是政策性开发性金融工具将持续发力，基建投资和制造业投资有望继续受到积极宏观政策托举，实现稳健增长。

（二）预计制造业固定资产投资增速：9%~11%

调查结果显示，44%的经济学家预计2023年制造业固定资产投资增速为9%~11%，22%的经济学家预计增速为7%~9%，16%的经济学家预计增速为5%~7%，18%的经济学家预计增速在11%以上，没有经济学家预计增速将低于5%（见图1–2）。

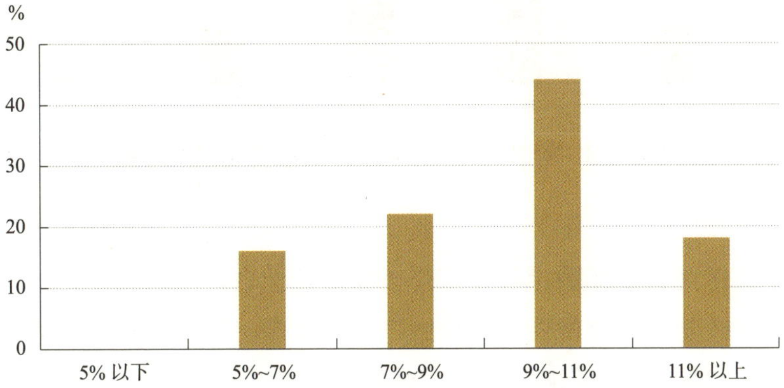

图 1–2　对 2023 年制造业固定资产投资增速的判断

制造业企业杠杆率抬升或是2022年制造业投资保持较高增速的主要原因。从制造业企业的资产负债率来看，2022年规模以上制造业企业资产负债率已从2021年末的54.85%提高到55.56%。2023年，由于制造业企业利润总额持续负增长，叠加出口增速下滑，因此预计制造业企业进一步加杠杆投资的动能将有所减弱。同时，政策层面推动制造业补短板，尤其是围绕涉及产业链安全的薄弱环节，预计制造业产业链转型升级的相关投资将是全年的增长亮点。半导体制造、先进制程、新材料、传统制造业的关键零部件、航空发动机及其关键零部件、生物医药等将是制造业投资的重点领域。

（三）预计房地产开发投资增速：–5%~0

调查结果显示，各有10%的经济学家预计2023年房地产开发投资增速在–5%以下和5%~10%，46%的经济学家预计增速为–5%~0，32%的经济学家预计增速为0~5%，2%的经济学家预计增速在10%以上（见图1-3）。

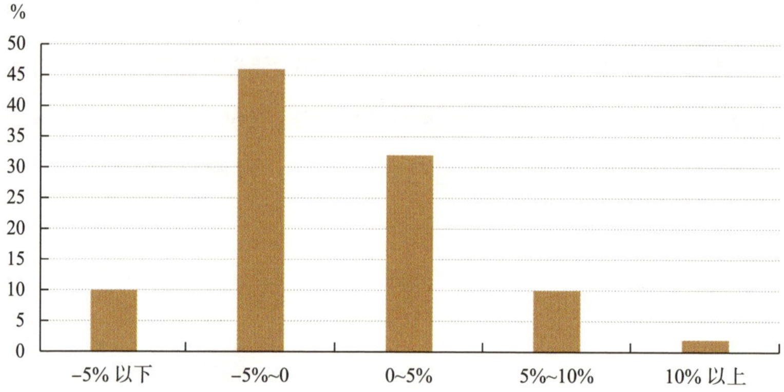

图 1-3　对 2023 年房地产开发投资增速的判断

2022年中央经济工作会议明确要求，确保房地产市场平稳发展，扎实做好保交楼、保民生、保稳定各项工作，满足行业合理融资需求，推动行业重组并购，有效防范化解优质头部房地产企业风险，改善资产负债状况。伴随着《中国人民银行 中国银行保险监督管理委员会关于做好当前金融支持房地产市场平稳健康发展工作的通知》（银发〔2022〕254号，以下简称“金融16条”）及围绕优质头部房地产企业纾困政策的出台，房地产行业将逐步获得信贷、债券、股权等多方的合理资金支持，房地产企业的流动性短期内有望得到进一步改善。但房地产发展模式重构和市场主体资产负债表修复需要时间，行业企稳从根本上取决于市场需求的有效复苏。从销售回暖带动房地产企业拿地、新开工情况好转，再传导至房地产投资增长的复苏进程相对缓慢。短期内，房地产企业将优先处理库存和未竣工项目建设，市场销售仍处于探底整理阶段，新开工项目或将延后。全年房地产开发投资增速预计仍将为负。

（四）预计基建投资增速：8%~10%

调查结果显示，46%的经济学家预计增速为8%~10%，28%的经济学家预计增速在10%以上，16%的经济学家预计增速为6%~8%，10%的经济学家预计增速为4%~6%，没有经济学家认为2023年基建投资增速会低于4%（见

图1–4）。总体来看，74%的经济学家认为我国基建投资增速在8%以上。

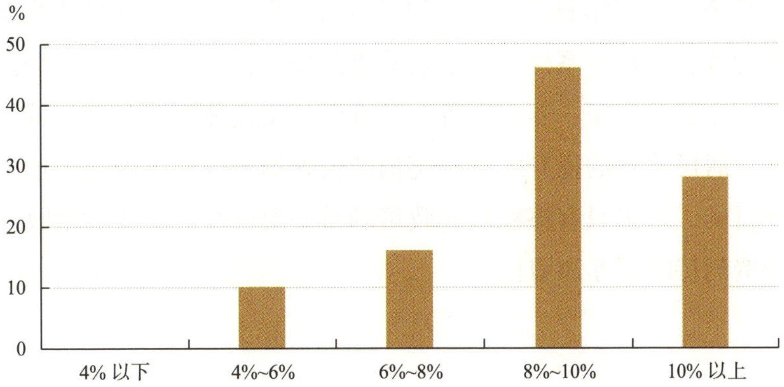

图 1–4　对 2023 年基建投资增速的判断

2022年中央经济工作会议明确指出，着力扩大国内需求。要通过政府投资和政策激励有效带动全社会投资，加快实施“十四五”重大工程，加强区域间基础设施联通。从资金来源来看，人民银行货币政策委员会2022年第四季度例会明确指出，用好政策性开发性金融工具，重点发力支持和带动基础设施建设。随着2022年国务院发布的《关于进一步盘活存量资产扩大有效投资的意见》逐步落地见效，存量资产的盘活也可能构成2023年基建投资的重要资金补充。水利、交通、农业农村基础设施，市政及园区改造，光伏、风电设施建设，特高压，数据中心等将是基建投资的重点领域。

（五）预计社会消费品零售总额增速：1%~3%

调查结果显示，50%的经济学家预计2023年全国社会消费品零售总额增速为1%~3%，22%的经济学家预计增速为3%~5%，14%的经济学家预计增速为5%~7%，10%的经济学家预计增速在1%以下，4%的经济学家预计增速在7%以上（见图1–5）。

2023年经济活动正常化将是消费恢复的重要驱动因素，短期内刺激消费复苏的直接原因主要有三个方面：一是疫情防控放开后，将显著降低全社会的不确定性，稳定消费信心，这将有助于稳投资、稳就业和稳收入，提升居民部门的消费倾向，进而实现稳消费的目的；二是伴随消费场景的恢复，服务消费有望迎来明显反弹，从海外经验来看，经济重启后服务消费的修复显著好于商品消费，整体的反弹力度和可持续性将取决于经济总体修复状况和政策刺激力度；三是一系列刺激消费政策的出台，将有助于激发居民部门在住房改善、新能源汽车、养老服务、教育医疗文化体育服务等领域的消费潜力。然而，居民收入的提升才是决定消费长期增长的根本因素，也是经济发展的最终目的，未来只有将稳增长政策的重心集中在扩就业和增收入方面才能实现消费的持续复苏和增长。

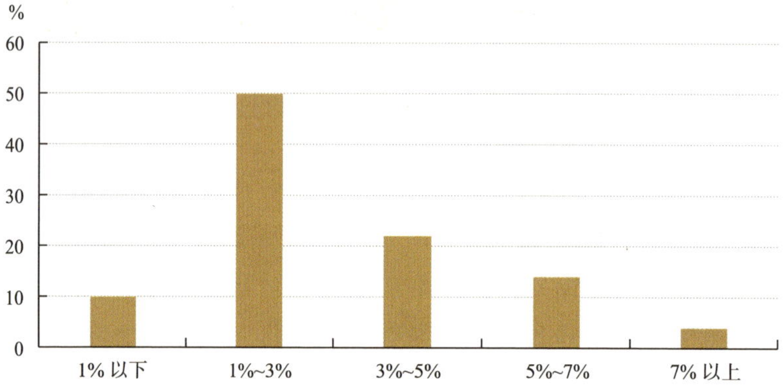

图 1-5　对 2023 年全国社会消费品零售总额增速的判断

（六）预计商业房销售面积增速：–10%~0

调查结果显示，34%的经济学家预计2023年商品房销售面积增速为–10%~0，30%的经济学家预计增长0~10%，26%的经济学家预计增速在–10%以下，6%的经济学家预计增速在10%以上，4%的经济学家表示不确定（见图1–6）。

2022年全国商品房销售面积达13.58亿平方米，同比大幅下降24.3%。2023年伊始，中国人民银行、中国银保监会建立首套住房贷款利率政策动态调整机制，明确将住房贷款利率政策与新建住房价格走势挂钩，有助于各地“因城施策”，更好地运用利率工具，稳定房地产市场。当前我国常住人口城镇化率达65.22%，同发达经济体城镇化率普遍在80%以上相比，我们仍有较大的发展空间。2022年中央经济工作会议明确指出，要支持刚性和改善性住房需求。伴随房地产系列调控政策的落地见效，预计来自城镇人口增长、城市更新改造、住房质量和消费区域升级、居住条件改善等系列的住房消费需求将得到有效激发，全国房地产销售面积有望企稳回升。

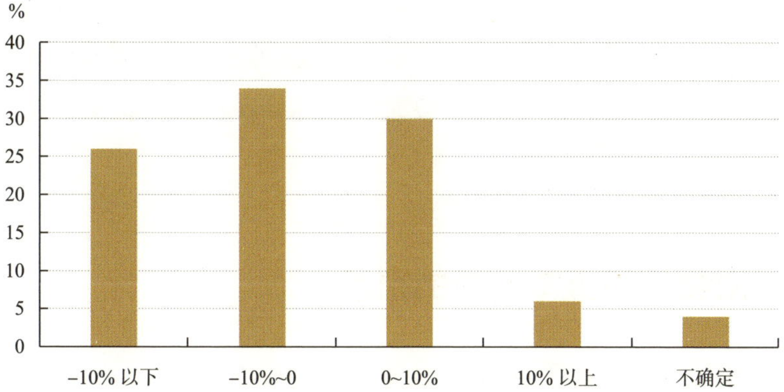

图 1-6　对 2023 年商品房销售面积增速的判断

（七）预计出口增速：8%~11%

调查结果显示，38%的经济学家预计2023年我国出口增速为8%~11%，20%的经济学家预计增速为5%~8%，各有12%的经济学家预计增速为11%以上和2%~5%，18%的经济学家预计增速在2%以下（见图1-7）。总体来看，50%的经济学家认为出口增速在8%以上。

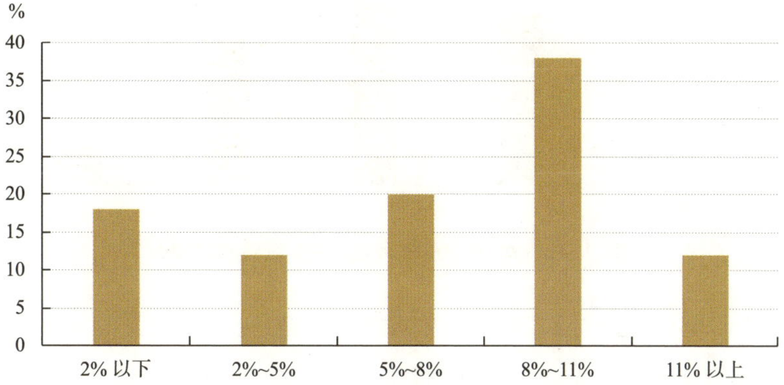

图 1-7　对 2023 年我国出口增速的判断

2023年，地缘政治冲突延宕发酵，美欧等反通货膨胀政策倾向延续，外部经济衰退风险加大，大宗商品价格高位波动，粮食和能源安全问题依然突出，世界经济可能面临滞胀局面，全球贸易形势不容乐观。根据国际货币基金组织的预测，2023年全球经济增速将从2022年的3.4%降至2.9%。从前瞻性指标来看，2022年9月以来，摩根大通全球制造业PMI已下降至50%以下，并延续回落态势。伴随海外供给能力恢复，国际补库存需求弱化，我国经济外部需求面临进一步下滑压力。

二、对物价和资本市场的判断

（一）预计居民消费价格指数涨幅：2%~2.5%

调查结果显示，40%的经济学家预计2023年居民消费价格指数（CPI）涨幅为2.0%~2.5%，28%的经济学家预计涨幅为1.5%~2.0%，24%的经济学家预计涨幅为2.5%~3.0%，6%的经济学家预计涨幅在3.0%以上，2%的经济学家预计涨幅低于1.5%（见图1–8）。

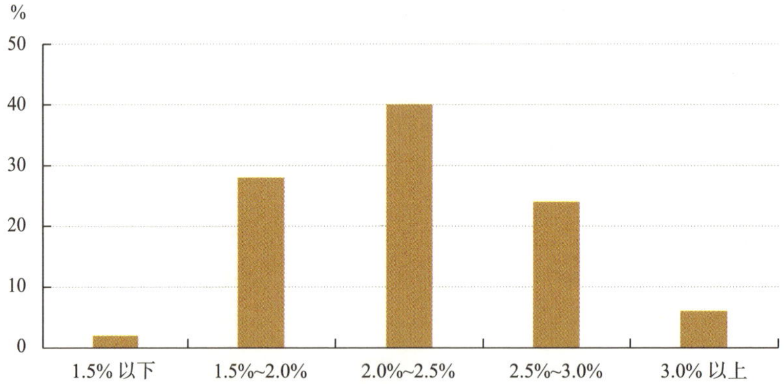

图 1–8　对 2023 年我国 CPI 涨幅的判断

2022年CPI同比上涨2.2%，其中食品价格上涨是主要驱动因素。2023年，从食品价格来看，伴随生猪繁育出栏量的稳步回升，猪肉价格或将逐步回落，食品价格指数增速预计将明显下降。从非食品价格来看，随着疫情管控放开，财政、货币、房地产、产业、科技、社会等一系列政策协同发力，居民部门就业、收入、消费信心将有所改善，总需求稳步回升，非食品价格指数增速或止跌回升。综合食品价格和非食品价格的变动趋势来看，预计2023年居民消费价格指数将保持基本稳定。

（二）预计工业生产者出厂价格指数涨幅：3%以上

调查结果显示，50%的经济学家预计2023年工业生产者出厂价格指数（PPI）涨幅将超过3%，30%的经济学家预计涨幅为2%~3%，16%的经济学家预计涨幅为1%~2%，4%的经济学家预计涨幅在0以下（见图1-9）。

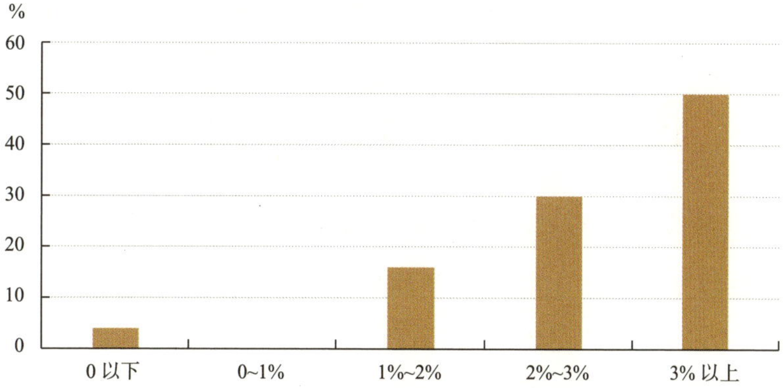

图 1-9 对 2023 年我国 PPI 涨幅的判断

2022年，我国PPI同比涨幅持续回落，全年上涨4.1%左右。2023年价格走势预计将呈现如下特征：一是受全球经济走弱、美国货币政策收紧节奏放缓、全球供应链逐步修复等因素影响，大宗商品价格中枢将有所回落；二是伴随疫情管控措施调整，以及各项稳经济政策持续作用，国内经济需求逐步回升，钢铁、有色金属等产品需求或将逐渐恢复，带动相关工业产品价格回升；三是随着各地促进房地产健康发展政策落地见效，中游建材相关生产资料价格将获得一定支撑。综合考虑PPI的低基数效应，2023年全年PPI同比增速中枢将显著低于2022年。

（三）预计规模以上工业企业利润增速：2%~4%

调查结果显示，40%的经济学家预计2023年规模以上工业企业利润增长2%~4%，28%的经济学家预计增长0~2%，20%的经济学家预计增长-2%~0，8%的经济学家预计增速在-2%以下，4%的经济学家预计增速会高于4%（见图1-10）。

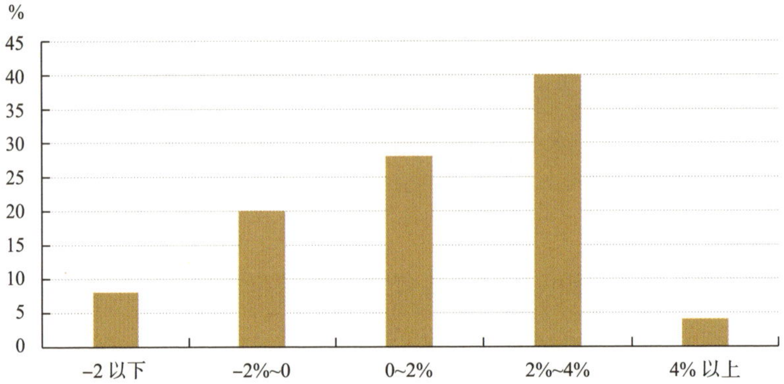

图 1-10　对 2023 年规模以上工业企业利润增速的判断

从历史数据来看，工业企业利润增速与名义GDP增速基本同步。2023年，从营收方面来看，国内疫情防控放开对经济活动是一个极大的正面因素，叠加房地产政策调整加力，国内总需求将稳步复苏，全年名义GDP增速有望迎来较大改善，工业企业营收增速有望整体上行。从成本方面来看，疫情带来的供给端约束效应将持续弱化，资产周转率有望逐步提升，工业企业融资成本有望进一步下降，减税降费和助企纾困政策效果会持续显现，因此工业企业的成本费用率预计将持续走低。工业企业营业收入和成本支出两端发力，将对工业企业利润增速回升形成有力支撑。

（四）预计商品房住宅价格走势：基本持平

调查结果显示，39.02%的受访者认为2023年受房地产企业违约影响，我国商品房住宅价格走势将基本持平，37.50%的受访者认为将小幅下降，19.51%的受访者认为将小幅上涨，2.90%的受访者认为将大幅下降，1.07%的受访者认为将大幅上涨（见图1–11）。

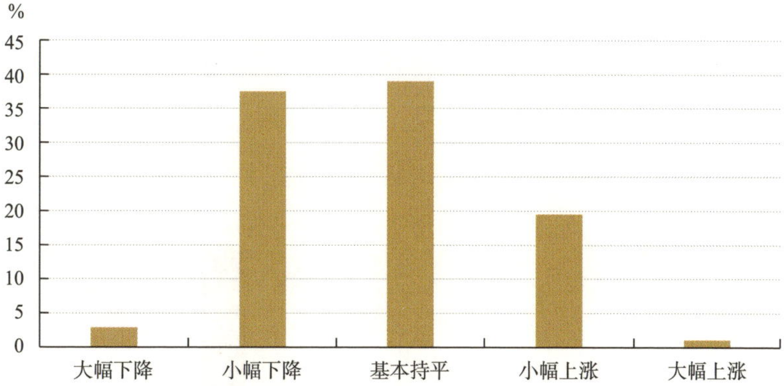

图 1–11　对 2023 年我国商品房住宅价格走势的判断

2023年全国住房和城乡建设工作会议要求，要牢牢坚持“房子是用来住的、不是用来炒的”定位，增强政策的精准性协调性，以更大力度精准支持刚性和改善性住房需求，提升市场信心，努力保持供需基本平衡、结构基本合理、价格基本稳定。中国人民银行和中国银保监会建立新发放首套住房贷款利率政策动态调整机制，新建商品住宅销售价格环比和同比连续3个月均下降的城市，可阶段性维持、下调或取消当地首套住房贷款利率政策下限。整体来看，本轮房地产行业风险并未形成大面积的库存积累和过剩。伴随经济恢复常态化，居民部门的购房信心恢复，房地产价格有望保持基本平稳。

（五）预计上证综指：小幅上涨

调查结果显示，62%的经济学家预计2023年上证综指将小幅上涨，16%的经济学家认为会基本稳定，12%的经济学家预计将大幅上涨，10%的经济学家预计将小幅下跌，没有经济学家认为会大幅下跌（见图1–12）。

2022年资本市场走势疲软，与投资者信心大幅下滑和储蓄率大幅提升有很大关系。伴随内需的加快恢复，2023年将存在诸多支撑资本市场向好的基础性有利因素，这将扭转投资者对市场的悲观预期：一是疫情防控政策优化调整，叠加一系列稳增长、促生产的政策将推动经济重新回到正常轨道，企业盈利有望逐步迎来改善；二是伴随消费者信心的恢复，疫情防控对资产配置的不确定性冲击降低，投资者配置风险资产的意愿有望抬升；三是2022年中央经济工作会议指出，稳健的货币政策要精准有力，当前货币政策的重心依旧在稳经济，货币政策偏宽松的格局不会变。综合来看，全年资本市场有望保持企稳回升态势。

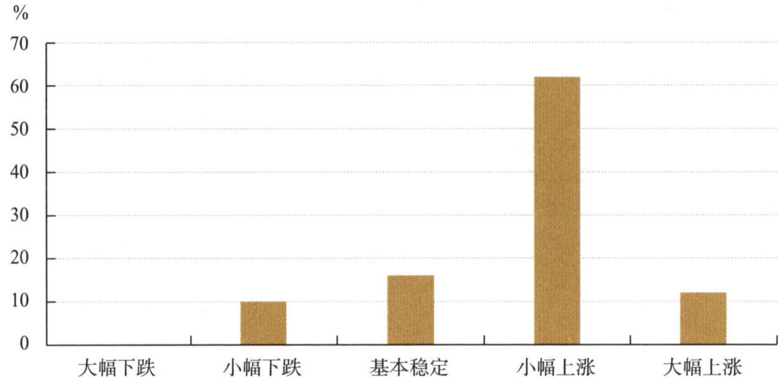

图 1-12　对 2023 年上证综指的判断

（六）预计上市商业银行合理市净率：0.6~0.8

调查结果显示，58.99%的受访者预计2023年上市商业银行的平均市净率为0.6~0.8，23.48%的受访者预计为0.8~1.0，11.13%的经济学家预计在0.6以下，3.81%的受访者预计为1.0~1.2，2.59%的受访者预计在1.2以上（见图1-13）。

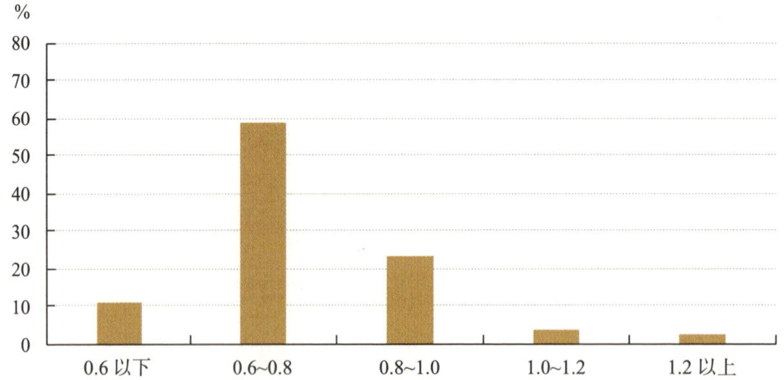

图 1-13　对 2023 年上市商业银行市净率的判断

2022年，受新冠肺炎疫情扰动、外部冲击的影响，企业部门投资信心不足，居民部门消费意愿下降，实体经济信贷需求出现萎缩。商业银行营业收入和净息差均显著下降，叠加房地产信用风险预期恶化，上市商业银行估值持续回落。2022年中央经济工作会议要求，要坚持稳字当头、稳中求进。2023年，在稳增长政策加码、防控政策优化、地产政策调整加力等多种政策的协调联动下，全年融资需求的逐步修复和信用风险的缓释有望带动商业银行基本面改善。资产规模增速的加快及减值损失同比下降将部分抵消净息差收窄带来的负面效应，全年净利润增长情况将有所改善，有望支撑商业银行估值回升。

（七）预计人民币兑美元中间价：围绕7.0小幅波动

调查结果显示，66%的经济学家预计2023年人民币兑美元中间价围绕7.0小幅波动，18%的经济学家预计单边升值，10%的经济学家预计围绕7.0大幅波动，2%的经济学家预计单边贬值，4%的经济学家表示难以判断（见图1-14）。

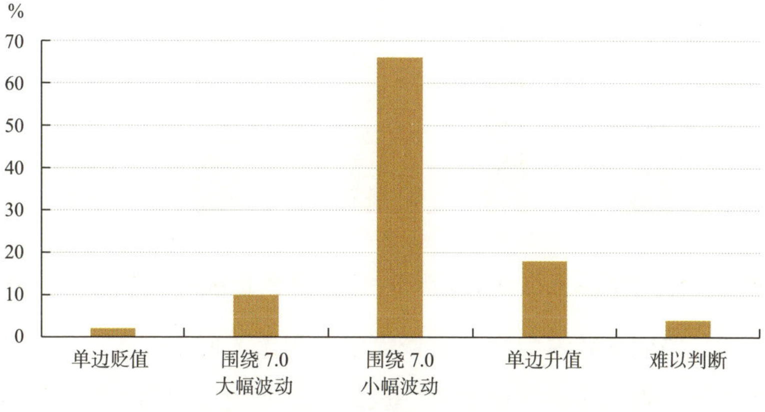

图 1-14　对 2023 年人民币兑美元中间价的判断

2022年，人民币汇率呈阶段性震荡走贬态势，年末逐渐回升。2023年，支撑和施压人民币汇率的因素继续相互交织，人民币汇率将呈现双向波动、弹性增强的温和回升态势。2022年12月的美联储议息会议大幅下调美国未来一年的经济增速，美国经济“软着陆”的空间更加逼仄，全球经济下行压力进一步加大。反观国内，随着稳增长、稳就业、稳物价的政策效力逐步凸显，市场信心将得到修复，经济增长动能将显著回升，我国经济基本面有望实现稳健复苏。整体来看，2023年我国经济“内升外降”格局将有力支撑人民币汇率温和回升。此外，随着美国通货膨胀出现降温迹象，美联储紧缩步伐或将放缓，由此对人民币造成的贬值压力将边际减小。

（八）欧美各国通货膨胀率稳定回落到2%~3%的正常水平的时间：2025年

调查结果显示，36%的经济学家预计欧美各国的通货膨胀率稳定回落到2%~3%的正常水平的时间可能在2025年，34%的经济学家预计在2024年，10%的经济学家预计在2026年，6%的经济学家预计在2023年，14%的经济学家不确定（见图1-15）。

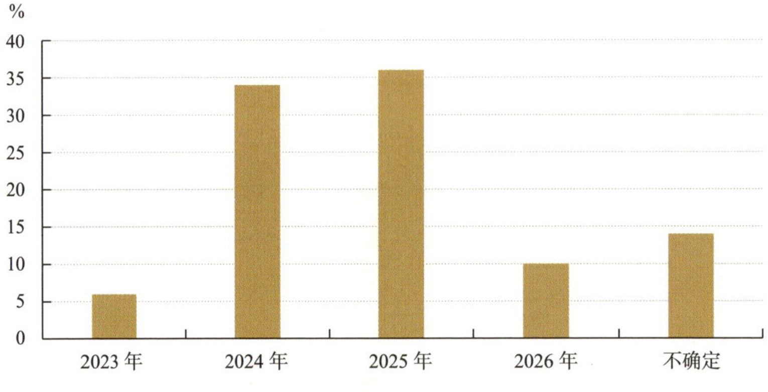

图 1-15　对欧美各国通货膨胀率稳定回落到正常水平的时间的判断

2022年，美国和欧洲国家的通货膨胀率创出了四十多年以来的新高。本轮物价上涨既是需求端政策的影响，也是供给侧约束的结果。自新冠肺炎疫情以来，美国超常规的财政和货币刺激政策，助涨了旺盛的居民消费需求，特别是拜登政府通过发放现金补贴、失业金救济等手段支持居民部门现金流量表复苏。同时，新冠肺炎疫情引发劳动力短缺、供应链瓶颈频发，叠加地缘政治冲突等因素，上游能源涨价、中游半导体产业缺芯、下游海运拥堵，供给约束持续发酵，导致广泛的商品和服务价格飙升。考虑到供应链短期约束难以快速得到缓解，物价回落到正常水平可能要持续一段时间。

三、对宏观经济政策的判断

（一）2023年宏观经济政策应该优先考虑和重点解决的问题：就业问题和经济增长

调查结果显示，88%的经济学家认为2023年宏观经济政策应该优先考虑和重点解决的问题是就业问题，72%的经济学家认为是经济增长，52%的经济学家认为是房地产信用违约，36%的经济学家认为是通货膨胀，26%的经济学家认为是不良资产问题，10%的经济学家认为是杠杆率高企，8%的经济学家认为是外汇市场（见图1–16）。

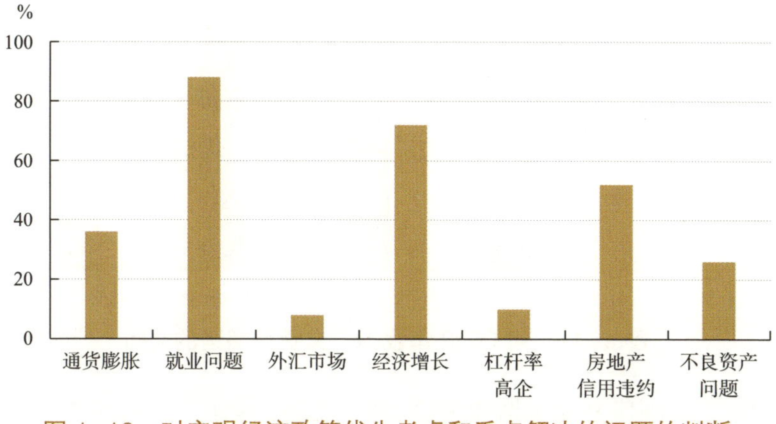

图 1–16　对宏观经济政策优先考虑和重点解决的问题的判断

2022年中央经济工作会议指出，当前我国经济恢复的基础尚不牢固，需求收缩、供给冲击、预期转弱三重压力仍然较大，外部环境不稳定因素增加，给我国经济带来的影响加深，要突出做好稳增长、稳就业、稳物价工作。经济增速下滑、失业率上升导致的内部需求不足和信心不足是宏观经济面临的主要矛盾。就业是民生之本，也是畅通经济循环的重要支撑和关键环节。居民部门的高就业压力和债务比例是抑制居民部门消费倾向的重要原因。中小企业经营困难，就业难度加大，尤其是青年失业率有所上升。2022年12月，全国31个大城市的调查失业率达6.1%，16~24岁就业人口调查失业率仍然高达16.7%。此外，国家统计局的数据显示，2023年高校毕业生将超过1150万人，再创历史新高。为此，稳就业和稳增长是当前宏观经济政策的重要发力点。

（二）预计广义货币增速：10%~12%

调查结果显示，50%的经济学家预计2023年我国广义货币增速为10%~12%，30%的经济学家预计增速为8%~10%，8%的经济学家预计增速为6%~8%，12%的经济学家预计增速在12%以上，没有经济学家预计增速会低于6%（见图1-17）。

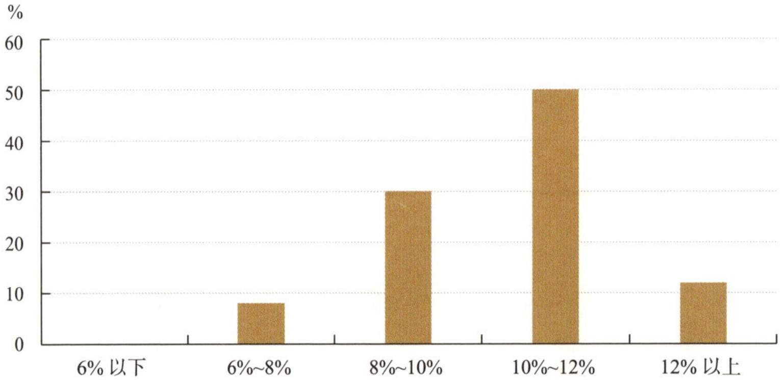

图 1-17　对 2023 年我国广义货币增速的判断

2022年，我国广义货币增速为11.8%，较2021年上升2.8个百分点，居民部门资产负债结构和消费投资行为的调整是广义货币增速抬升的重要原因，这种调整主要表现为以下两个方面：一是居民部门购房支出下降。2022年居民部门用于新房购置的支出约为13.5万亿元，比2021年减少4.7万亿元。如果考虑到二手房因素，购房支出降幅会更大。二是股市下跌、理财破净等导致居民部门投向各类金融资产的资金大量回流至银行存款。2023年，鉴于经济增长预期逐步企稳，信贷投放规模将显著回升，居民部门有望进一步加大对房地产、股票、银行理财等资产的配置，全年广义货币增速有望保持在10%以上。

（三）预计社会融资规模存量增速：10%~12%

调查结果显示，58%的经济学家预计2023年我国社会融资规模存量增速为10%~12%，22%的经济学家预计增速为8%~10%，16%的经济学家预计增速为12%~14%，各有2%的经济学家预计增速在8%以下和14%以上（见图1-18）。

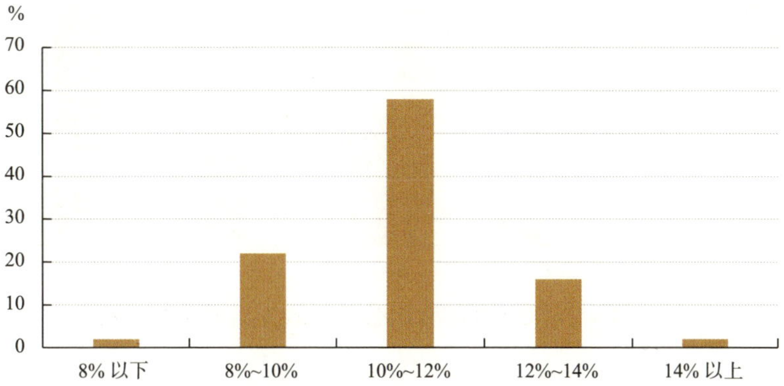

图 1-18　对 2023 年我国社会融资规模存量增速的判断

2022年，我国社会融资规模存量余额同比增速为9.6%。2023年要实现经济产出的扩张，就意味着宏观杠杆率要进一步提升，信用扩张需继续加力提效，预计我国社会融资将表现出如下三个特征：一是随着经济筑底修复，储蓄意愿或将下降，居民消费和企业投资需求回升，信贷需求增速有望明显回暖；二是随着2022年国务院发布的《关于进一步盘活存量资产扩大有效投资的意见》逐步落地见效，2023年存量资产的盘活或将成为新增社会融资的重要来源；三是按照“资产激活”“负债接续”“权益补充”“预期提升”的优质房地产企业资产负债表改善要求，防范风险从问题房地产企业向优质房地产企业扩散，房地产企业融资环境会延续改善势头，特别是银行贷款和债券融资规模均有望较大幅度回升。整体来看，2023年我国社会融资规模存量余额增速有望在稳增长背景下稳步回升。

（四）预计公共财政支出增速：6%以上

调查结果显示，48%的经济学家预计2023年我国公共财政支出增速在

6%以上，20%的经济学家预计增速为5%~6%，26%的经济学家预计增速为4%~5%，6%的经济学家预计增速为3%~4%，没有经济学家预计增速会低于3%（见图1–19）。

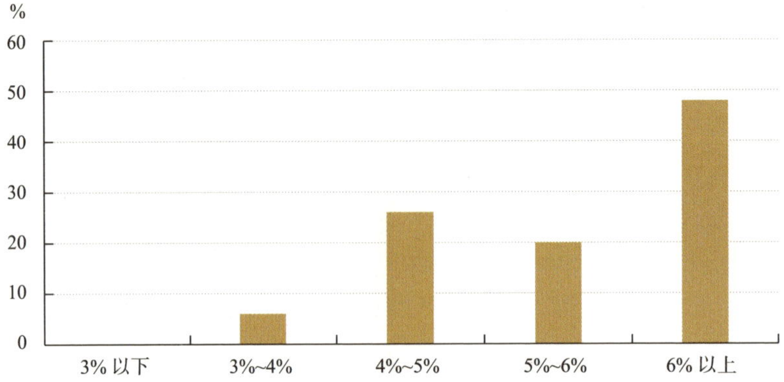

图 1–19　对 2023 年我国公共财政支出增速的判断

2022年中央经济工作会议指出，保持必要的财政支出强度，优化组合赤字、专项债、贴息等工具，在有效支持高质量发展中保障财政可持续和地方政府债务风险可控。考虑到地方土地出让金收入减少等因素，适度扩大中央财政赤字率，提升财政撬动社会资金的杠杆作用或将是未来财政政策的主要发力点，具体可以通过如下三个途径来实施：一是适度扩大中央财政赤字规模和地方政府专项债规模、扩大政策性开发性金融对基础设施的投融资力度等，为积极的财政政策提供资金支持；二是加大财政资金对重点领域的撬动支持力度，通过财政贴息等办法支持基础设施、关键核心技术攻关、新能源转型和绿色发展等，发挥好财政资金四两拨千斤的作用；三是加强机关事业单位和基础设施等存量资产盘活，既可减轻财政资金支付压力，又可提高存量资产使用效益，扩大政府增量支出来源。

（五）预计宏观杠杆率：小幅上升

调查结果显示，43.45%的受访者预计2023年我国宏观杠杆率将小幅上升，27.44%的受访者预计基本持平，19.97%的受访者预计小幅下降，6.55%的受访者预计大幅上升，2.59%的受访者预计大幅下降（见图1–20）。

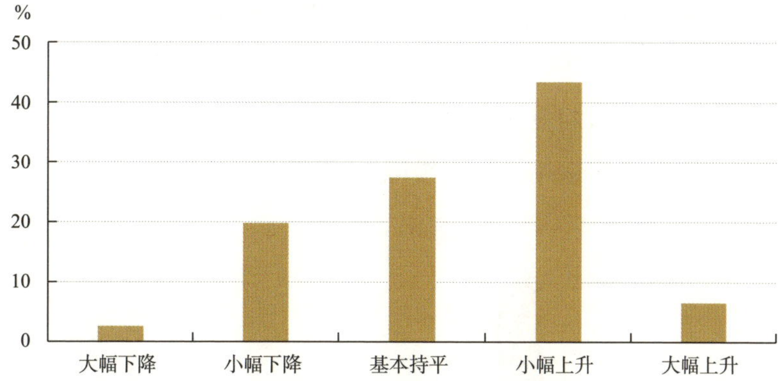

图 1-20　对 2023 年我国宏观杠杆率的判断

宏观杠杆率变动主要取决于各部门债务余额与名义GDP增速的相对变化情况。2023年，从各部门债务余额的增速来看，伴随房地产政策调整加力，家庭、企业和地方政府的投融资需求预计将稳步回升，债务融资增速将稳步提高。从名义GDP增速来看，欧美等主要经济体将面临衰退风险，外需可能转向负增长。国内疫情防控放开对经济活动是一个极大的正面因素，叠加房地产政策调整加力，国内需求将稳步复苏。全年的名义GDP增速或出现较大幅度改善，债务资金使用效率有望进一步提升，全年宏观杠杆率或小幅上升。

（六）预计货币政策措施：结构性降息

调查结果显示，64%的经济学家认为2023年我国货币政策措施是结构性降息，28%的经济学家认为是政策利率保持稳定，各有4%的经济学家认为是全面降息和结构性加息，没有经济学家认为会全面加息（见图1-21）。

2022年中央经济工作会议指出，要保持流动性合理充裕，保持广义货币供应量和社会融资规模增速同名义经济增速基本匹配，引导金融机构加大对小微企业、科技创新、绿色发展等领域的支持力度。2022年，广义货币增速与社会融资规模存量增速出现明显的方向背离，全年广义货币同比增速由2021年末的9%提升到11.8%，而同期社会融资规模存量余额同比增速则从10.3%回落至9.6%。整体来看，中国人民银行的货币投放并未完全转换为全社会的信用扩张。因此，扩信用将是2023年货币政策的主要着力点。借助结构性降准降息、再贷款等政策工具和政策性开发性金融工具推动特定领域的信用修复和信用扩张或将是政策重点。具体而言，制造业、基建投资、新能源等或将是货币政策扩信用的重点领域。

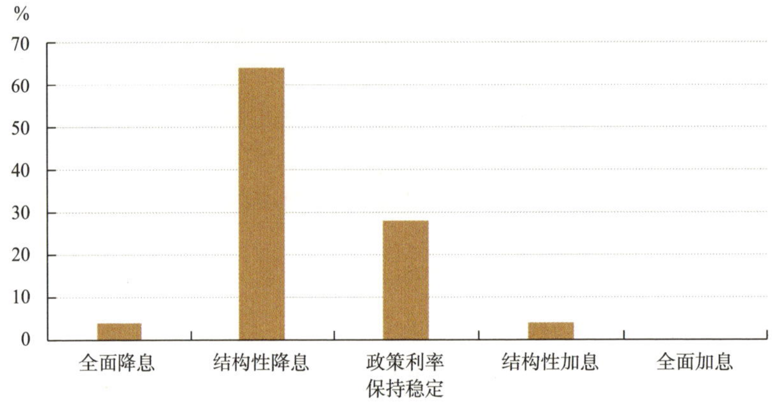

图 1-21　对 2023 年我国货币政策措施的判断

（七）预计1年期贷款市场报价利率报价：小幅下降

调查结果显示，56%的经济学家预计2023年1年期贷款市场报价利率（LPR）报价将小幅下降，40%的经济学家预计将与2022年基本持平，4%的经济学家预计将小幅上升，没有经济学家预计会大幅下降或大幅上升（见图1-22）。

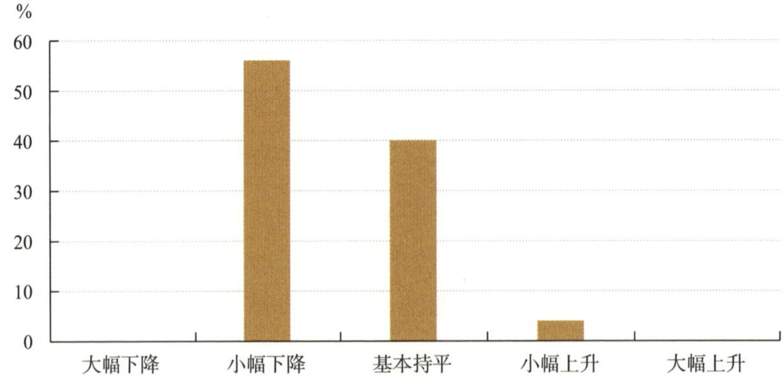

图 1-22　对 2023 年我国 1 年期 LPR 报价的判断

2022年，1年期LPR和5年期LPR分别下降15个基点和35个基点，全年新发放企业贷款加权平均利率为4.17%，比2021年降低34个基点。根据中国人民银行工作会议的要求，要精准有力实施好稳健的货币政策，综合运用多种货币政策工具，保持流动性合理充裕，促进降低实体经济综合融资成本。考虑到工业企业利润的负增长及居民部门的收入下滑等因素，降低融资成本是激活企业与居民部门信贷需求的有效方式。因此，预计2023年LPR定价存在进一步下调的可能性。

四、对深化改革和金融监管的判断

（一）以物抵债税收优惠政策对加快推动不良资产处置：具有一定的积极影响

调查结果显示，70.58%的受访者认为以物抵债税收优惠政策对加快推动不良资产处置具有一定的积极影响，6.10%的受访者认为具有明显的积极影响，16.62%的受访者认为无明显影响，5.95%的受访者认为具有一定的消极影响，0.76%的受访者认为具有明显的消极影响（见图1–23）。

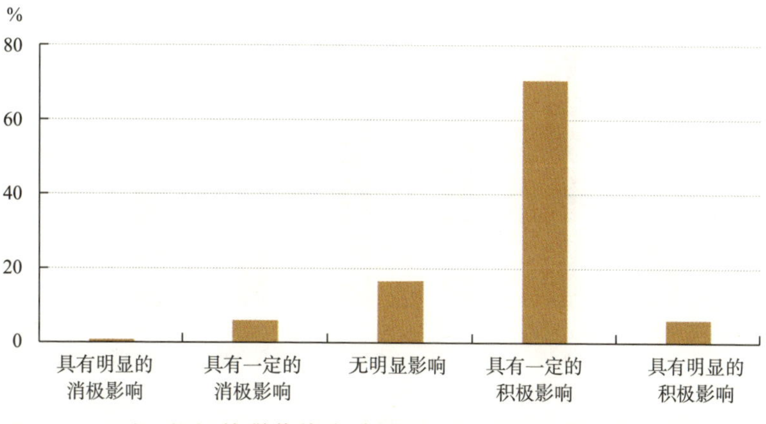

图 1–23　对以物抵债税收优惠政策对加快推动不良资产处置的判断

2022年，财政部、税务总局发布的《关于银行业金融机构、金融资产管理公司不良债权以物抵债有关税收政策的公告》明确对银行业金融机构、金融资产管理公司接收、持有和处置抵债资产给予一系列的税收优惠。从接收环节来看，对金融机构接收抵债资产给予了契税、印花税的免税政策。从持有环节来看，对金融机构持有的抵债不动产相关的房产税和城镇土地使用税进行了减免。从处置环节来看，解决了处置抵债资产过程中的重复征税问题。不良资产以物抵债的税收政策调整将显著压降抵债资产接收、持有、处置阶段的税收成本，有助于鼓励金融机构收购和处置不动产相关联的不良资产，丰富不良资产处置手段，提升不良资产处置效率，在一定程度上可以加快金融机构不良资产的处置进程。

（二）构建新发展格局需要优先关注：激活需求潜力和强化核心技术能力攻坚

调查结果显示，88%的经济学家认为在新形势、新条件下构建新发展格局需要优先关注激活需求潜力，64%的经济学家认为是强化核心技术能力攻坚，56%的经济学家认为是构建全国统一大市场，40%的经济学家认为是扩大对外开放力度，各有22%的经济学家认为是提升供给能力和提升战略性资源保障能力，没有经济学家认为是强化外资安全审查（见图1–24）。

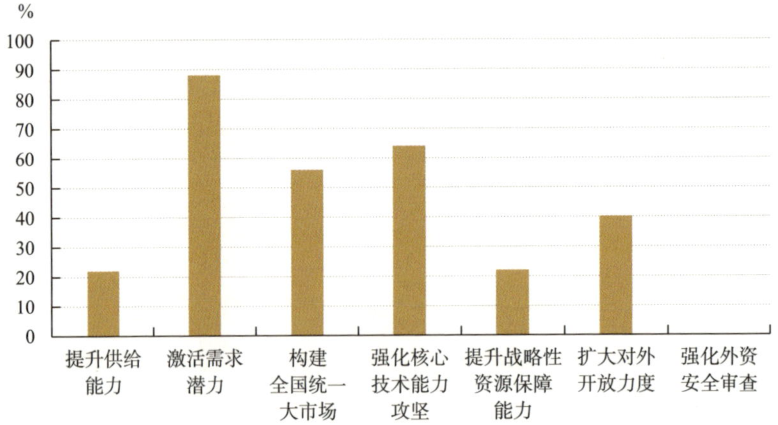

图 1–24 对构建新发展格局的优先关注点的判断

加快构建以国内大循环为主体、国内国际双循环相互促进的新发展格局，是以中国式现代化全面推进中华民族伟大复兴的首要任务，也是要不断深化供给侧结构性改革，同时注重需求侧改革，打通堵点，补齐短板，贯通生产、分配、流通、消费各环节，形成需求牵引供给、供给创造需求的更高水平动态平衡，提升国民经济体系整体效能。具体到政策层面，一是要激活需求潜力，真正发挥需求牵引供给的效能，充分发挥需求在各环节的指南针作用，有什么样的消费需求，就会有什么样的生产供给，既要注重数量上又要注重质量上的消费需求，由大规模、高质量的消费需求牵引生产供给。二是要强化核心技术能力攻坚，发挥科技革命引领产业变革和供给变革的独特优势，切实激发中高端供给、提高供给效率、优化资源配置，由中高端、高效率、合理配置的供给创造需求。

（三）完善金融监管的重点方向：宏观审慎管理和维护市场稳定

调查结果显示，各有74%的经济学家认为当前完善金融监管的重点方向是宏观审慎管理和维护市场稳定，50%的经济学家认为是处置问题机构，36%的经济学家认为是微观审慎监管，28%的经济学家认为是保护消费权益，26%的经济学家认为是打击金融犯罪（见图1-25）。

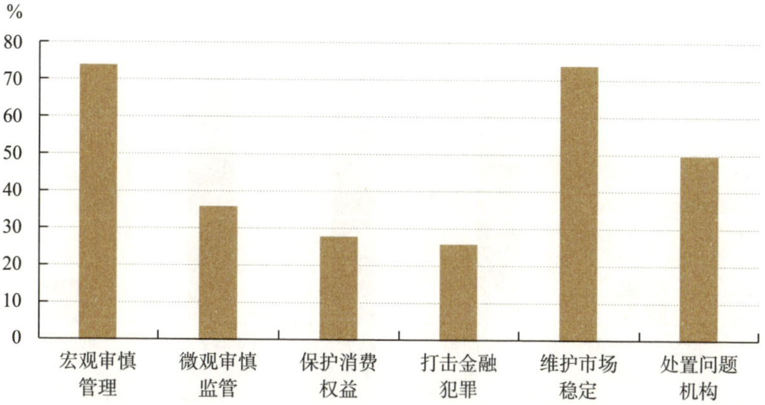

图 1-25　对完善金融监管的重点方向的判断

防范和化解系统性风险、避免全局性金融危机是金融治理的首要任务，其重点是聚焦金融机构和金融市场的风险防范，纲举目张推进改革化险工作稳步向前。首先要全面落实宏观审慎管理要求，发挥好宏观审慎管理着眼宏观、逆周期调节、防风险传染的功能，强化系统性风险监测、评估和预警，形成标准化的监测评估体系，有序实施系统重要性银行附加监管，切实强化对金融机构的风险研判和监管。其次要聚焦金融市场，全力维护金融市场稳定。金融市场是经济社会运行的集中映射，在经济全球化背景下，国际各种事件都可能影响市场情绪，更加容易出现“大起大落”的异常震荡。因此，维护金融市场稳定，加强金融市场风险管控，及时稳定市场预期，防止风险交叉传染、扩散蔓延，维护金融市场秩序，对防范系统性金融风险具有重要意义。

（四）推进能源革命的核心发力点：推动能源技术革命和构建有效能源市场结构与价格体系

调查结果显示，88%的经济学家认为推进能源革命的核心发力点是推动能源技术革命，84%的经济学家认为是构建有效能源市场结构和价格体系，78%的经济学家认为是建立多元能源供应体系，16%的经济学家认为是抑制不合理的能源消费，14%的经济学家认为是加强能源国际合作（见图1–26）。

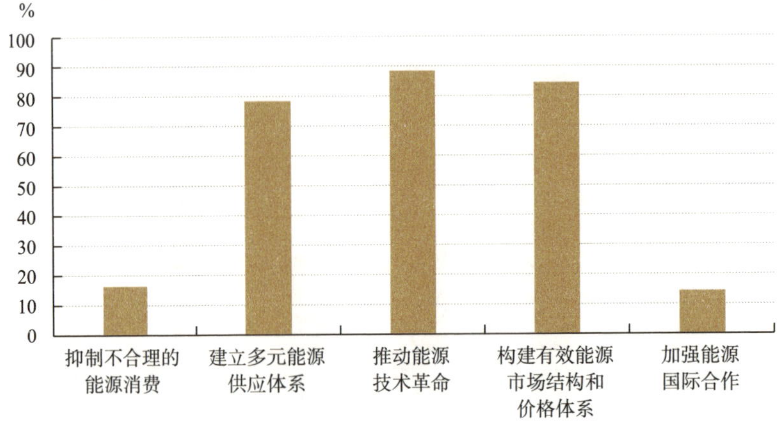

图 1–26　对推进能源革命的核心发力点的判断

能源效率提升和成本降低是能源革命永恒的主题，关键就是要利用市场化机制，充分调动各类资源的积极性，推动能源技术革新，加快先进新能源技术应用。技术革新是带动能源成本下降的核心，是推进能源新技术产业化、规模化应用的基础，是实现新能源对传统能源替代的基础和前提。同时，推进技术革新的关键是加快建立健全能够充分反映市场供求和资源稀缺程度、体现生态价值和环境损害成本的能源价格形成机制，充分利用中长期市场、现货市场和辅助服务市场，推动新能源产业链上下游各主体加大对新能源技术研发、规模化和应用的投入，推动新能源产业持续降本增效。

（五）我国经济陷入资产负债表衰退风险的可能性：较小

调查结果显示，44%的经济学家预计我国经济陷入资产负债表衰退风险的可能性较小，34%的经济学家预计可能性较大，14%的经济学家预计可能性非常大，8%的经济学家预计可能性非常小（见图1–27）。

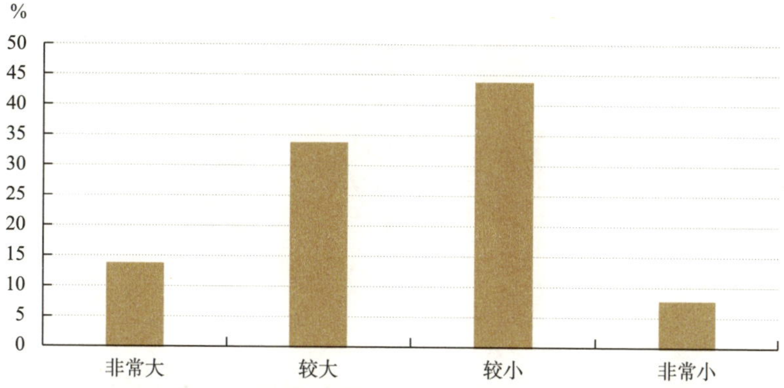

图 1–27　对我国经济陷入资产负债表衰退风险的可能性的判断

资产负债表衰退主要是指20世纪90年代日本资产泡沫破灭后，居民部门的系统性去杠杆行为，导致日本经济陷入持久衰退。从我国的情况来看，2022年居民部门资产负债表的收缩主要是源于收入增长的预期转弱，居民部门的消费和投资意愿降低，风险资产配置比重下降引发资产价格承压。居民部门的资产端价值缩水，进而带动负债端去杠杆，是构成本轮信贷收缩的主要原因。收入增长预期下滑是因，资产价格下降和负债收缩是果，这显著区别于日本资产负债表型衰退的逻辑。尽管居民部门面临短期就业、收入方面的压力，但长期资产负债表受损相对有限，我国经济陷入资产负债表衰退的风险较小。

五、对我国金融体系风险的判断

（一）预计金融体系的系统性风险：基本稳定

调查结果显示，相较于2022年，37.20%的受访者认为2023年我国金融体系的系统性风险基本稳定，27.74%的受访者认为将缓慢上升，25.91%的受访者认为会缓慢下降，6.71%的受访者认为是加速上升，2.44%的受访者认为是加速下降。综合来看，2023年我国金融体系的系统性风险将基本稳定（见图1-28）。

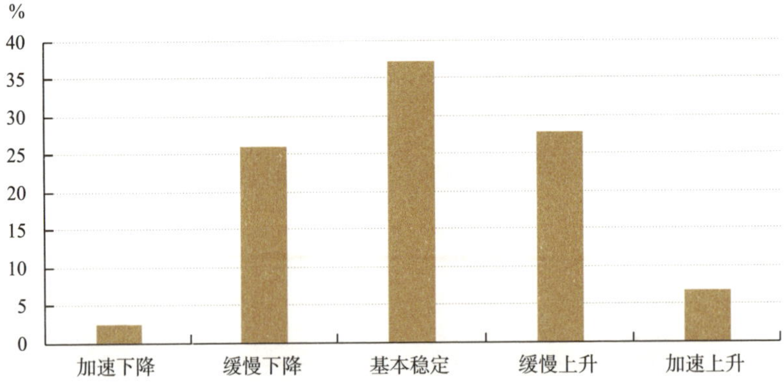

图 1-28　对 2023 年金融体系的系统性风险的判断

当前，房地产领域风险仍然是我国系统性风险研判的主要方面。房地产相关的贷款占银行信贷的比重接近40%，房地产业相关收入占地方综合财力的50%，房地产占城镇居民资产的60%，这种“四五六”格局说明房地产链条长、涉及面广，是国民经济的支柱产业。从短期来看，当前房地产市场的下滑是多重因素导致的供给和需求端的双重收缩：一是受疫情冲击超预期的影响，居民部门收入预期下滑，购房需求下滑；二是受房地产企业信用收缩的影响，房地产企业普遍面临较大流动性压力，房地产行业供给收缩。伴随疫情防控放开，叠加房地产政策调整加力，预计房地产市场将进入触底反弹阶段。从中长期来看，我国仍处于城市化较快发展阶段，巨大的需求潜力将为房地产业发展提供有力支撑。整体来看，房地产领域风险有望得到有效控制，系统性金融风险保持总体可控。

（二）预计我国商业银行未来五年的不良贷款率：1.5%~2%

调查结果显示，52.59%的受访者预计商业银行未来五年的不良贷款率为1.5%~2.0%，23.32%的受访者预计为1%~1.5%，16.77%的受访者预计为2.0%~2.5%，6.25%的受访者预计在2.5%以上，1.07%的受访者预计在1%以下（见图1-29）。

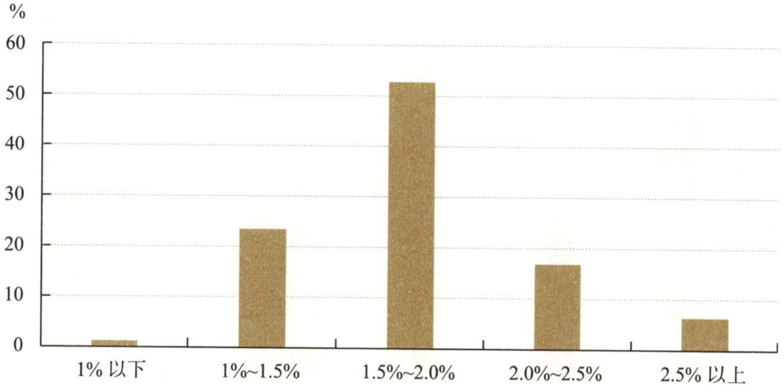

图 1-29　对商业银行未来五年不良贷款率的判断

从中长期来看，商业银行不良贷款率的变动情况既与整体的宏观经济环境有关，也与商业银行行业相关不良资产的认定和处置政策有关。从宏观经济环境来看，尽管我国经济将面临房地产市场短期风险，以及长期人口总量下降和人口老龄化等问题，但未来人口经济地理加速优化、高质量的人力资源和科技创新潜力、统一大市场等将优化我国经济长期增长的路径，支持我国经济平稳增长。从商业银行的不良资产政策来看，自2017年第五次全国金融工作会议以来，中国银保监会持续督促银行机构做实资产分类，加大不良资产处置力度。可以预计，未来商业银行整体的不良资产认定、不良资产处置工作将更加及时。整体而言，未来五年商业银行不良贷款率或将维持在1.5%~2.0%。

（三）突出的“灰犀牛”式风险：房地产、城投平台违约和中小企业破产

调查结果显示，72%的经济学家认为2023年我国宏观经济中较为突出的“灰犀牛”式风险是房地产企业违约，各有62%的经济学家认为是地方城投平台违约和中小企业破产，46%的经济学家认为是中小金融机构违约，28%的经济学家认为是金融机构不良资产，14%的经济学家认为是地方国有企业违约（见图1–30）。

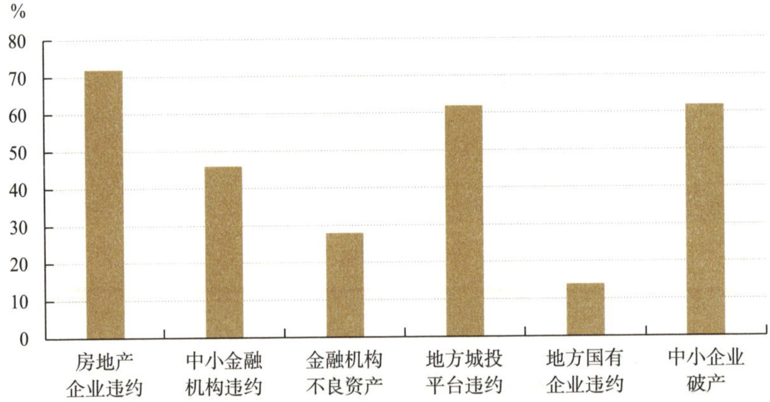

图 1–30　对 2023 年我国宏观经济中“灰犀牛”式风险的判断

房地产、地方城投平台和中小企业违约风险是2023年需要重点关注的“灰犀牛”式风险。自2021年下半年以来，我国房地产市场出现价格和销售急剧下降现象，房地产企业普遍出现流动性不畅、资产负债表恶化，个别头部企业面临重大风险。尽管国家相关部门出台了一系列政策举措，但相关政策落地见效存在时滞，房地产领域风险仍然值得重点关注。房地产业相关收入占地方综合财力的50%，将直接影响地方城投平台的信用基石，地方城投平台的违约风险同样值得关注。此外，渣打中国发布的中小企业信心指数和信用指数显示，2021年第二季度以来，中小企业信心指数和信用指数呈现回落态势。

（四）突出的“黑天鹅”式风险：全球地缘政治格局演变和美联储持续性紧缩

调查结果显示，70%的经济学家认为2023年我国宏观经济中较为突出的“黑天鹅”式风险是全球地缘政治格局演变，54%的经济学家认为是美联储持续紧缩性政策超预期，48%的经济学家认为是欧美各国出现恶性通胀，各有36%的经济学家认为是新冠肺炎疫情反弹和全球大规模粮食危机，18%的经济学家认为是美国中期选举，6%的经济学家认为是其他风险因素（见图1–31）。

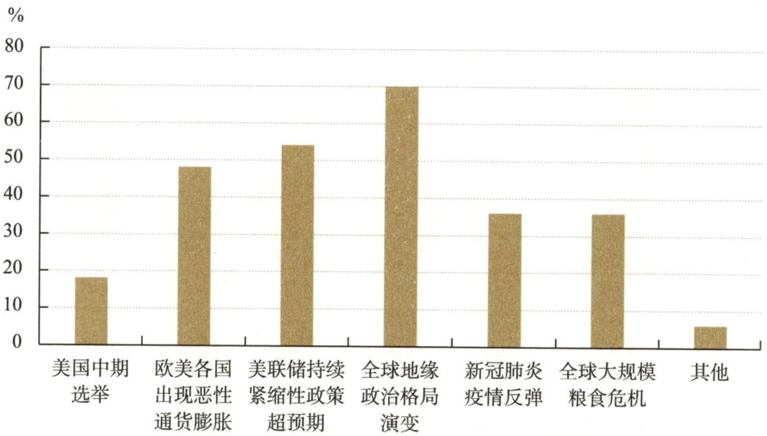

图 1–31　对 2023 年我国宏观经济中“黑天鹅”式风险的判断

2022年，全球地缘政治格局演变及由此引发的全球能源价格上涨等构成了主要的“黑天鹅”式风险。2023年，全球地缘政治格局演变和美联储持续紧缩政策的不确定性需重点关注，一方面，尽管地缘政治冲突对能源市场，以及对全球经济的冲击和影响有所缓和，但其后续演化的不确定性，仍值得持续关注。另一方面，美国宏观政策转向超出预期，2023年的美联储政策大概率仍要以控制通货膨胀为核心目标。美联储持续加息，不仅会导致美国及世界经济增长放缓的风险加大，而且可能引发各国货币贬值，全球金融市场动荡，进而加大我国外需收缩、资本外流和人民币贬值压力。此外，日本中央银行调整国债收益率曲线控制政策对全球资产市场的影响同样值得关注。

（五）2023年债券市场违约情况：违约主体和违约金额同步减少

调查结果显示，39.79%的受访者认为2023年我国债券市场违约趋势为违约主体和违约金额同步减少，34.60%的受访者认为违约主体和违约金额同步增加，13.11%的受访者认为违约主体减少、违约金额增加，12.50%的受访者认为违约主体增加、违约金额下降（见图1-32）。

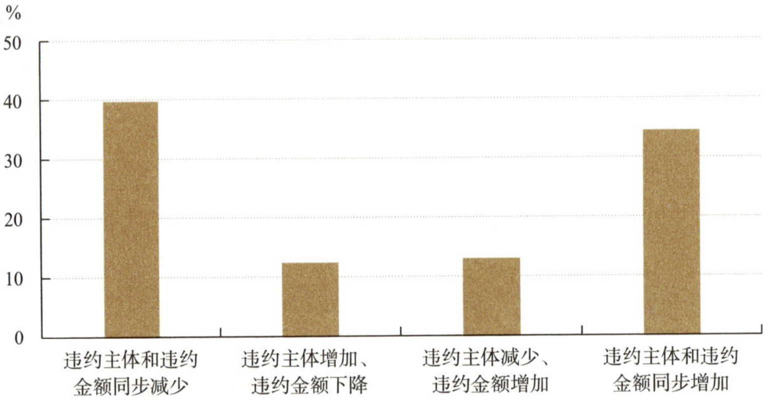

图 1-32　对 2023 年我国债券市场违约情况的判断

2022年，我国债券市场共有18家企业发生违约，违约债券规模达318亿元，相比2021年明显下降。但全年共有57家企业发生展期，展期债券余额达2147亿元，较2021年增加1446亿元。其中，房地产行业展期债券余额达1765亿元，占比高达82%。由于自2022年以来债券展期主体大幅增多，不排除2023年部分企业效仿债券展期缓解短期偿债压力的可能性。地产政策松绑向房地产企业融资环境改善的传导仍需时间，需进一步观察房地产市场信心及基本面恢复情况。此外，从历史数据来看，出口增速与行业亏损企业数量具有明显的负相关性，考虑到外需走弱，全年亏损企业数量或将有明显上升，外向型民营微观主体的经营压力和信用风险压力值得关注。

（六）2023年地方融资平台及地方国有企业债务违约风险：小幅上升

调查结果显示，42.38%的受访者认为2023年地方融资平台及地方国有企业的债务违约风险将小幅上升，24.54%的受访者认为将基本持平，16.77%的受访者认为将小幅下降，13.41%的受访者认为将大幅上升，2.90%的受访者认为将大幅下降（见图1-33）。

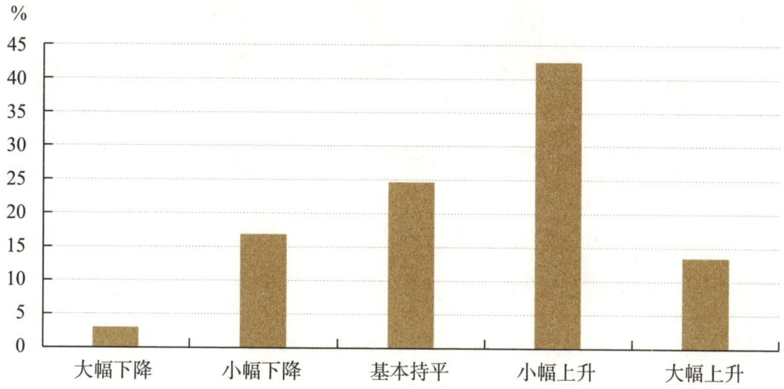

图 1-33　对 2023 年地方融资平台及地方国有企业债务违约风险的判断

地方政府对地方融资平台企业的信用支持能力，对其信用风险具有决定性影响。自2022年以来，房地产市场下行直接影响房地产企业的拿地意愿，土地市场成交遇冷，致使政府性基金收入规模下滑，最终影响地方政府财政收入。同时，大多城投企业都涉及土地整理和基础设施建设业务，业务回款主要依靠区域内土地出让收入及财政资金，而地方财政收入下滑直接造成城投企业现金流紧张。此外，2022年部分区域城投企业托底拿地和投入资金以保障烂尾房地产项目顺利完工交付，若房地产市场的持续下行或将进一步加大地方融资平台的信用风险。

（七）2023年房地产企业债务违约风险：缓慢下降

调查结果显示，46%的经济学家预计2023年房地产企业发生债务违约风险将缓慢下降，26%的经济学家预计将基本稳定，22%的经济学家预计将缓慢上升，4%的经济学家预计将加速上升，2%的经济学家预计将加速下降

（见图1–34）。

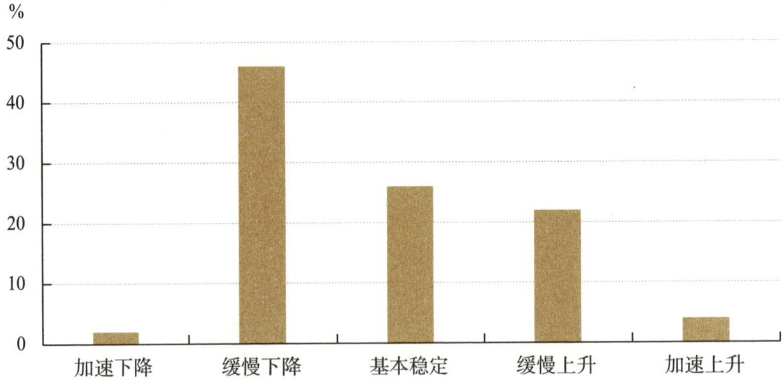

图 1–34　对 2023 年房地产企业债务违约风险的判断

2021年以来的房地产行业风险主要是源于供给端房地产企业传统的“高负债、高杠杆、高周转”经营模式叠加疫情等需求冲击带来的流动性及外溢风险。2022年中央经济工作会议要求，确保房地产市场平稳发展，扎实做好保交楼、保民生、保稳定各项工作，满足行业合理融资需求，推动行业重组并购，有效防范化解优质头部房地产企业风险，改善资产负债状况。伴随围绕房地产企业纾困的一系列政策相继出台，房地产行业将逐步获得信贷、债券、股权等多方的合理资金支持，房地产企业的流动性将得到改善。预计房地产企业的债务违约风险将缓慢下降。

六、对金融机构信用风险的判断

（一）我国银行业不良资产风险暴露情况：尚未充分暴露

调查结果显示，86%的经济学家认为2022年我国银行业不良资产风险尚未充分暴露，8%的经济学家认为是尚未暴露，6%的经济学家认为是基本充分暴露（见图1–35）。

根据《国务院关于2021年度中央预算执行和其他财政收支的审计工作报告》披露的国家审计署对部分中小银行的审计结果，23家中小银行少披露不良资产1709.62亿元，仍存在资产质量不实的问题。同年，山东省对18家地方性商业银行风险管控情况进行审计调查显示，18家银行少计不良贷款212.12亿元，10家银行少计关注类贷款34.91亿元，4家银行47.03亿元非信贷资产分类不实。另据四川省对其省内农村商业银行的审计发现，30家农村商业银行少反映不良贷款7.86亿元，未真实反映信贷资产质量。整体而言，当前部分中小银行仍然存在资产分类不实，不良资产信用风险尚未充分暴露的情况。

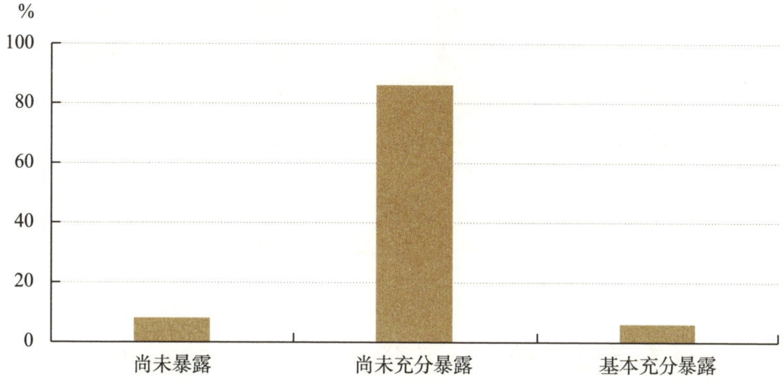

图 1-35　对 2022 年银行业不良资产风险暴露情况的判断

（二）2023年银行业不良贷款走势：双升

调查结果显示，38.87%的受访者认为2023年银行业不良贷款余额与不良贷款率将双升，31.40%的受访者认为是基本持平，20.43%的受访者认为是不良贷款余额上升、不良贷款率下降，9.30%的受访者认为不良贷款余额与不良贷款率双降（见图1-36）。

截至2022年末，商业银行不良贷款余额为2.98万亿元，同比增加1358.8亿元，不良贷款率为1.63%，同比下降0.10个百分点。新冠肺炎疫情以来，居民部门和企业部门的资产负债表受到较大冲击，较难在短期内恢复到原有水平，预计2023年微观主体的信用风险仍然较大。目前房地产行业潜在风险尚处于持续释放过程中，房地产行业不良贷款风险呈现持续暴露态势。自2022年以来，由于疫情冲击和房地产行业去杠杆影响，商业银行关注类贷款增速呈现回升态势。截至2022年末，商业银行关注类贷款余额为4.11万亿元，同比增长7.88%。2023年关注类贷款或进一步下迁为不良贷款，商业银行不良贷款风险有望进一步释放和暴露。

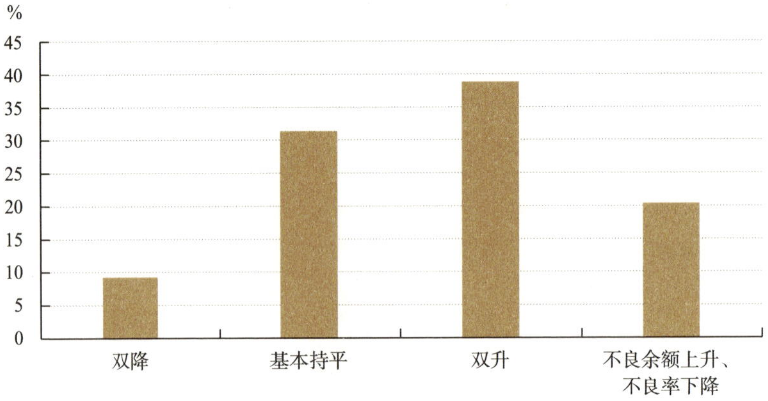

图 1-36　对 2023 年银行业不良贷款走势的判断

（三）2023年商业银行关注类贷款迁徙率：20%~30%

调查结果显示，42%的经济学家认为2023年我国商业银行关注类贷款转变为不良贷款的比例是20%~30%，26%的经济学家认为是30%~40%，12%的经济学家认为是20%以下，各有10%的经济学家认为是40%~50%和50%以上（见图1-37）。

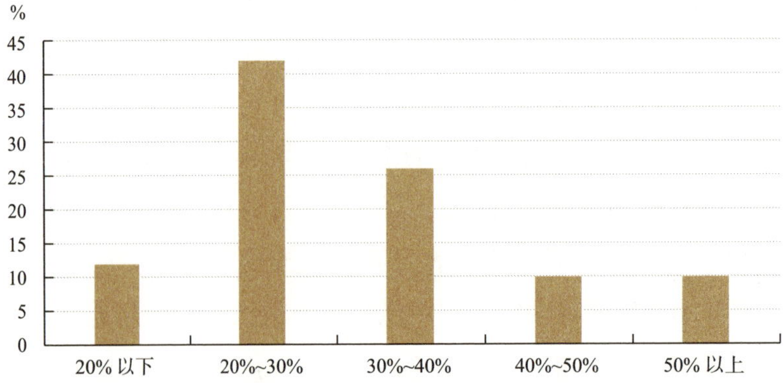

图 1-37　对 2023 年商业银行关注类贷款迁徙率的判断

自2022年以来，伴随宏观经济下行，微观主体经营压力和信用风险暴露压力持续加大，关注类贷款迁徙率有所抬升。从上市商业银行公布的2022年中报数据来看，全部上市商业银行关注类贷款迁徙率平均为24.9%，较2021年上半年提升4个百分点。其中，国有大型商业银行的关注类贷款迁徙率平均为27%，股份制商业银行关注类贷款迁徙率平均为19.6%，中小银行关注类贷款迁徙率平均为26.4%。2023年，尽管疫情防控放开、房地产政策调整加力等因素有助于推动宏观经济的回升，但考虑到外需下滑、政策效应时滞、微观部门资产负债表受损等多重因素，微观主体面临的经营风险、再融资风险和信用风险暴露压力仍然较大。商业银行关注类贷款迁徙率或将保持在较高水平。

（四）当前商业银行个贷类不良贷款率：2%~3%

调查结果显示，35.67%的受访者预计当前商业银行个贷类不良贷款率大概在2%~3%，23.63%的受访者预计在3%~4%，16.31%的受访者预计在2%以下，14.63%的受访者预计在5%以上，9.76%的受访者预计在4%~5%（见图1–38）。

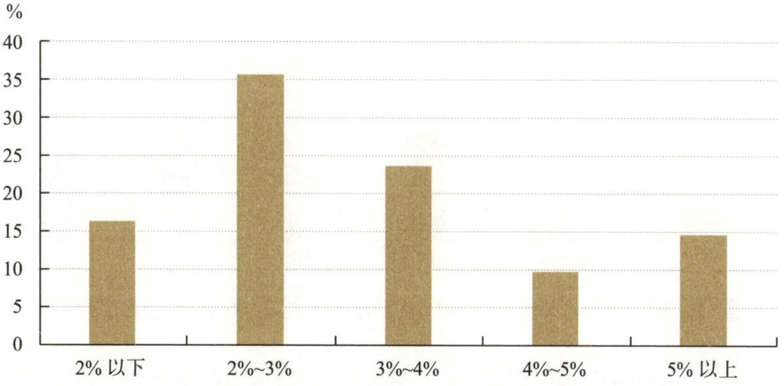

图 1–38　对当前商业银行个贷类不良贷款率的判断

商业银行的真实不良贷款率主要取决于商业银行的实际贷款违约率和同期的不良资产处置状况。从中国工商银行、中国农业银行、中国银行、中国建设银行、交通银行、招商银行六家商业银行披露的个人信贷资产违约概率来看，商业银行个贷类贷款的违约概率在1.5%左右。其中，个人住房抵押贷款的违约概率在1.2%左右，其他非住房抵押类零售贷款的违约概率差异较大。尽管2021年中国银保监会已启动个贷类不良贷款转让试点工作，但整体规模相对有限，商业银行仍然主要依靠自身力量处置个贷类不良资产，商业银行的个贷类不良资产处置进度相对缓慢。考虑到部分商业银行存在不良贷款的风险暴露和处置速度慢于不良贷款新生成的情况，商业银行个贷类不良贷款率或在2%~3%。

（五）未来一段时间不良资产风险较为突出区域：东北地区和西部地区

调查结果显示，84%的经济学家认为未来一段时间，我国不良资产风险较为突出的地区是东北地区，74%的经济学家认为是西部地区，52%的经济学家认为是中部地区，36%的经济学家认为是环渤海地区，10%的经济学家认为是珠三角地区，2%的经济学家认为是长三角地区（见图1-39）。

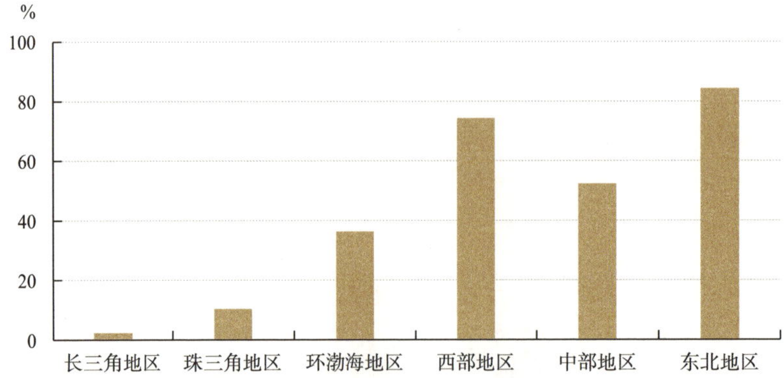

图 1-39　对未来一段时间不良资产风险较为突出区域的判断

一般而言，区域营商环境和经济增长状况是观察区域不良资产风险的主要变量。根据全国工商联公布的全国10强省份营商环境来看，全国营商环境较好的省份和城市主要集中在东部地区与中部地区。从全国各区域的经济增速来看，2021年，东部地区、中部地区、西部地区和东北地区生产总值增速分别为8.1%、8.7%、7.4%和6.1%。东北地区和西部地区的经济增速相对较慢。从人口流向来看，近年来人口持续向沿江、沿海地区和内地城区集聚，长三角、珠三角、成渝等主要城市群的人口增长迅速，经济集聚效应持续显现。整体来看，东北地区和西部地区的不良资产风险值得重点关注。

（六）不良贷款规模可能会显著增加的行业：房地产业和文化旅游服务业

调查结果显示，84%的经济学家认为2023年我国不良贷款规模将显著增加的行业是房地产业，34%的经济学家认为是文化旅游服务业，各有32%的经济学家认为是建筑业、制造业、批发零售业、租赁和商务服务业，14%的经济学家认为是交通运输业，4%的经济学家认为是采矿业（见图1–40）。

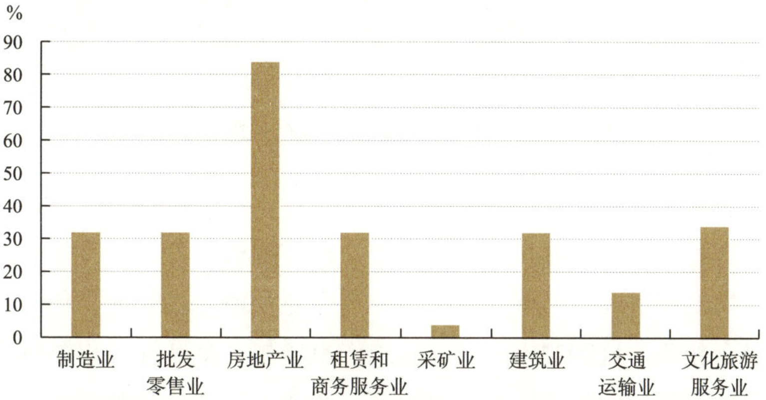

图 1–40　对 2023 年不良贷款规模显著增加行业的判断

2022年，房地产业和文化旅游服务业是受到冲击最为严重的行业。全年房地产开发投资下降10%，商品房销售面积达13.6亿平方米，同比下降24.3%，商品房销售额达13.3万亿元，同比下降26.7%。同时，疫情多点散发造成的文化旅游和服务业的大幅下滑。根据文化和旅游部对国内旅游抽样调查统计结果，全年国内旅游总人次为25.30亿人次，同比减少7.16亿人次。国内旅游收入为2.04万亿元，同比减少0.87万亿元。房地产市场和文化旅游服务市场的萎缩加大了相关企业的现金流压力，其再融资风险不容忽视。因此，房地产业和文化旅游服务业的不良贷款风险值得关注。

（七）2023年中小银行风险：小幅上升

调查结果显示，36.59%的受访者认为2023年我国中小银行风险将小幅上升，26.37%的受访者认为是基本持平，23.63%的受访者认为是小幅下降，9.30%的受访者认为是大幅上升，4.12%的受访者认为是大幅下降（见图1-41）。

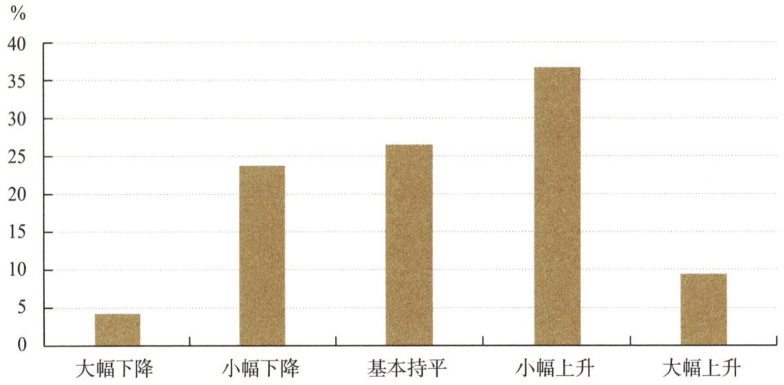

图 1-41　对 2023 年中小银行风险的判断

相比国有大型商业银行和股份制商业银行，城市商业银行、农村商业银行等中小银行的资产配置在房地产企业、地方融资平台、民营企业等领域更为集中。房地产市场的繁荣与否与房地产企业及地方政府融资平台的信用风险状况紧密相关。自2022年以来，房地产市场相关交易价格和交易量的同步萎缩，叠加降价预期的持续上升，家庭、企业、地方政府融资平台及金融机构的资产负债表均面临一定压力。由于住房、厂房、土地等资产是各类微观主体的重要资产，也是其获取外部融资的主要抵押物，房地产相关资产价格的持续下降，也会加大各微观主体的再融资风险和现金流压力。此外，民营企业的信用风险压力也同样值得重点关注。截至2021年末，国有企业的资产负债率从2017年的60.4%降至57.1%，而民营企业的资产负债率由2017年的51.6%增长至57.6%。综合来看，预计2023年中小银行面临的信用风险将有所上升。

七、对我国金融风险处置的判断

（一）完善金融稳定保障体系的重要发力点是：强化宏观审慎政策的逆周期调节功能、压实地方政府的风险处置责任和落实金融机构及其股东的主体责任

调查结果显示，各有60%的经济学家认为当前完善金融稳定保障体系的重要发力点是强化宏观审慎政策的逆周期调节功能和压实地方政府的风险处置责任，58%的经济学家认为是落实金融机构及其股东的主体责任，44%的经济学家认为是夯实风险机构早期纠正机制，34%的经济学家认为是明确风险处置机制，32%的经济学家认为是调动处置机构参与风险处置的积极性，2%的经济学家认为是强化监管力度（见图1–42）。

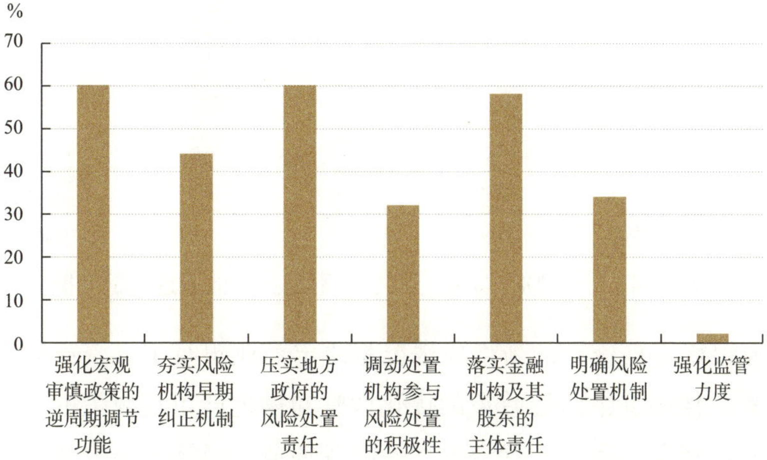

图 1–42　对完善金融稳定保障体系的重要发力点的判断

金融稳定保障体系建设的重点是预防风险和处置风险。具体而言，一是要构建金融风险的预防和预警管理机制，重点是健全宏观审慎管理体系，避免金融风险跨机构、跨市场传染，加强对系统重要性金融机构的统筹监管，逐步将主要金融活动、金融市场、金融机构和金融基础设施纳入宏观审慎管理。二是要推进金融风险处置的常态化、机制化和规范化，以确保金融机

构、金融市场和金融基础设施持续发挥关键功能，不断提高金融体系抵御风险能力和服务实体经济质效，筑牢金融安全防线。此外，落实金融机构及其股东主体责任是推动形成风险处置合力，确保处置措施有效执行和落地的重要保障。

（二）2023年银行业机构不良资产处置速度：小幅加快

调查结果显示，54%的经济学家认为2023年我国银行业机构不良资产处置速度将小幅加快，30%的经济学家认为将基本持平，10%的经济学家认为将大幅加快，6%的经济学家认为将小幅放慢（见图1–43）。综合来看，预计2023年银行业机构不良资产处置速度将小幅加快。

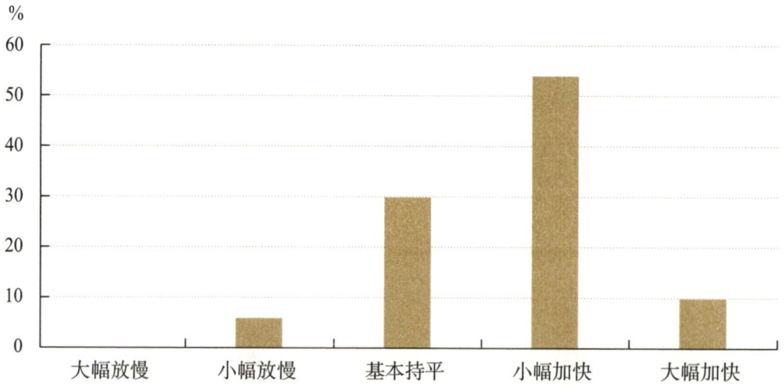

图 1–43　对 2023 年银行业机构不良贷款处置速度的判断

商业银行不良资产的新生成情况是决定商业银行不良资产处置速度的主要因素。伴随疫情防控政策的优化调整和房地产市场政策的稳步落地，人流、物流将更加顺畅，社会再生产的各环节、经济社会生活各领域都有望加快恢复。但在过去的三年中，居民、中小企业等部门的资产负债表均出现一定程度的恶化，其信用风险和流动性风险明显增大。同时，宏观调控政策传导到微观主体的资产负债表的修复仍然需要一定的时间。2023年商业银行面临的宏观环境将趋于好转，但微观主体的信用风险和商业银行面临的不良资产新生成压力仍然较大，商业银行不良资产处置速度有望进一步提高。

（三）推动不良资产处置工作的重点是：前瞻性加大不良资产损失准备计提力度和支持金融机构创新处置手段

调查结果显示，各有54%的经济学家认为推动不良资产处置工作的重点是前瞻性加大不良资产损失准备计提力度和支持金融机构创新处置手段，52%的经济学家认为是鼓励地方政府协调不良资产处置，44%的经济学家认为是加快不良资产市场投资主体培育，各有26%的经济学家认为是对小微企业不良贷款处置给予财政补贴和督促银行加快剥离不良资产，22%的经济学家认为是完善不良资产处置法律法规，2%的经济学家认为是监管部门强化相关工作（见图1-44）。

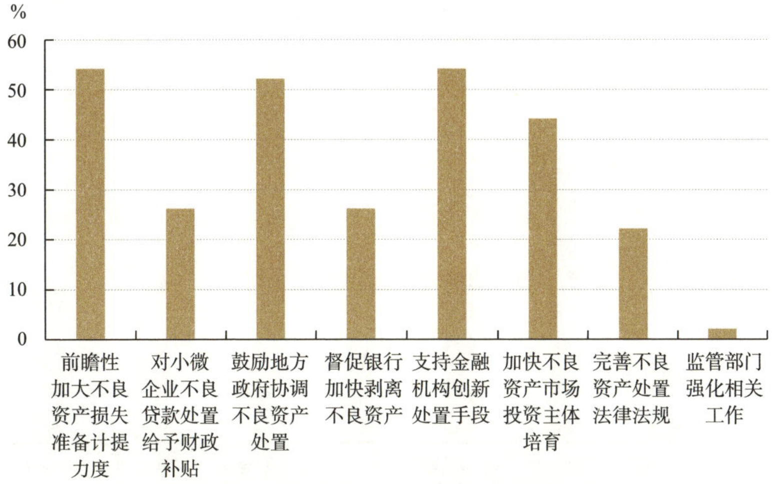

图 1-44 对推动不良资产处置工作的判断

不良资产的科学有序处置既需要考虑短期内商业银行的不良资产损失吸收能力，也要兼顾中长期内不良资产处置的综合损益。当前，商业银行的净息差持续收窄，内生性资本补充能力普遍下滑，不良资产处置更要平衡好短期损失吸收能力和中长期资本补充能力。一方面，前瞻性加大不良资产损失的准备计提力度，可以有效增强商业银行的风险抵补能力，提升商业银行不良资产处置的灵活性。另一方面，创新不良资产处置方式，鼓励金融机构积极探索反委托处置、资产证券化等手段，充分激发商业银行不良资产处置积极性，中长期内可有效提升不良资产处置综合收益。

（四）应对房地产行业下滑风险应加大的措施：支持房地产企业兼并重组和鼓励风险化解机构对房地产企业增资入股

调查结果显示，74%的经济学家认为应对房地产行业下滑风险应加大的措施是支持房地产企业兼并重组，46%的经济学家认为是鼓励风险化解机构对房地产企业增资入股，44%的经济学家认为是构建更有价格弹性的土地供给制度，42%的经济学家认为是进一步放松房地产需求政策，各有24%的经济学家认为是加大对房地产企业股权融资支持力度和成立地产业短期纾困基金，18%的经济学家认为是鼓励金融机构加大对房地产企业融资支持力度（见图1-45）。

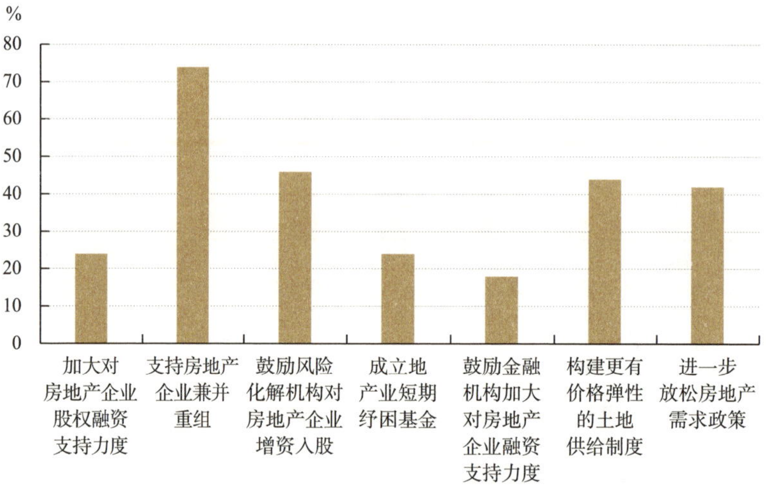

图 1-45　对应对房地产行业下滑风险应加大的措施的判断

自2022年以来，一系列房地产调控政策对于实现局部区域的保交楼、稳民生发挥了积极作用，但尚未完全改善房地产企业的融资状况和彻底扭转房地产市场主体信心不足的问题，也未实现居民、房地产企业、金融机构和地方政府之间的良性循环。房地产企业融资收缩和信心不足是推动房地产市场恢复良性运转的核心矛盾。因此，当前房地产领域风险化解政策应该推进以房地产企业主体为核心的纾困举措，支持地产企业兼并重组和鼓励风险化解机构加大对房地产企业的增资入股，以更快地实现对房地产企业的资产负债表修复，提升房地产主体信用，恢复市场信心和房地产企业融资，以有限的资金投入，更有效地实现阻断、弱化房地产市场风险外溢，守住不发生系统性金融风险的底线。

（五）提升困境企业破产重整成功率的措施：完善破产重整相关配套支持政策和加大对破产重整投资的融资支持

调查结果显示，68%的经济学家认为进一步提升困境企业破产重整成功率需要采取的措施是完善破产重整相关配套支持政策，50%的经济学家认为是加大对破产重整投资的融资支持，40%的经济学家认为是完善破产重整案件准入条件，34%的经济学家认为是强化破产管理人遴选机制，28%的经济学家认为是设立更多的破产专业法庭，18%的经济学家认为是推广预重整制度（见图1–46）。

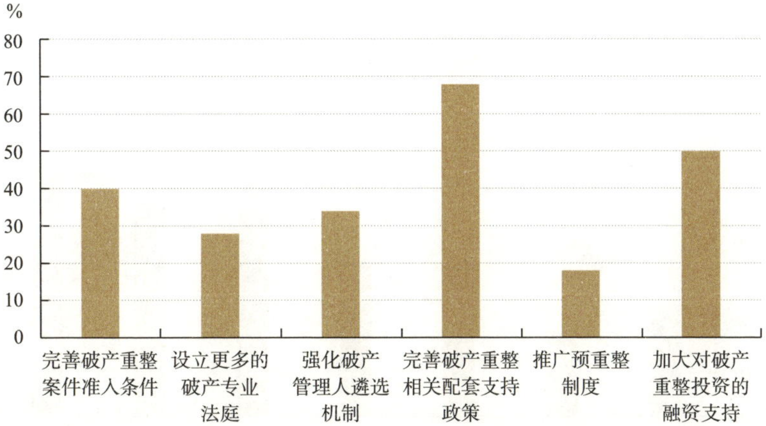

图 1–46　对提升困境企业破产重整成功率的措施的判断

重整制度是挽救危困企业，焕发市场主体活力的重要方式。破产重整的顺利实施和推进既依赖于一系列宏观环境和法律制度的支持，更依赖于破产重整投资人的大力投入和支持。完善破产重整相关配套支持政策，可以有效降低破产重整过程中的信息不对称，降低投资人参与破产企业重整投资的不确定性，增强投资人积极性。同时，企业进入破产程序后，往往已陷入债务危机和财务困境，其纳税申报、融资信贷等方面会相应受限，银行等金融机构通常不再向破产企业提供融资服务。加大对破产重整投资的融资支持有助于帮助困境企业支付重整费用、偿还债务及维持或恢复生产经营，推动重整顺利进行。

（六）加快中小银行改革化险的政策措施：深化中小银行公司治理机制改革和全方位拓宽中小银行资本补充渠道

调查结果显示，60%的经济学家认为加快中小银行改革化险需出台的政策措施是深化中小银行公司治理机制改革，54%的经济学家认为是全方位拓宽中小银行资本补充渠道，50%的经济学家认为是完善中小银行风险防控机制，各有36%的经济学家认为是给予不良资产处置优惠支持政策和加大对中小银行服务县域小微的政策支持，26%的经济学家认为是给予专项资金支持，20%的经济学家认为是支持地方政府加大增资入股力度（见图1-47）。

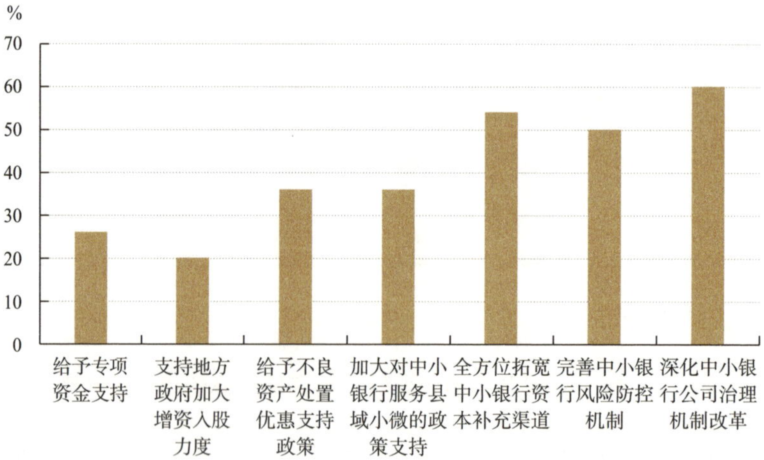

图 1-47　对加快中小银行改革化险的政策措施的判断

中央财经委员会办公室有关负责同志回应当前经济热点问题时表示，防范化解重大经济金融风险的重要思路，是做大经济实力这个分母，稀释风险这个分子。中小银行改革化险的重点是加强中小银行构建可持续的发展能力，以增量带动实现对存量风险的有序化解。加强中小银行构建可持续发展能力的关键是深化中小银行公司治理机制改革和全方位拓宽中小银行的资本补充渠道。深化中小银行治理机制改革，有助于完善中小银行的内部治理约束机制，构建科学的激励机制，推动中小银行制定科学合理的经营战略，聚焦自身经营优势，发挥中小银行功能定位。资本是银行抵御风险的重要防线，全方位拓宽中小银行资本补充渠道，提升中小银行资本充足率有助于中小银行更好地开展业务，增强风险抵御能力，提升中小银行的市场信心。

（七）当前推动存量资产盘活面临的主要难点：社会资金参与的积极性不够和债权债务关系复杂

调查结果显示，66%的经济学家认为当前推动存量资产盘活面临的主要难点是社会资金参与的积极性不够，48%的经济学家认为是债权债务关系复杂，42%的经济学家认为是司法程序冗长复杂，40%的经济学家认为是资产的流动性不足，各有34%的经济学家认为是产权属性不清晰和市场化定价难，24%的经济学家认为是资产盘活税费负担重（见图1–48）。

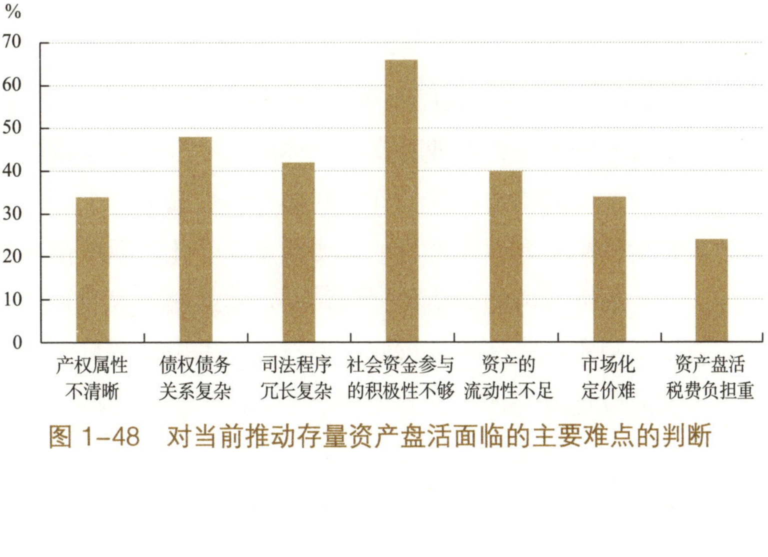

图 1–48　对当前推动存量资产盘活面临的主要难点的判断

盘活存量资产，实际上是以存量资产，或存量资产的未来收益作为还款来源而开展的融资，其核心是通过引入社会资本，在长期经营中不断提升资产价值，进而撬动更多资金参与存量资产盘活，具有典型的投入高、回款周期长、不确定性强的特征。从实践来看，社会资金参与的积极性不够是当前推动存量资产盘活面临的主要难题。具体而言，存量资产产权不清晰、不规范，所涉担保和质押情况不透明等构成了社会资金参与存量资产盘活的重大约束。为此，推动盘活存量资产政策更好地落地见效要尽快理清存量资产的债权债务关系，提升社会资金参与存量资产盘活的信心。

八、小结

2023年，地缘政治冲突延宕发酵，全球贸易形势不容乐观，大宗商品价格高位波动，粮食和能源安全问题突出，世界经济可能面临滞胀局面。疫情防控放开有助于降低居民部门和企业部门面对的不确定性，增加收入和投资的积极性。服务消费有望显著反弹，驱动消费增速回暖。从政策层面来看，财政政策将继续加力提效，充分发挥中央财政的民生托底和资金撬动作用。货币政策强调精准有力，未来将以提升全社会信用扩张能力为工作重心，针对重点领域和重点行业的再贷款政策及政策性开发性金融工具将是扩信用的政策抓手。

从金融风险的角度来看，我国系统性金融风险总体可控，但房地产企业、地方融资平台和中小民营企业等微观主体的流动性风险值得关注。从外部风险来看，全球地缘政治格局演变和美联储持续性紧缩对全球经济金融体系冲击的不确定性依然将是政策考量的重要因素。强化宏观审慎政策的逆周期调节功能、压实地方政府的风险处置责任和落实金融机构及其股东的主体责任将是完善金融稳定保障体系的重要发力点。从以困境项目为核心的房地产救助政策将转向以优质房地产企业为核心的房地产救助策略，支持房地产企业兼并重组和鼓励风险化解机构对房地产企业增资入股是未来一个阶段推动房地产领域风险化解的重点。完善破产重整相关配套支持政策和加大对破产重整投资的融资支持，将是提升困境企业破产重整成功率的有效措施。深化中小银行公司治理机制改革和全方位拓宽中小银行资本补充渠道是加快中小银行改革化险的关键举措。社会资金参与的积极性不够和债权债务关系复杂是当前推动存量资产盘活面临的主要难点。

从不良资产暴露的角度来看，当前金融体系不良资产风险尚未完全暴露，银行业金融机构个贷类不良贷款率或在2%~3%。从不良资产的处置和风险化解的情况来看，中国银保监会强调，要有效应对信用风险集中反弹，并督促银行机构做实资产分类，加大不良资产处置力度。2023年我国银行业金融机构仍将持续推动不良资产的处置工作，前瞻性加大不良资产损失准备计提力度和支持金融机构创新处置手段或是推动不良资产处置的重点。

第二部分

商业银行观点

2022年，中国银行业风险因素积聚，商业银行经营环境的不确定性持续存在，行业整体盈利水平有所减弱，也制约了资本充足水平的提升和资产规模的增长，不良贷款压力没有得到有效缓释。预计2023年我国经济发展的环境更加复杂严峻。在此宏观背景下，商业银行发展面临的风险挑战更多，不良贷款比例可能有所攀升，不良资产处置压力将进一步加大。商业银行要在加强对重点领域和薄弱环节的金融支持的同时，切实做好风险防范工作，努力控制经营风险。本部分通过对来自商业银行的受访者进行问卷调查，预判2023年商业银行信贷资产质量、主要风险、不良资产市场规模和价格等情况的可能变化。

一、受访者概况

本次问卷调查共回收有效问卷176份，受访者均为商业银行风险管理、资产保全、不良资产处置等相关岗位的一线业务骨干，工作经验丰富，专业能力较强，对银行信贷资产的实际风险状况、不良资产市场情况及监管政策都有比较直观的了解和切身感受。他们的预判能较为客观地反映商业银行信贷资产质量、风险状况和不良资产市场的真实情况。

从受访者所在银行类型分布情况来看，46.02%的受访者来自国有大型商业银行，32.39%的受访者来自股份制商业银行，来自城市商业银行和农村商业银行的受访者占比分别为15.91%和3.98%（见图2-1）。根据中国银保监会的有关数据，截至2022年10月，按境内口径计算，银行业金融机构总资产合计337.66万亿元，国有大型商业银行、股份制商业银行、城市商业银行、农村金融机构的资产规模占比分别为39.27%、18.12%、13.35%、13.51%。受访者所在银行类型分布情况与我国各类型商业银行规模情况基本匹配，本次调查受访者所属银行类型分布抽样合理。

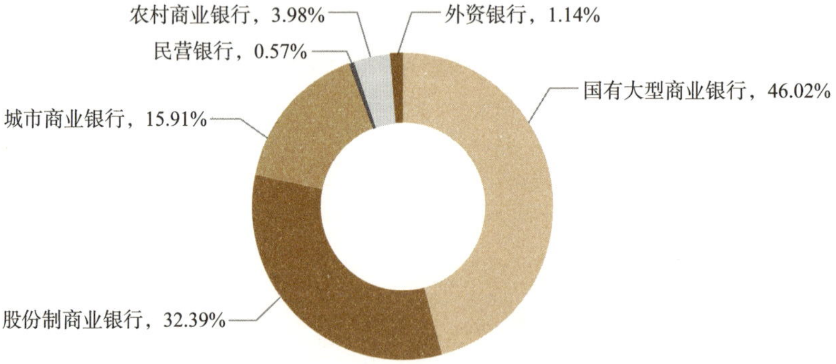

图 2-1　受访者所在银行类型分布

从受访者所在银行区域分布情况来看，华北地区的受访者占比为35.23%，华东地区和东北地区的受访者占比分别为19.32%和16.48%，位于华中地区、西南地区、华南地区和西北地区的受访者占比分别为9.09%、8.52%、7.95%

和3.41%（见图2–2）。总体来看，来自华北地区、华东地区和东北地区的受访者居多，这与我国金融机构所在地的分布情况基本一致。

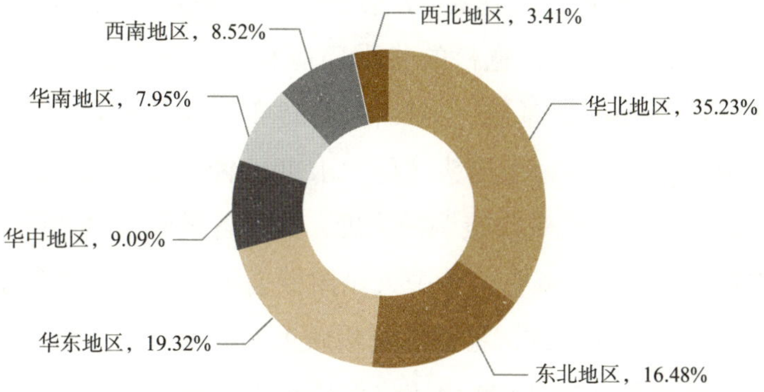

图 2–2　受访者所在银行区域分布

二、宏观经济与政策对商业银行信贷资产质量的影响

（一）预计2023年我国货币政策走向：中性偏松

调查结果显示，58.52%的受访者认为2023年我国货币政策中性偏松，23.30%的受访者认为整体偏松，认为中性偏紧和整体收紧的受访者占比分别为13.07%和5.11%（见图2–3）。

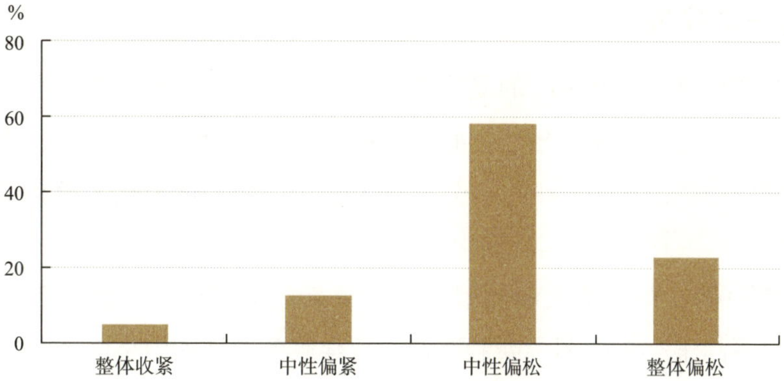

图 2–3　2023 年我国货币政策走向

与2022年认为整体偏松的受访者占比仅为3.72%的调查结果相比，2023年认为整体偏松的受访者占比明显提高。2022年4月以来我国货币政策取向相对宽松，4—10月M_2同比增速平均达11.6%，8月最高达12.2%，是2016年以来的最高增速。总体来看，宽松的货币环境有利于落实稳经济一揽子政策措施，巩固经济回稳向上基础。2022年12月15日至16日召开的中央经济工作会议要求，2023年要坚持稳字当头、稳中求进，继续实施积极的财政政策和稳健的货币政策，加大宏观政策调控力度，加强各类政策协调配合，形成共促高质量发展合力。2023年初，中国人民银行表示将坚决贯彻落实党的二十大和中央经济工作会议精神，稳健的货币政策要精准有力，保持对实体经济的信贷支持力度。预计2023年M_2增速将保持平稳，继续保持全社会流动性合理充裕。自2021年12月本轮降息周期开启以来，1年期、5年期以上LPR报价分别累计下调20个、35个基点。同时，中国人民银行发布的《2022年第三季度中国货币政策执行报告》显示，前三个季度金融机构人民币贷款加权平均利率已累计下降66个基点。相比之下，美联储自2022年3月以来已连续加息6次，累计375个基点。由此预判，国内利率继续下行空间不大，2023年降息可能性较低，中国人民银行主要逆周期工具可能是通过结构性再贷款扩容推升基础货币增长，持续支持“新基建”及托底地产融资、交付及需求端的资金需求。

（二）设立设备更新改造专项再贷款对拉动相关领域投资的作用：有一定作用

调查结果显示，48.30%的受访者认为设立设备更新改造专项再贷款对拉动相关领域投资的作用比较小，45.45%的受访者认为作用比较大，认为效果非常大的受访者占比为3.41%，另外有2.84%的受访者认为几乎没有作用（见图2–4）。

2022年9月，中国人民银行设立设备更新改造专项再贷款，专项支持金融机构以不高于3.2%的利率向制造业、社会服务领域和中小微企业、个体工商户等设备更新改造提供贷款。设备更新改造专项再贷款额度为2000亿元以上，利率为1.75%，期限为1年，可展期2次，每次展期期限为1年，发放对象包括国家开发银行、政策性银行、国有大型商业银行、中国邮政储蓄银行、股份制商业银行等21家金融机构。设备更新改造专项再贷款政策支持领域为教育、卫生健康、文旅体育、实训基地、充电桩、城市地下综合管廊、新型基础设施、产业数字化转型、重点领域节能降碳改造升级、废旧家电回收处理体系10个领域设备购置与更新改造。中国人民银行此举意在向金融机构提供低成本资金，引导金融机构在自主决策、自担风险的前提下，向制造业等领域发放贷款支持设备更新改造。此举有利于推进经济社会发展薄弱领域进行设备更新改造，扩大制造业市场需求，增强发展后劲。

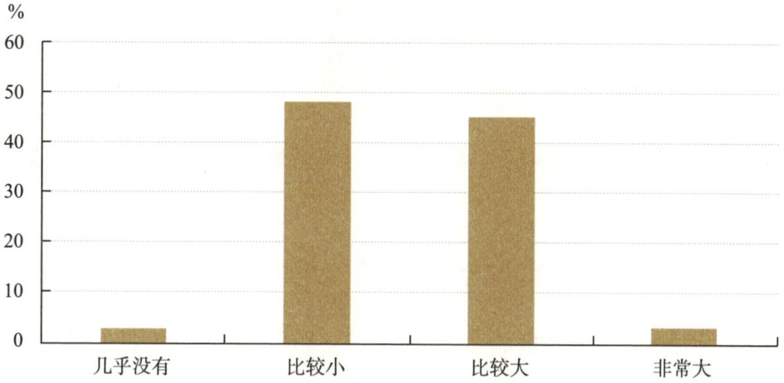

图 2-4　设立设备更新改造专项再贷款对拉动相关领域投资的作用

（三）房地产“金融16条”政策对缓解地产企业资金压力的效果：小幅缓解

调查结果显示，82.39%的受访者认为房地产“金融16条”政策能小幅缓解地产企业资金压力，13.07%的受访者认为能大幅缓解，有4.55%的受访者认为房地产“金融16条”政策对缓解地产企业资金压力基本没效果（见图2-5）。

2022年11月11日，中国人民银行、中国银保监会发布“金融16条”，围绕保持房地产融资平稳有序、做好保交楼金融服务等六个方面，出台16条金融支持政策，对房地产企业的融资渠道做了全面疏通。政策的核心是保交楼，解决优质房企现金流困难的问题，增强市场信心，并努力降低房地产行业杠杆率，促进房地产市场健康发展。总体来看，“金融16条”是全国性的房地产支持政策，为房地产行业恢复信心注入了强心剂，房地产企业生存环境也将迎来持续改善。从调查结果来看，受访者普遍认为“金融16条”支持政策能小幅缓解地产企业资金压力。

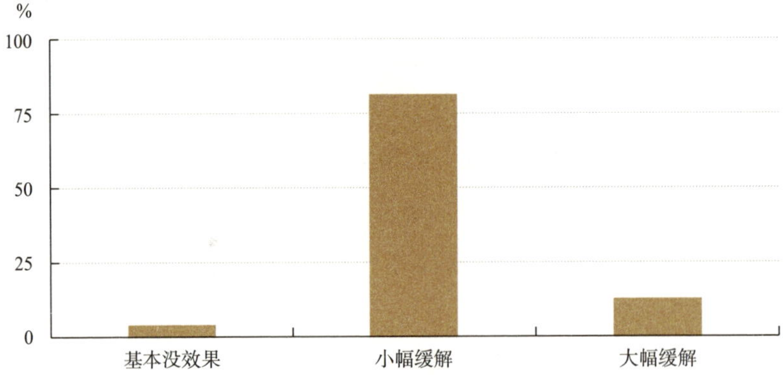

图 2-5 房地产“金融 16 条”政策对缓解地产企业资金压力的效果

（四）“稳地产”政策组合拳对银行资产质量的影响：小幅提升

调查结果显示，51.14%的受访者认为“稳地产”政策组合拳将小幅提升银行资产质量，5.68%的受访者认为大幅提升，两者合计占比为56.82%；27.27%的受访者认为“稳地产”政策组合拳将引起银行资产质量小幅下降，认为引起银行资产质量大幅下降的受访者占比为1.14%，两者合计占比为28.41%；认为几乎没影响的受访者占比为14.77%（见图2-6）。

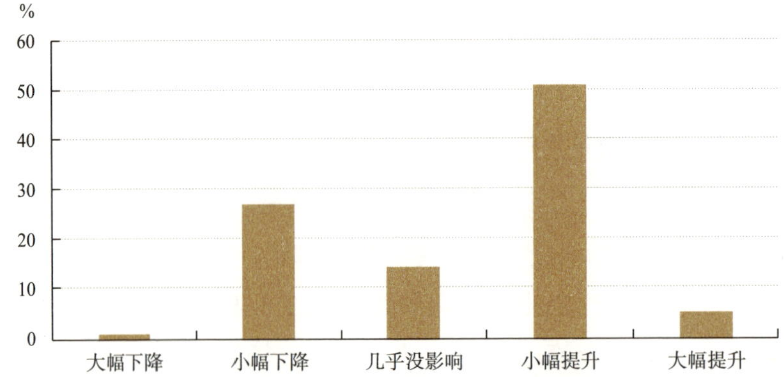

图 2-6 “稳地产”政策组合拳对银行资产质量的影响

对于房地产市场而言，2022年是比较特殊的一年，房地产金融信贷政策大幅逆转。为扭转房地产市场下行及房企流动性危机的局面，政策支持力度持续加大，出台了一系列旨在促进房地产市场稳定发展的组合拳。“金融16条”出台前一天，国务院常务会议强调要支持房地产市场，再之前，中国银行间市场交易商协会也释放了利好消息：由中国人民银行再贷款提供资金支持，预计可提供约2500亿元民营企业债券融资，发出了支持民营房企融资的积极信号。此外，由中国人民银行指导，国家开发银行、中国农业发展银行等政策性银行推出了保交楼专项借款，各地也出台了包括解除限购限贷限售等多种救市政策。未来，“稳地产”政策组合拳的效果或将显现，引导房地产市场“软着陆”，房地产贷款质量或将随之提升，进而带动商业银行资产质量提升。

（五）2023年商业银行房地产新增信贷规模与2022年相比：增长0~5%

调查结果显示，44.32%的受访者认为，与2022年相比，2023年商业银行房地产新增信贷规模增长5%以内，认为增长5%~10%的受访者占比为19.32%，认为增长10%以上的受访者占比为6.25%，三者合计占比为69.89%；14.20%的受访者认为，与2022年相比，2023年商业银行房地产新增信贷规模将下降5%以内，11.93%的受访者认为下降5%~10%，3.98%的受访者认为下降10%以上，三者合计占比为30.11%（见图2–7）。

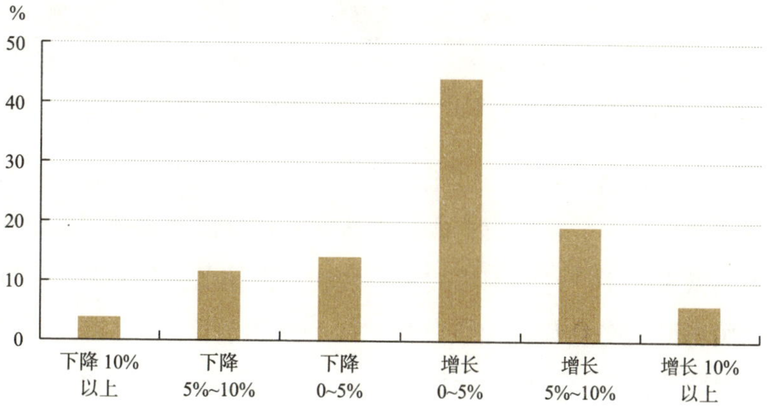

图 2–7 2023 年商业银行房地产新增信贷规模较 2022 年的变化

为了响应国家支持房地产市场平稳健康发展的号召，多家国有大型商业银行及股份制商业银行密集向多家优质房企提供意向性融资支持。公开资料显示，截至2022年11月30日，已有10余家银行为超过30家房地产企业提供了授信，总额超过2万亿元。预计后续其他商业银行也会相继进入授信行列，共同发力促进房地产投资企稳，增强宏观经济复苏的基础。预计2023年随着房地产市场回暖，商业银行房地产新增信贷规模将迎来扩张。

（六）2023年商业银行对民营和小微企业信贷投放与2022年相比：小幅增加

调查结果显示，56.25%的受访者认为，与2022年相比，2023年商业银行对民营和小微企业信贷投放将小幅增加，认为大幅增加的受访者占比为13.64%；认为2023年与2022年基本持平的受访者占比为23.86%；认为小幅减少和大幅减少的受访者占比分别为5.68%和0.57%（见图2-8）。

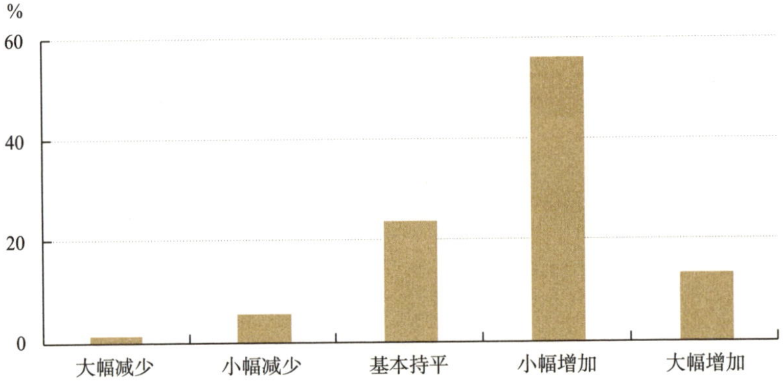

图 2-8　2023 年商业银行对民营和小微企业信贷投放较 2022 年的变化

当前，民营经济已成为我国保障民生、促进创新、推动就业的重要力量，民营企业绝大多数是小微企业。受新冠肺炎疫情等多种因素影响，民营经济、中小微企业生产经营困难较多，发展预期偏弱，信心不足。2022年12月召开的国务院常务会议提出，坚持“两个毫不动摇”，支持民营经济和民营企业发展壮大。后续，财政、货币、产业等政策将持续优化，存量政策、增量政策将叠加发力，着力解决民营企业、小微企业面临的实际困难。2023

年1月，国务院印发《助力中小微企业稳增长调结构强能力若干措施》，从进一步推动稳增长稳预期、着力促进中小微企业调结构强能力两个方面，提出加大对中小微企业的金融支持力度、有效扩大市场需求、做好大宗原材料保供稳价、加大专精特新中小企业培育力度等15项具体举措。此外，中国人民银行党委书记、中国银保监会主席郭树清在接受新华社采访时表示，2023年要继续加大对民营企业、小微企业的金融支持。具体包括以下三个方面：一是货币政策加大向民营企业的倾斜力度，保持信贷总量有效增长，推动降低综合融资成本。二是在进一步做好制造业民营企业和小微企业金融服务基础上，加大对服务行业民营企业、个体工商户的信贷和保险保障力度。三是丰富民营企业融资渠道，支持其通过发行股票债券获取更多金融资源。在各种配套政策措施的支持下，2023年商业银行对民营和小微企业信贷投放将继续小幅增加。

（七）当前商业银行在服务实体经济过程中面临的主要障碍：风险控制能力有待进一步提升，风险缓释手段不足

调查结果显示，73.86%的受访者认为当前商业银行在服务实体经济过程中面临的主要障碍是风险控制能力有待进一步提升，认为是服务中小企业的风险与收益难以平衡的受访者占比为59.66%，认为是银企间信息不对称的受访者占比为43.75%，认为当前商业银行在服务实体经济过程中面临的主要障碍是内部绩效考核压力、尽职免责制度难以真正落实、自身资本实力不足的受访者占比分别为34.09%、32.39%、25%，仅有6.82%的受访者认为当前商业银行在服务实体经济过程中面临的主要障碍是管理层对服务实体企业的重视程度不足（图2–9）。

党的二十大报告提出，要坚持把发展经济的着力点放在实体经济上。作为金融体系的重要组成部分，商业银行一直是金融服务实体经济的主力军。从调查结果来看，关于当前商业银行在服务实体经济过程中面临的主要障碍，排名前三位的是风险控制能力有待进一步提升、服务中小企业的风险与收益难以平衡、银企间信息不对称。银企间信息不对称随着大数据的广泛应用将逐步得到解决。服务中小企业的风险与收益难以平衡，需要商业银行进

一步提升自身管理水平，创新金融产品，提供多元化的金融服务，在做好风险防控的同时，提高服务实体经济的能力和质效。

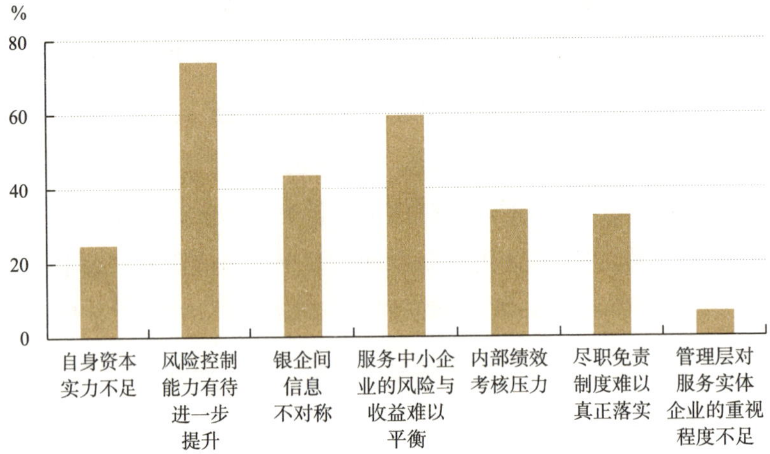

图 2-9　当前商业银行在服务实体经济过程中面临的主要障碍

（八）2023年银行理财产品市场规模与2022年相比：小幅减少

调查结果显示，33.52%的受访者认为，与2022年相比，2023年银行理财产品市场规模将小幅减少，认为大幅减少的受访者占比为9.66%，两者合计占比为43.18%；认为2023年银行理财产品市场规模与2022年基本持平的受访者占比为30.11%；认为小幅增加和大幅增加的受访者占比分别为24.43%和2.27%，两者合计占比为26.70%（见图2-10）。

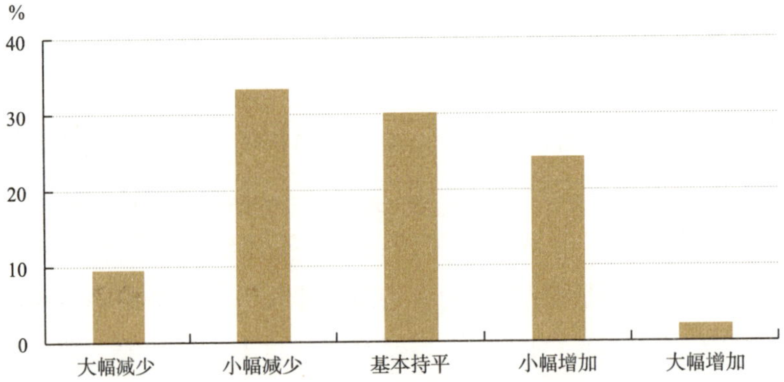

图 2-10　2023 年银行理财产品市场规模较 2022 年的变化

2022年是“资管新规”实施元年，理财公司进入自主发行新阶段，资产配置策略初成体系，应对市场也更为成熟。截至2022 年6 月底，我国银行理财市场存续规模达29.15 万亿元。但银行理财在市场规模快速增长的同时，出现了大面积净值回撤，单是2022年11月，就有逾千只产品“破净”，个别中低风险产品触发大额赎回，引发市场波动。在净值回撤和产品赎回压力下，理财子公司纷纷发声，一方面安抚投资者情绪，另一方面也对后市进行分析展望。有分析认为，银行理财产品净值回撤的主要原因是债市调整，而债市的调整是由于2022年11月后防疫政策的优化及针对地产等行业的“宽信用”举措持续出台导致，投资者对政策及长期经济的预期发生转变，越发看好权益市场，在主动调仓、加大权益资产配置时，债基等固收类产品被提前赎回，管理人不得不抛售债权资产，引发债市持续调整，继而加深了赎回的程度。因此，在逐渐消化政策预期后，预计市场将回归平稳，产品净值也将逐步修复。但在短期内市场预期并未扭转，超过1/3的受访者认为与2022年相比，2023年银行理财产品市场规模将小幅减少。

（九）金融科技发展对银行影响最大的领域：财富管理和开放银行

调查结果显示，27.84%的受访者认为金融科技发展对银行影响最大的领域是财富管理，27.27%的受访者认为是开放银行，认为是绿色金融和存贷款的受访者占比分别为20.45%和16.48%，另外有7.95%的受访者认为是跨境金融（见图2-11）。

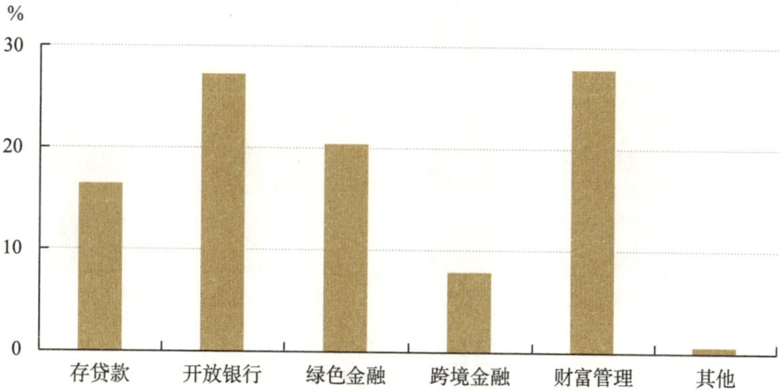

图 2-11　金融科技发展对银行影响最大的领域

金融科技主要是指由大数据、区块链、云计算、人工智能等新兴前沿技术带动，对金融市场及金融服务业务供给产生重大影响的新兴业务模式、新技术应用和新产品服务等。金融科技赋予商业银行崭新的活力，对商业银行的发展有着明显的促进作用，使银行不断拓展新的竞争领域，为商业银行的转型升级提供强劲的动力，主要体现在提高商业银行的风险控制能力、降低商业银行的经营成本、提升商业银行的创新能力、改变商业银行的营销模式及拓宽商业银行的利润来源渠道等方面。从调查结果来看，多数受访者认为金融科技发展对银行影响最大的领域是财富管理和开放银行。值得注意的是，与2021年调查结果相比，选择财富管理的受访者占比有所上升，从24.65%上升至27.84%。在经济结构转型升级的大背景下，财富管理成为银行业普遍认同的利润增长引擎，商业银行竞相追逐，加速推动财富管理数字化转型。

（十）当前消费金融业务发展面临的最大挑战：风险管理能力不足

调查结果显示，36.36%的受访者认为当前消费金融业务发展面临的最大挑战是风险管理能力不足，27.84%的受访者认为是客户债务风险较高，认为是消费金融领域的法律法规体系不健全、消费者权益受损案例和投诉率较高的受访者占比分别为18.18%和17.61%（见图2–12）。

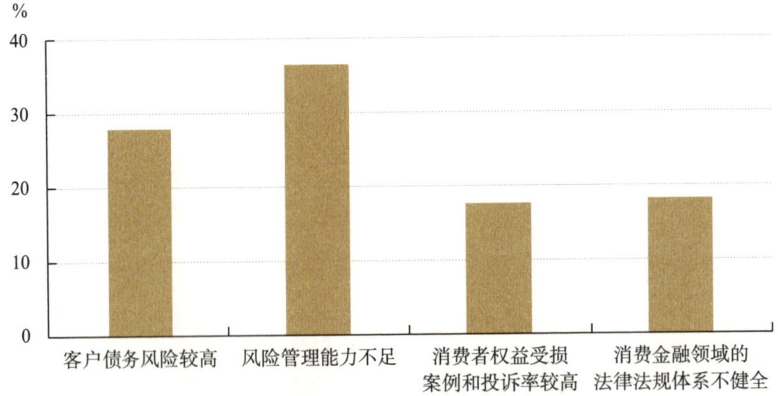

图 2–12　当前消费金融业务发展面临的最大挑战

中研产业研究院发布的《2022—2026年中国消费金融行业竞争格局及发展趋势预测报告》显示，消费金融行业跑马圈地的时代悄然过去，逐步进入存量整治与规范监管的时代。消费金融只有通过数据挖掘，主动识别有价值的存量客户，并进行针对性的营销，才能保证未来的持续增长。《2022年消费金融行业发展研究报告》指出，消费金融行业的发展与宏观经济及人均收入水平呈现正相关性，且由于其"次贷"属性，其波动性较一般贷款发放机构会更大。在经济稳定增长的情况下，居民收入水平不断提升，消费需求旺盛，消费金融业务规模稳步扩张，同时面临的信用风险较小；在经济下滑情况下，居民收入水平和消费意愿下降，消费金融业务规模缩减，同时面临的信用风险增大。受疫情等因素影响，消费金融业务面临的信用风险较大、风险管理难度上升及风险管理能力不足问题愈加凸显，成为当前消费金融业务发展面临的最大挑战。未来消费金融的竞争，是存量市场的竞争。消费金融公司只有深耕细分场景，不断创新产品、提升服务能力，并提高风险管理能力，才能在未来行业整体的竞争中占据一席之地。

（十一）《巴塞尔协议Ⅲ》对我国银行业的影响：有一定影响

调查结果显示，80.68%的受访者认为《巴塞尔协议Ⅲ》对我国银行业有一定影响，13.07%的受访者认为影响比较大，6.25%的受访者认为《巴塞尔协议Ⅲ》对我国银行业几乎没影响（见图2-13）。

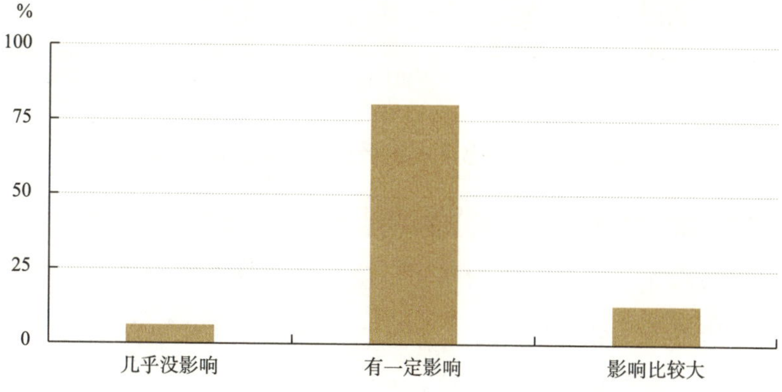

图 2-13 《巴塞尔协议Ⅲ》对我国银行业的影响

受新冠肺炎疫情影响，国际上《巴塞尔协议Ⅲ》最终版（以下简称新巴Ⅲ）从2022年初推迟至2023年初开始执行。2022年7月，中国银保监会公布2022年规章立法工作计划，《商业银行资本管理办法（试行）》修订列示其中，并于2023年2月发布征求意见稿。从调查结果来看，多数受访者认为新巴Ⅲ对我国银行业有一定影响，但影响没那么大。课题组认为，可能原因是我国现行资本管理严于新巴Ⅲ，执行新巴Ⅲ对资本冲击压力较小，主要难度在于基础信息颗粒度细且难度大、资本计量方法变化多且要求高、前端系统改造范围广而复杂等。

（十二）新巴Ⅲ对银行业影响最大的方面：信用风险计量规则

调查结果显示，43.18%的受访者认为新巴Ⅲ对银行业影响最大的是信用风险计量规则，32.95%的受访者认为是银行资产配置，认为是银行表内资金配置和银行负债成本的受访者占比分别为11.93%和11.36%（见图2-14）。

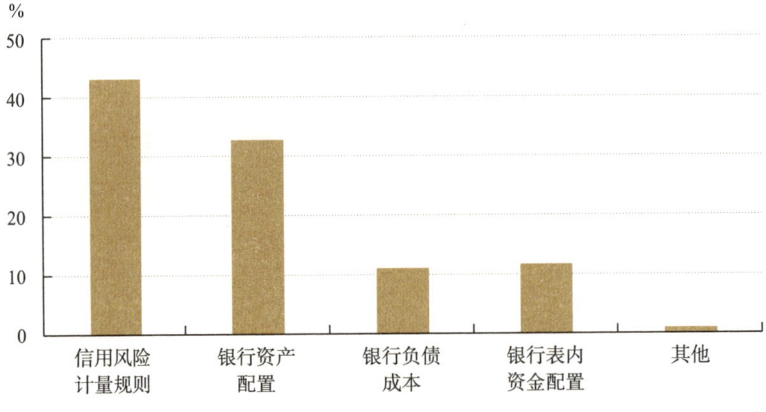

图 2-14 新巴Ⅲ对银行业影响最大的方面

商业银行从本质上说是经营风险的金融机构，而资本是商业银行经营的本钱，确保资本充分覆盖风险对于银行稳健经营具有重要意义。巴塞尔协议的本质是把资本视为银行防风险的底线，用资本充足率限制银行资产规模的非理性扩张。巴塞尔协议的一条核心原则，就是为银行各类资产和资本设置标准和权重，确保银行凭借充足的资本守住破产前的最后一道防线。总体来看，新巴Ⅲ对商业银行信用风险计量规则、银行资产配置等都将产生深远影响。但从调查结果来看，多数受访者认为对银行业信用风险计量规则影响最大，可能原因是新巴Ⅲ对信用风险计量规则的影响最为直接。

（十三）新巴Ⅲ对银行业影响最大的业务类型：投资业务

调查结果显示，46.02%的受访者认为新巴Ⅲ对银行业影响最大的业务类型是投资业务，36.93%的受访者认为是对公业务，认为新巴Ⅲ对银行业影响最大的业务类型是零售业务的受访者占比为17.05%（见图2-15）。

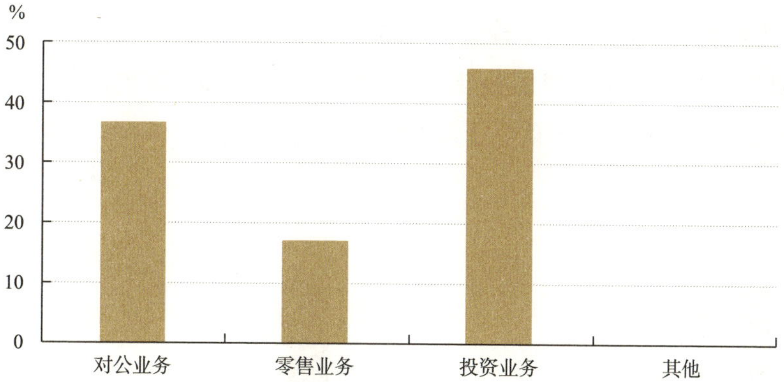

图 2-15　新巴Ⅲ对银行业影响最大的业务类型

新巴Ⅲ的实施给商业银行对公、零售、投资业务都带来一定影响。第一，在对公业务方面，对公资产投放将更倾向于资本节约，但结构或发生一定变化。在新巴Ⅲ下，各类对公客户风险权重均不高于当前水平，或提升银行对公贷款积极性。新巴Ⅲ支持“向小向微”的同时，也给予优质大型企业权重优惠，这可能会导致大中型银行针对大型企业客户的服务竞争更为激烈。第二，在零售业务方面，零售资产风险权重变化主要体现在住房抵押贷款及信用卡业务。个人住房抵押贷款风险权重取决于是否被认定为“依赖”及贷款价值比（LTV）水平，从目前国内购房首付比例来看，对应的风险权重均在50%以下，有望节约资本占用，但期房风险权重则有明显提升；新巴Ⅲ新增“合格交易者”概念，其风险权重设定为45%，或利好信用卡业务体量较大且资产质量较好的银行，如平安银行、招商银行等。第三，在投资方面，新巴Ⅲ整体提升了银行和次级债风险暴露的风险权重，对于银行自营投资或产生一定影响。

三、商业银行面临的主要风险

（一）2023年商业银行新增信贷规模与2022年相比：增长5%以内

调查结果显示，51.14%的受访者认为与2022年相比，2023年商业银行新增信贷规模增长5%以内，26.70%的受访者认为增长5%~10%，5.68%的受访者认为增长10%以上，三者合计83.52%；8.52%的受访者认为与2022年相比，2023年商业银行新增信贷规模下降5%以内，6.82%的受访者认为下降5%~10%，1.14%的受访者认为下降10%以上，三者合计16.48%（见图2–16）。

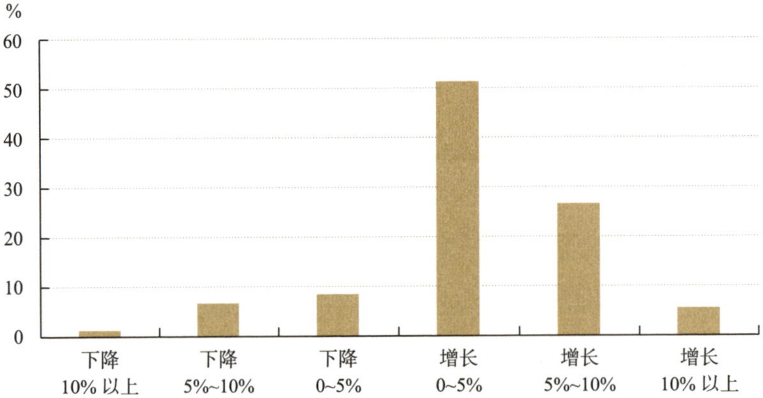

图 2–16　2023 年商业银行新增信贷规模较 2022 年的变化

课题组对此问题连续四年跟踪调查研究发现，多数受访者均认为与上年相比，商业银行新增信贷规模增长5%以内。值得注意的是，2020—2023年选择此选项的受访者占比依次为51.42%、37.21%、41.86%、51.14%，可见多数受访者对于商业银行新增信贷规模增长的预期在逐步修复。2020年，受新冠肺炎疫情影响，我国经济增长下行压力加大，商业银行信贷增长也受到不小的负面影响。随着2022年12月疫情防控政策的大幅调整，预期后续经济增长动能将逐步释放。与此同时，伴随国内持续出台的稳增长、“稳地产”

等相关政策的落地，宏观经济将迎来恢复性增长。在经济复苏预期下，预计2023年我国商业银行信贷投放将进一步增加。

（二）2023年银行贷款投放增长最快的行业：高新技术产业

调查结果显示，45.45%的受访者认为2023年银行贷款投放增长最快的行业是高新技术产业，24.43%的受访者认为是节能环保产业，认为是批发和零售业、健康养老产业的受访者占比分别为11.93%、14.20%，另外有3.98%的受访者认为2023年银行贷款投放增长最快的行业是国防军工产业（见图2–17）。

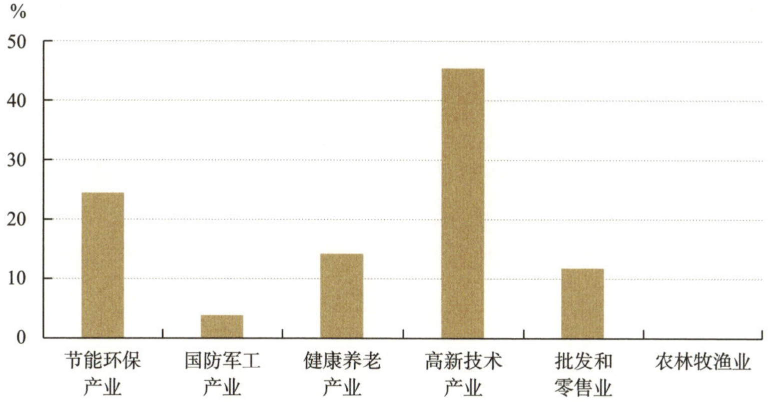

图 2–17　2023 年银行贷款投放增长最快的行业

课题组对该问题进行连续跟踪调查，与2021年调查结果相比，最明显的变化是选择高新技术产业的受访者占比从30.23%上升到45.45%。高新技术产业是以高新技术为基础，从事一种或多种高新技术机器产品的研究、开发、生产和技术服务的企业集合，是知识密集、技术密集的产业类型，代表未来产业发展的方向，是国家技术实力和产品优势的重要体现。2022年9月，为贯彻落实《中华人民共和国国民经济和社会发展第十四个五年规划和2035年远景目标纲要》和《国务院关于促进国家高新技术产业开发区高质量发展的若干意见》，推动高新区高质量发展，科技部编制了《“十四五”国家高新技术产业开发区发展规划》。该规划提出，到2025年，国家高新区、自创区布局更加优化，自主创新能力显著提升，体制机制持续优化，创新创业环境明显改善，高新技术产业体系基本形成，高新技术成果产出、转化和产业化机制更加完善，攻克一批支撑产业和区域发展的关键核心技术，研制一批兼具原创性和先进性的高水平标准，形成一批自主可控、国际领先的产品，涌现一批具有国际竞争力的创新型企业和产业集群。可以预见，有了政策的加持，未来几年，高新技术产业将迎来快速增长，资金需求相应增加，商业银行也将加速布局，信贷投放将进一步增加。

（三）2023年商业银行新增信贷风险集中的行业：房地产业

调查结果显示，2023年商业银行新增信贷风险集中的行业排名前三位的分别是房地产业、水泥建材行业和钢铁冶金行业，选择此三个行业的受访者分别为75%、55.11%和45.45%。选择煤炭行业、纺织行业和采矿业的受访者占比分别为26.14%、21.02%和13.64%，另外分别有13.07%和9.66%的受访者选择金融业和电力行业（见图2–18）。

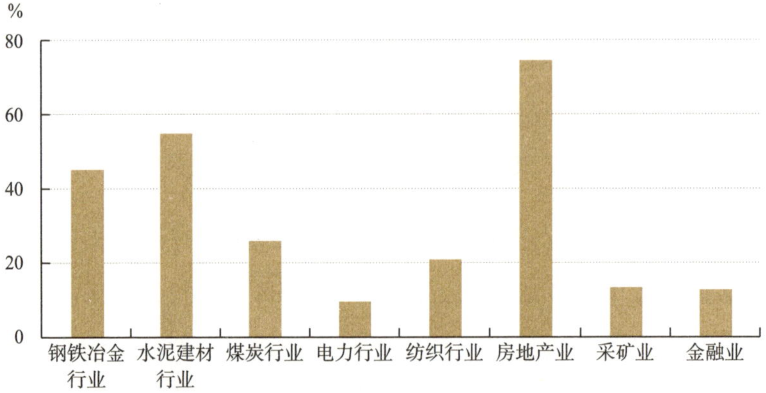

图 2–18　2023 年商业银行新增信贷风险集中的行业

从调查结果来看，房地产及其上下游仍是2023年商业银行新增信贷风险集中的行业。2022年针对房地产的政策出现大幅调整，相应的支持政策逐步增加，在继续坚持房住不炒的定位下，因城施策，支持刚性、改善性住房需求，满足行业合理融资需求，旨在推动房地产业向新发展模式平稳过渡。但这些支持政策主要利好优质头部房地产企业，比如有关部门起草的《改善优质房企资产负债表计划行动方案》提出，聚焦专注主业、合规经营、资质良好，具有一定系统重要性的优质房地产企业。普通尤其是资质较差的房地产企业风险尚未得到有效解决，且可能随着相关利好优质房地产企业政策的落实而加速出清。此外，房地产市场供求关系和城镇化格局等重大趋势性结构性问题并未根本改变，且房地产企业多年来高负债、高杠杆、高周转发展模式的弊端仍普遍存在，房地产市场仍存在不小风险。

（四）《关于全球系统重要性银行发行总损失吸收能力非资本债券有关事项的通知》对增强我国银行业风险抵御能力：有一定作用

调查结果显示，52.27%的受访者认为《关于全球系统重要性银行发行总损失吸收能力非资本债券有关事项的通知》对增强我国银行业风险抵御能力的作用比较小，42.61%的受访者认为作用比较大，认为作用非常大的受访者占比为1.70%，另外有3.41%的受访者认为几乎没有作用（见图2–19）。

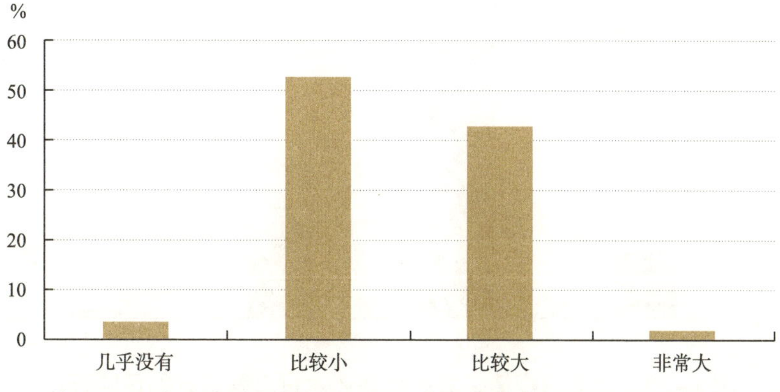

图 2–19　《关于全球系统重要性银行发行总损失吸收能力非资本债券有关事项的通知》对增强我国银行业风险抵御能力的作用

2022年4月29日，中国人民银行和中国银保监会联合印发《关于全球系统重要性银行发行总损失吸收能力非资本债券有关事项的通知》（以下简称《通知》），在2021年10月中国人民银行、中国银保监会、财政部发布的《全球系统重要性银行总损失吸收能力管理办法》基础上，进一步推进了总损失吸收能力非资本债券（以下简称TLAC 非资本债券）在国内的落地。《通知》明确了TLAC非资本债券的核心要素和发行管理规定，为发行TLAC非资本债券提供了指南。总体来看，TLAC 非资本债券的收益率低于资本工具，可以降低商业银行的负债成本。国际上，TLAC 非资本债券是全球系统重要性银行实现总损失吸收能力达标的重要工具，已得到广泛运用，发展较为成熟。从我国实际情况来看，TLAC非资本债券的推出可以支持我国全球系统重要性银行满足总损失吸收能力监管规则，有利于提高国有大型商业银行的风险抵御能力，有助于增强我国金融体系的稳健性。

（五）为应对疫情采取的延期还本付息等贷款的风险程度：比较大

调查结果显示，55.11%的受访者认为为应对疫情采取的延期还本付息等贷款的风险程度比较大，30.68%的受访者认为比较小，认为应对疫情采取的延期还本付息等贷款的风险程度非常大的受访者占比为13.07%，另外有1.14%的受访者认为几乎没有风险（见图2–20）。

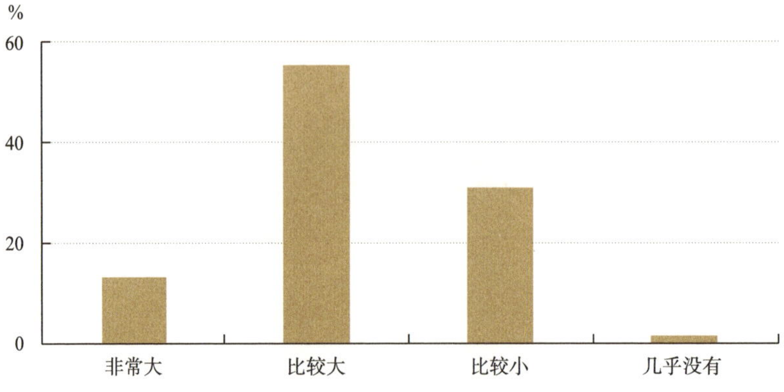

图 2–20　为应对疫情采取的延期还本付息等贷款的风险程度

2022年4月，中国人民银行、国家外汇管理局印发《关于做好疫情防控和经济社会发展金融服务的通知》，出台了加强金融服务、加大支持实体经济力度的23条政策举措，其中要求加大对受疫情影响行业、企业、人群等金融支持，扩大贷款投放。2022年11月，中国人民银行、中国银保监会、财政部、发展改革委、工业和信息化部、市场监管总局六部委联合发布《关于进一步加大对小微企业贷款延期还本付息支持力度的通知》(银发〔2022〕252号),进一步加大对小微企业等市场主体支持力度,深入落实好稳经济一揽子政策和接续政策,对于2022年第四季度到期的小微企业贷款,鼓励银行业金融机构按市场化原则与企业共同协商延期还本付息。这些人性化政策的推出,短期内确实有效缓解了部分企业、群体的还款和资金周转压力,但也不乏个别确实存在经营问题的企业借此机会浑水摸鱼,扩大了相应贷款的风险敞口。从调查结果来看,多数受访者认为这些贷款的风险程度比较大。随着疫情防控全面放开,预计后续相关支持政策将逐步退出,相关贷款将陆续到期,风险或将逐步暴露,需提前做好防范。

(六)2023年商业银行涉农信贷投放与2022年相比:小幅增加

调查结果显示,54.55%的受访者认为与2022年相比,2023年商业银行涉农信贷投放将小幅增加,认为将大幅增加的受访者占比为14.20%,认为2023年商业银行涉农信贷投放与2022年基本持平的受访者占比为28.41%,仅有2.84%的受访者认为2023年商业银行涉农信贷投放与2022年相比将小幅减少(见图2-21)。

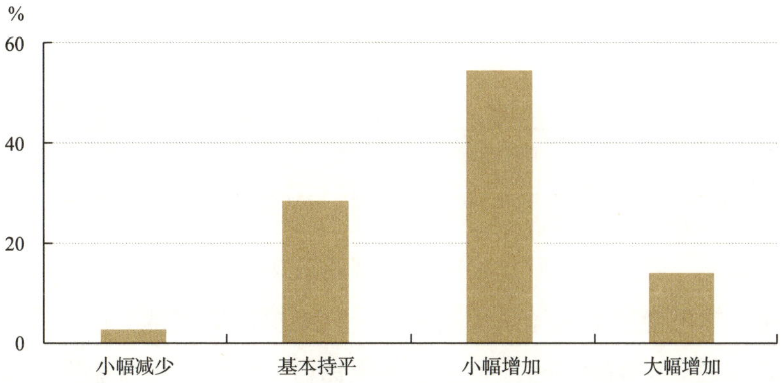

图 2-21 2023 年商业银行涉农信贷投放较 2022 年的变化

2017年10月,党的十九大报告首次提出实施乡村振兴战略,并将其确定为决胜全面建成小康社会需要坚定实施的七大战略之一。后续几年国家出台了系列乡村振兴政策,但涉农信贷投放并未显著上升。课题组认为,主要原因有三个方面：一是涉农贷款产品种类较少，范围狭窄，难以满足不同客户、不同时段、不同空间上的融资需求。二是获取农村客户信息难度大、成本高。三是农村地区相关配套机制不完善，尤其是地方政府、保险机构、银行与借款人之间仍未形成风险利益共同体，财政补贴、税收优惠及农业保险的介入程度有限，客观上抑制了信贷风险的有效转移。

（七）2023年商业银行绿色信贷规模与2022年相比：小幅增加

调查结果显示，50.57%的受访者认为与2022年相比，2023年商业银行绿色信贷规模将小幅增加，23.86%的受访者认为将大幅增加，两者合计占比为74.43%；认为2023年商业银行绿色信贷规模将与2022年基本持平的受访者占比为19.89%；认为小幅减少或大幅减少的受访者占比分别为5.11%和0.57%，两者合计占比为5.68%（见图2-22）。

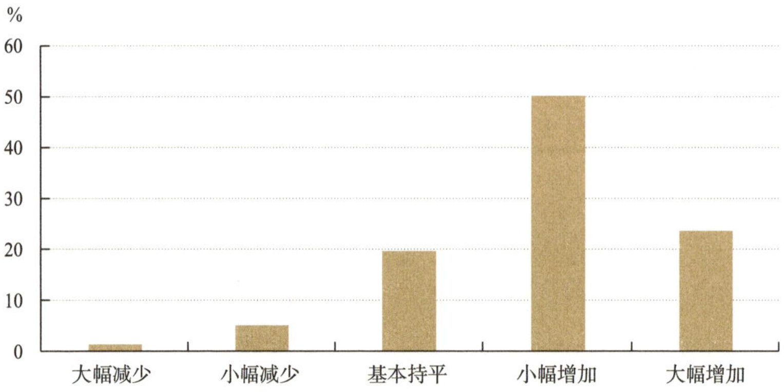

图 2-22　2023 年商业银行绿色信贷规模较 2022 年的变化

在“双碳”目标引领下，我国绿色金融政策不断完善，银行业绿色金融发展提速，绿色金融政策体系不断完善，相继推出碳减排支持工具与煤炭清洁再贷款。尤其是2022年6月2日，中国银保监会发布《银行业保险业绿色金融指引》，引导银行保险机构加大对绿色、低碳、循环经济的支持，从组织管理、政策制度、流程管理、内控管理、监督管理等方面明确绿色金融政策要求。绿色金融政策的不断完善，推动我国总体绿色信贷规模保持高速增长。中国人民银行发布的数据显示，截至2022年第三季度末，本外币绿色贷款余额为20.9万亿元，同比增长41.4%，比2021年末高8.4个百分点。党的二十大报告进一步提出，要完善支持绿色发展的财税、金融、投资、价格政策和标准体系，发展绿色低碳产业。未来，随着我国“双碳”目标的持续推进与落实，以及各项绿色金融政策效果不断显现，商业银行绿色信贷规模将进一步增加。

（八）绿色贷款信贷资产质量与商业银行同期各项贷款相比：基本持平

调查结果显示，57.39%的受访者认为绿色贷款信贷资产质量与商业银行同期各项贷款基本持平，36.93%的受访者认为绿色贷款信贷资产质量整体好于银行同期各项贷款，两者合计占比为94.32%；另外有5.68%的受访者认为绿色贷款信贷资产质量与商业银行同期各项贷款相比较差（见图2–23）。

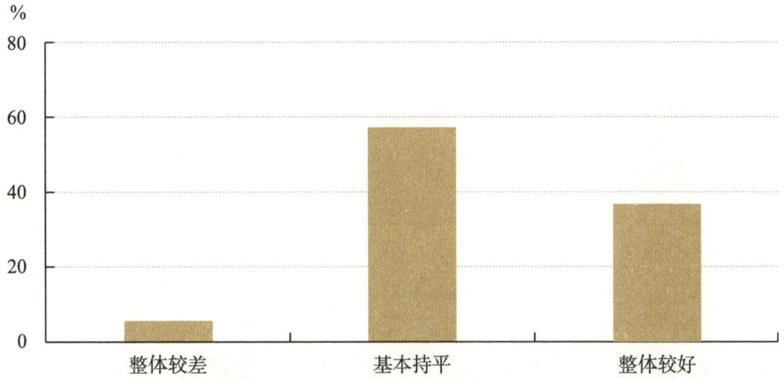

图 2–23　绿色贷款信贷资产质量与商业银行同期各项贷款相比

商业银行信贷资产质量的影响因素很多，外部因素包括经济发展水平、财政货币政策等，内部因素包括银行经营的风险偏好、银行资产规模、经营效率、内部员工文化程度和风险管理体系完善程度等。从调查结果来看，在内外部条件大体一致的情况下，多数受访者认为绿色贷款信贷资产质量与商业银行同期各项贷款相比基本持平或整体较好。促进绿色信贷的发展既符合国家可持续发展的政策，满足生态文明发展的要求，又有利于商业银行抑制风险，促进信贷资产质量的提升。

四、商业银行不良贷款供应规模、资产类别和预期价格

（一）2022年商业银行不良率的公开数据与实际情况相比：小幅低估

调查结果显示，50%的受访者认为2022年商业银行不良率的公开数据与实际情况相比被小幅低估，23.86%的受访者认为被大幅低估，两者合计占比为73.86%；21.02%的受访者认为2022年商业银行不良率的公开数据与实际情况基本一致；5.11%的受访者认为被小幅高估（见图2-24）。

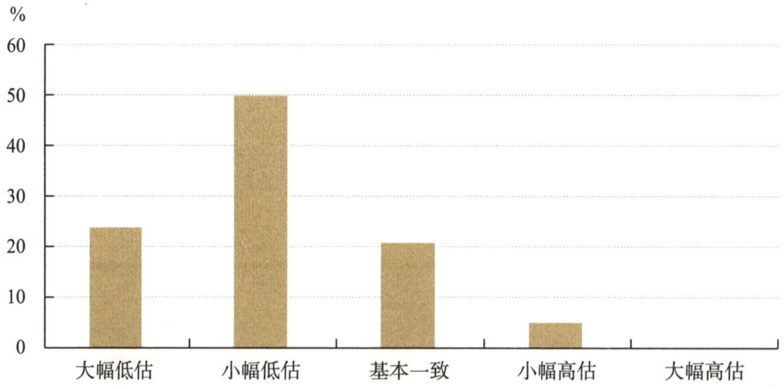

图 2-24　2022 年商业银行不良率的公开数据与实际情况相比

从调查结果来看，多数受访者认为2022年商业银行不良率的公开数据是被低估的。中国银保监会数据显示，截至2022年第三季度末，商业银行不良贷款余额为3万亿元，不良率为1.66%。课题组对“商业银行不良率的公开数据与实际情况相比”这一问题进行了长期跟踪，从近3年的问卷调查结果来看，大多数受访者认为商业银行不良率的公开数据与实际情况相比被小幅低估。与2021年的调查结果相比，认为商业银行不良率的公开数据与实际情况相比被低估的受访者占比略有上升。课题组认为主要原因可能有以下两个方面：一是自2022年以来，为应对疫情冲击，中国人民银行出台了多项举措，持续加大对小微企业、个体工商户等受疫情影响较大企业和人群贷款延期还

本付息的支持力度，部分潜在不良贷款风险持续累积并延缓暴露。二是部分商业银行出于银行监管评级、绩效考核等因素的考虑，不良贷款没有充分暴露。在实践中，商业银行可以通过续贷、调整贷款分类等手段调减不良贷款规模，降低账面不良贷款比率。因此，大多数受访者认为商业银行公布的不良率可能被小幅低估。

（二）关注类贷款转变为不良贷款的比例：10%~20%

调查结果显示，32.95%的受访者认为关注类贷款转变为不良贷款的比例是10%~20%，25%的受访者认为比例是20%~30%，15.91%的受访者认为比例是30%~40%，认为关注类贷款转变为不良贷款的比例是50%以上、40%~50%、10%以下的受访者比例分别为9.66%、9.09%、7.39%（见图2-25）。

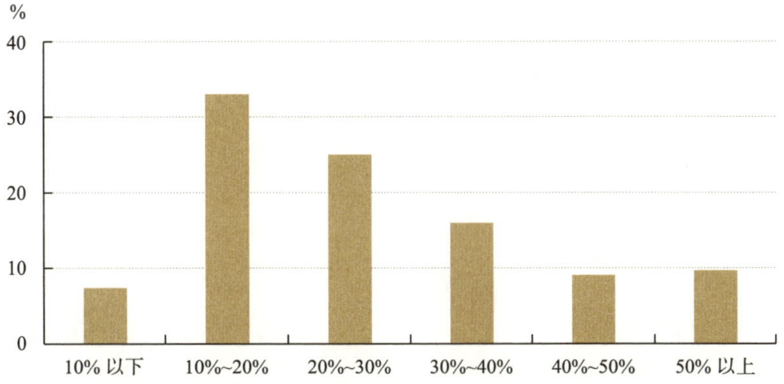

图 2-25　关注类贷款转变为不良贷款的比例

从调查结果来看，多数受访者预计当前有10%~20%的关注类贷款将转变为不良贷款。中国银保监会数据显示，截至2022年第三季度末，商业银行关注类贷款余额为4万亿元，10%~20%的比例为0.4万亿~0.8万亿元。从纵向来看，2021年多数受访者预计20%~30%的关注类贷款将转变为不良贷款，2022年多数受访者则预计10%~20%的关注类贷款将转变为不良贷款。由此可见，近年来受访者预测的关注类贷款转变为不良贷款的比例呈下降趋势。课题组认为，主要原因可能是2022年12月我国疫情防控政策大幅调整，推动企业全面复工复产，促进市场恢复需求。未来，随着企业生产经营活动逐步回归正常轨道，经济循环逐步畅通，稳经济各项政策效果逐步显现，我国经济增速有望回升。在我国宏观经济保持回稳向好的背景下，商业银行关注类贷款质量有望得到提升，转变为不良贷款的比例进一步缩小。

（三）将资产质量可能下迁的关注类资产提早纳入不良资产处置范围的必要性：比较大

调查结果显示，48.30%的受访者认为将资产质量可能下迁的关注类资产提早纳入不良资产处置范围的必要性比较大，10.80%的受访者认为必要性非常大，两者合计为59.10%；35.23%的受访者认为将资产质量可能下迁的关注类资产提早纳入不良资产处置范围的必要性比较小；5.68%的受访者认为几乎没有必要，两者合计为40.91%（见图2–26）。

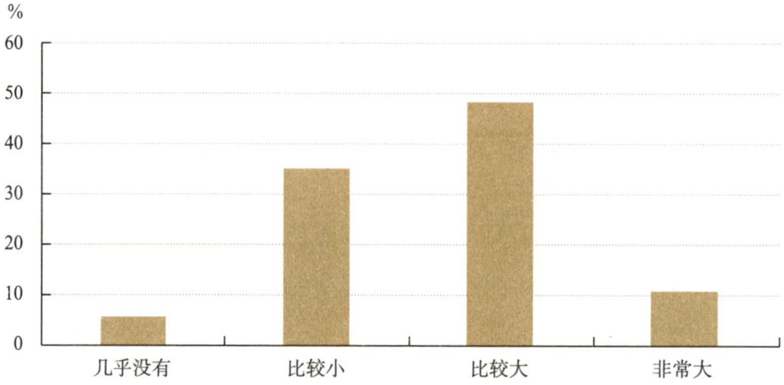

图 2–26　将资产质量可能下迁的关注类资产提早纳入不良资产处置范围的必要性

从调查结果来看，多数受访者认为将资产质量可能下迁的关注类资产提早纳入不良资产处置范围的必要性比较大。根据以往的监管要求，在银行资产的五级分类中，关注类资产不允许批量打包转让。2022年6月，中国银保监会印发的《关于引导金融资产管理公司聚焦主业积极参与中小金融机构改革化险的指导意见》（银保监办发〔2022〕62号，以下简称62号文）首次提出，银行尚未划入不良的关注类资产项目可提前进行处置，将金融机构风险处置环节前移。62号文将可转让资产的范围从不良资产进一步拓宽至风险资产，允许资产质量恶化前及时转让出表。因此，顺应当前的政策导向，受访者普遍认为将资产质量可能下迁的关注类资产提早纳入不良资产处置范围，有利于商业银行尽早出清风险资产，化解潜在不良资产风险，腾挪更多信贷资源投放实体经济。

（四）2023年商业银行处置不良贷款的紧迫性与2022年相比：更加紧迫

调查结果显示，51.14%的受访者认为，与2022年相比，2023年商业银行处置不良贷款的紧迫性更强，42.05%的受访者认为基本持平，6.82%的受访者认为有所减弱（见图2-27）。

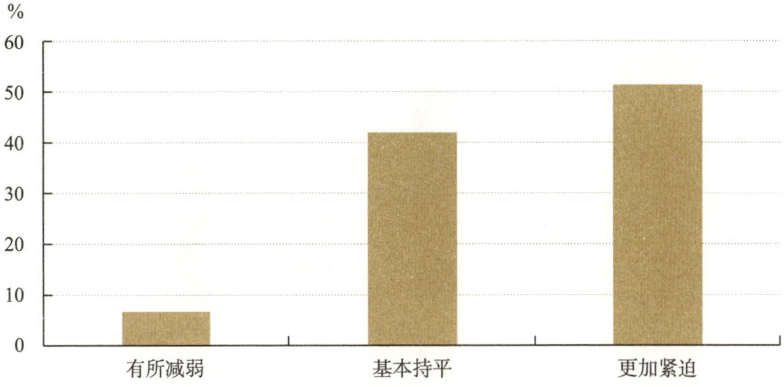

图 2-27　2023 年商业银行处置不良贷款的紧迫性较 2022 年的变化

从调查结果来看，多数受访者认为，与2022年相比，2023年商业银行处置不良贷款的紧迫性更强。一是近年来，银行业不良资产处置进程持续提速。2020年全年银行业处置不良资产3.02万亿元，处置金额首次超过3万亿元；2021年全年银行业处置不良资产3.1万亿元，处置金额再创新高。截至2022年第三季度，银行业处置不良资产2.14万亿元，同比多处置1900多亿元。二是监管多措并举鼓励金融机构综合运用各类处置工具加大不良贷款的处置力度，推动金融机构增强金融风险化解能力。例如，2021年1月，监管部门批准同意单户对公不良贷款转让和个人不良贷款批量转让以试点方式在银登中心开展，创新不良资产处置机制。2022年6月，中国银保监会出台62

号文，进一步拓宽了对金融资产的收购范围，对金融资产管理公司化解金融风险提出更高期望。基于当前不良资产处置进程不断提速、力度持续加大的发展趋势，课题组认为2023年商业银行处置不良贷款的紧迫性更强。

（五）2023年不良资产处置压力最大的银行类型：城市商业银行

调查结果显示，40.91%的受访者认为2023年不良资产处置压力最大的银行类型是城市商业银行，23.30%的受访者认为是农村商业银行，分别有15.34%和11.93%的受访者认为是民营银行和股份制商业银行，认为是国有大型商业银行的受访者占比为8.52%（见图2-28）。

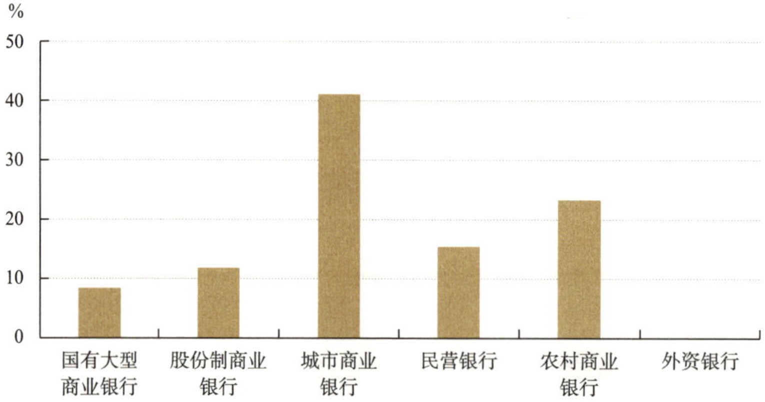

图 2-28　2023 年不良资产处置压力最大的银行类型

从调查结果来看，多数受访者认为2023年不良资产处置压力最大的银行类型是城市商业银行，农村商业银行次之。中国银保监会公开数据显示，截至2023年第三季度，我国城市商业银行不良贷款率为1.96%，农村商业银行不良贷款率为3.37%，两者的不良率远高于其他银行类型，均面临较大的不良资产处置压力。近年来，我国中小银行在快速发展的同时，资产负债结构失衡、风险防控机制不完善、公司治理机制失灵等问题逐渐显现，风险频发，持续深化改革推动中小银行风险化解成为我国金融领域工作部署的重要任务之一。城市商业银行和农村商业银行作为我国中小银行的重要组成部分，持续面临较大的处置不良资产、提高风险抵御能力的压力。课题组认为，整体来看，城市商业银行承载着支持区域经济发展，为地方中小企业提供金融服务的重要功能，单个城市商业银行的资产规模远高于农村商业银行，一旦资产质量出现恶化，爆发信用风险，将给经济社会带来更为严重的负面影响，因此其压降不良资产规模、防范化解不良贷款风险的紧迫性更强。

（六）受访者所在银行2023年新增不良贷款规模与2022年相比：小幅增加

调查结果显示，分别有39.20%和4.55%的受访者认为与2022年相比，其所在银行2023年新增不良贷款规模将小幅增加或大幅增加，两者合计占比为43.75%；33.52%的受访者认为其所在银行2023年新增不良贷款规模与2022年基本持平；分别有20.45%和2.27%的受访者认为与2022年相比，其所在银行2023年新增不良贷款规模将小幅降低和大幅降低，两者合计占比为22.72%（见图2–29）。

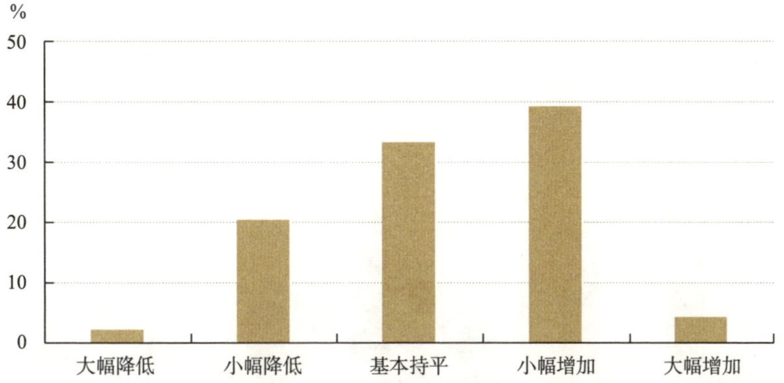

图 2–29　受访者所在银行 2023 年新增不良贷款规模较 2022 年的变化

从调查结果来看，多数受访者认为与2022年相比，其所在银行2023年新增不良贷款规模将小幅增加。整体来看，近年来受访者对新增不良贷款规模的预期不断调整变化，从2019年的小幅增加到2020年的小幅减少，以及2021年和2022年的基本持平，再到2023年的小幅增加。这种变化反映了受访者对我国宏观经济形势与政策走向、疫情影响情况的预期变化。自2022年以来，我国经济面临“需求收缩、供给冲击、预期转弱”的三重压力，国际形势复杂多变，超预期因素冲击增加，宏观经济下行压力持续加大。国家统计局数据显示，2022年前三个季度我国经济增长3%，而2021年我国经济增速为8.1%。除此以外，随着我国疫情防控政策的大幅调整，企业逐步恢复生产经营秩序，延期还本付息等金融支持政策将逐步退出，金融行业的潜在风险可能加速暴露，因此，受访者普遍认为其所在银行2023年新增不良贷款规模将小幅增加。

（七）受访者所在银行2023年合计面向市场推出资产包本金总规模：30亿元以下

调查结果显示，30.11%的受访者认为其所在银行2023年合计面向市场推出资产包本金总规模在30亿元以下，20.45%的受访者认为在100亿~200亿元，分别有19.32%、14.77%的受访者认为在30亿~50亿元和50亿~100亿元，认为其所在银行2023年合计面向市场推出资产包本金总规模在200亿~300亿元、400亿元以上及300亿~400亿元的受访者占比分别为7.95%、3.98%和3.41%（见图2–30）。

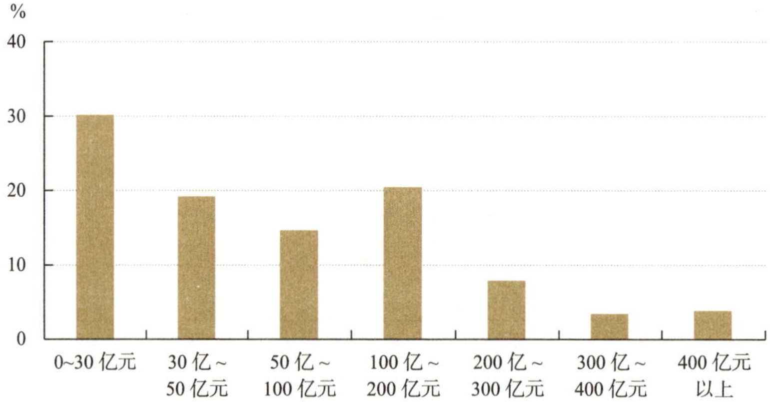

图 2–30　受访者所在银行 2023 年合计面向市场推出资产包本金总规模

从调查结果来看，多数受访者认为其所在银行2023年合计面向市场推出资产包本金总规模在30亿元以下。当前我国不良资产处置主体已经形成“5+地方系+银行系+外资系+N”的竞争格局，不良资产处置市场也形成了“全国+省级+地市”的多元化发展态势。商业银行作为不良资产一级市场的主要供给方，需要根据市场需求来进行组包、推包。中小型资产包便于商业银行根据不良资产的属性、特点，向市场灵活推出丰富多样的产品类型，满足全国性金融资产管理公司、地方资产管理公司等收包主体的不同偏好。与此同时，中小型资产包的资金占用成本较低，更容易准确估值，有利于分散风险，缩短处置周期，因此更容易获得投资者的青睐。

（八）2023年受访者所在银行向市场推出的不良资产最主要类型：次级类

调查结果显示，37.50%的受访者认为2023年其所在银行向市场推出的不良资产最主要类型是次级类，34.09%的受访者认为是损失类，28.41%的受访者认为是可疑类（见图2-31）。

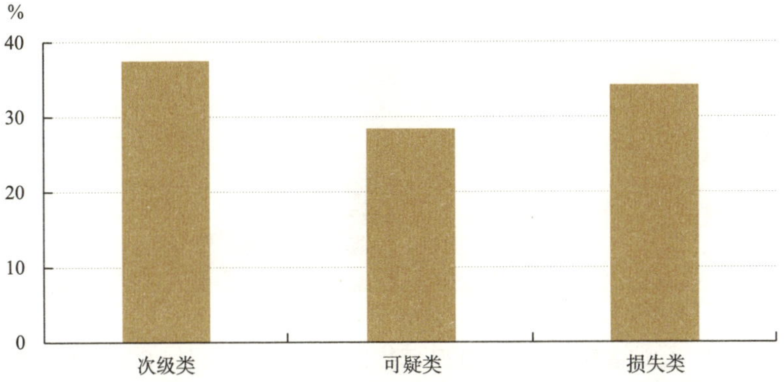

图 2-31　2023 年受访者所在银行向市场推出的不良资产最主要类型

从调查结果来看，2023年受访者所在银行预计向市场推出的不良资产类型中次级类占比最高。课题组认为主要原因可能有以下三个方面：一是次级类不良贷款是当前我国商业银行不良贷款的主要类型。中国银保监会数据显示，截至2022年第三季度，我国商业银行不良贷款余额中次级类贷款总额为1.4万亿元，金额占比高于可疑类及损失类不良贷款。二是商业银行提高处置效率，及时处置风险资产，有效缓解了资产质量恶化进程。近年来，商业银行持续加大不良资产的处置力度，将风险资产处置关口前移，及时甩掉包袱轻装上阵。通过尽早处置次级类风险资产，有利于防止信贷资产质量进一步下迁，确保银行资产质量的整体稳定。三是次级类不良贷款规模可能小幅扩张。多数受访者预计其所在银行2023年新增不良贷款规模将小幅增加，这意味着占比最高的次级类不良贷款规模小幅扩张的可能性较大。

（九）受访者所在银行2023年推出的资产包价格与2022年相比：基本持平

调查结果显示，59.66%的受访者认为2023年其所在银行面向市场推出的资产包价格与2022年基本持平，20.45%的受访者认为将小幅降低，16.48%的受访者认为将小幅提高，仅有3.41%的受访者认为将大幅降低和大幅提高（见图2-32）。

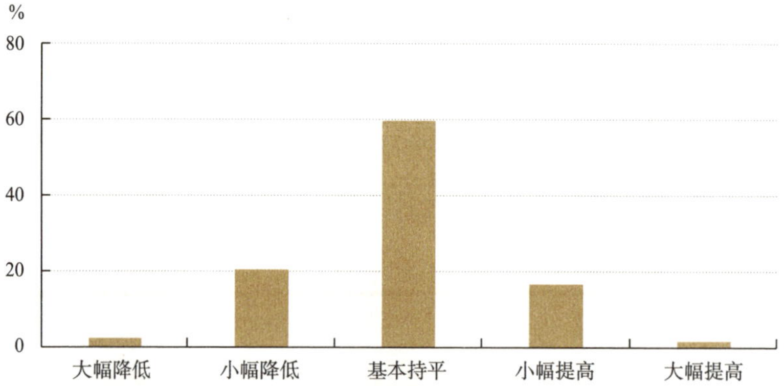

图 2-32　受访者所在银行 2023 年推出的资产包价格较 2022 年的变化

从调查结果来看，多数受访者认为2023年其所在银行面向市场推出的资产包价格与2022年基本持平，与2021年的调研结果一致。课题组认为，近几年不良资产市场供需波动较小，不良资产包的市场价格趋于稳定。从不良资产供给端来看，尽管多数受访者认为其所在银行2023年新增不良贷款规模将小幅增加，但是由于商业银行存量不良资产质量整体较好，且不良资产处置手段相对丰富，一定程度上可以根据预期收益及市场行情灵活调整资产包的推包数量和规模，调整不良资产市场的有效供给。从需求端来看，随着第五家全国性金融资产管理公司、银行系金融资产投资公司、外资资产管理公司等主体逐步加入不良资产处置行业，市场主体进一步扩容，竞争逐步加剧。但是在疫情冲击下，我国宏观经济下行压力较大，不良资产投资者风险偏好有所降低，具有较为强烈的避险需求，相对低折扣率但高风险的资产包，更愿意选择资产质量较好、风险可控的资产包。因此，受访者预计2023年不良资产市场在一定程度上将维持原有的供需状况，资产包价格与2022年基本持平。

五、商业银行处置不良资产的主要方式

（一）2023年商业银行处置不良资产的主要方式：不良资产转让、坏账核销、清收

调查结果显示，73.30%的受访者认为2023年商业银行处置不良资产的主要方式是不良资产转让，63.64%的受访者认为是坏账核销，61.93%的受访者认为是清收，认为是债务重组、资产证券化及债转股的受访者占比分别为46.59%、26.14%、11.36%（见图2-33）。

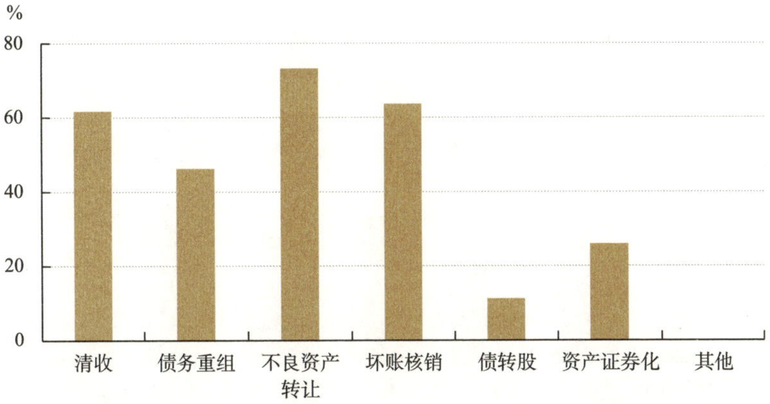

图 2-33　2023 年商业银行处置不良资产的主要方式

从调查结果来看，受访者认为2023年商业银行处置不良资产的主要方式包括不良资产转让、坏账核销及清收。与2021年调查结果相比，不良资产转让仍然是商业银行首选的不良资产处置方式。将不良资产批量转让给资产管理公司，有利于商业银行与风险资产彻底“脱钩”，快速改善资产结构，节约债权维护、资产清收、客户服务等后期成本。坏账核销及清收也是商业银行较常采用的处置手段，针对符合核销条件的不良资产，商业银行通过核销

手段，将其纳入表外资产进行管理，从而优化银行内部的财务数据。对于抵押资产充足或者连带保证责任人具备还款能力的不良债权，商业银行通过诉讼、强制执行等法律手段清收不良资产，能够有效提高回收率，最大限度地减小损失。除此以外，调查结果还反映了资产证券化这一创新型不良资产处置方式已经开始逐渐引起市场的重视。

（二）2023年影响银行选择不良资产处置方式的主要因素：市场环境、考核压力

调查结果显示，65.91%的受访者认为2023年影响商业银行选择不良资产处置方式的主要因素是市场环境，63.64%的受访者认为是考核压力，认为2023年影响银行选择不良资产处置方式的主要因素是行政司法环境和回收率的受访者数量一样，占比均为39.77%，认为是自身处置能力、处置周期或其他因素的受访者占比分别为37.50%、36.36%、0.57%（见图2-34）。

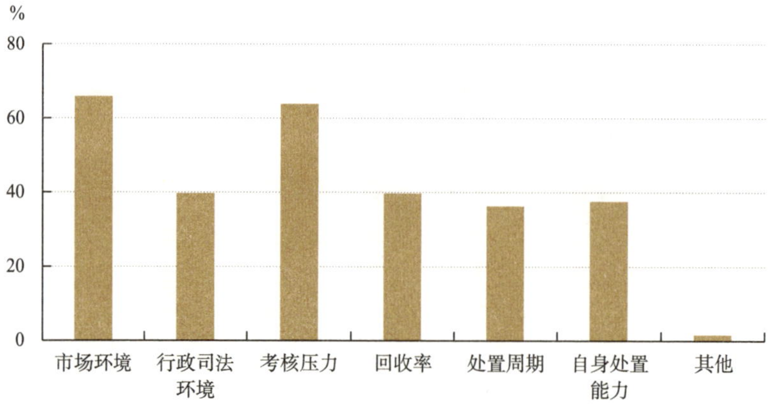

图 2-34　2023 年影响银行选择不良资产处置方式的主要因素

从调查结果来看，受访者认为2023年影响商业银行选择不良资产处置方式的主要因素是市场环境及考核压力。与2021年调查结果相比，影响商业银行选择不良资产处置方式的最主要因素从考核压力转变为市场环境。课题组认为，主要原因可能是2022年在“需求收缩、供给冲击、预期转弱”三重压力下，我国经济下行压力尤为突出，经济复苏面临严峻挑战，宏观经济金融

环境对不良资产市场的活跃度、景气度等方面产生了相较于过去更为广泛的影响，成为影响商业银行选择不良资产处置方式的首要因素。随着商业银行从过去追求规模增长的粗放型发展策略逐渐转向专业化精细化的高质量发展模式，安全性在其考核机制中的重要地位逐渐增强，因此考核压力成为长期影响商业银行选择不良资产处置方式的重要因素。

（三）2023年商业银行处置不良贷款的主要动机：降低不良贷款率、加快现金回收

调查结果显示，91.48%的受访者认为2023年商业银行处置不良贷款的主要动机是降低不良贷款率，63.07%的受访者认为是加快现金回收，47.73%的受访者认为是满足监管要求，认为2023年商业银行处置不良贷款的主要动机是保全信用资产、追求更高回收率和其他原因的受访者占比分别为35.23%、32.95%和0.57%（见图2–35）。

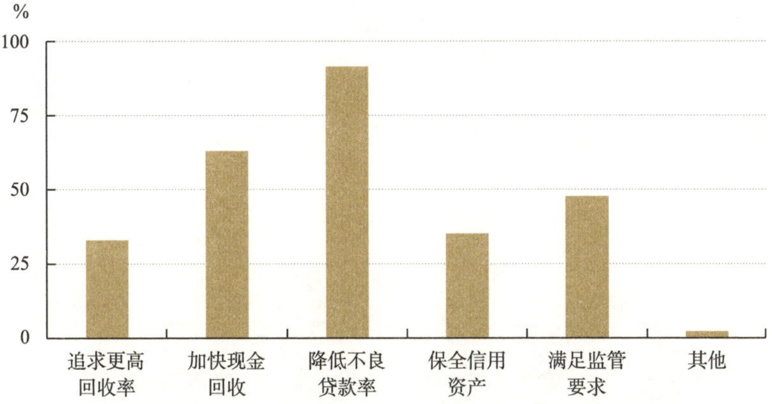

图 2–35　2023 年商业银行处置不良贷款的主要动机

从调查结果来看，多数受访者认为2023年商业银行处置不良贷款的最主要动机是降低不良贷款率，其次是加快现金回收。纵向来看近年来的调查结果，降低不良贷款率始终是商业银行处置不良贷款的最主要动机。受疫情反复、宏观经济下行、监管政策趋严等因素影响，商业银行近年来持续将加大不良资产处置力度作为实现稳健经营的重要抓手，而不良贷款率的下降是

体现不良资产处置成效的核心指征。中国银保监会在2022年工作会议中再次提出，要坚持不懈防范化解金融风险，坚决守住不发生系统性金融风险的底线，支持加快不良资产处置。因此，降低不良贷款率成为驱动商业银行处置不良贷款的主要动机。总体来看，当前国有大型商业银行和股份制商业银行的不良率已经得到较大改善，但是城市商业银行及农村商业银行的不良率依旧处于高位，压降任务较为艰巨。除此以外，加快现金回收也是商业银行处置不良贷款的重要动机，通过清收、不良资产转让等方式处置不良资产，商业银行能够快速“回血”，改善经营性现金流，提升抵御风险及服务实体经济的能力。

（四）2023年商业银行处置难度较大的存量资产类别：企业不良资产、非上市股权资产

调查结果显示，69.32%的受访者认为2023年商业银行处置难度较大的存量资产类别是企业不良资产，认为是非上市股权资产、个人不良资产、信用债的受访者分别占比为53.41%、52.84%、51.70%，只有18.75%的受访者认为2023年商业银行处置难度较大的存量资产类别是资本补充工具及其他（见图2–36）。

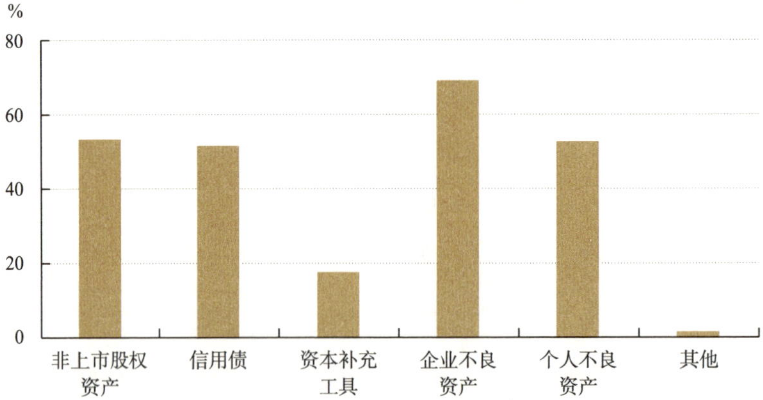

图 2–36　2023 年商业银行处置难度较大的存量资产类别

从调查结果来看，多数受访者认为2023年商业银行处置难度最大的存量资产类别是企业不良资产，其次是非上市股权资产、个人不良资产、信用

债，三者的占比较为接近。课题组认为主要原因可能包括以下两个方面：一是企业不良资产通常具有金额较高、流动性较差、行业属性强等特点，如果采用不良资产转让的方式进行处置，资产管理公司等收购方往往需要另行寻找相关行业的战略伙伴进行合作收购，在一定程度上增加了不良资产处置的难度。二是企业在日常生产经营过程中与供货方、销售方、代理方等多方主体缔结了交易关系，因此，在处置企业不良资产的过程中不可避免地需要处理相对复杂的债权债务或者其他法律关系，在一定程度上增加了处置成本、拉长了处置周期。非上市股权资产、个人不良资产、信用债同样具有一定的处置难度。非上市股权资产相较于企业资产，处置方式相对简单，但是同样存在流动性不足的问题。个人不良资产存在单笔金额较小、贷款人众多、个人信息获取不全面、难以准确估值等问题，要求处置机构具备较强的信息收集和处理能力。信用债作为以公司信用发行并偿还本息的债券，缺乏担保物的加持，债券违约后的回收率相对较低。

（五）商业银行在转让不良资产时倾向的合作方：全国性金融资产管理公司、地产资产管理公司

调查结果显示，91.48%的受访者认为商业银行在转让不良资产时倾向的合作方是全国性金融资产管理公司，分别有73.86%和43.18%的受访者认为是地方资产管理公司和金融资产投资公司（AIC），认为是民营资产管理公司、互联网平台的受访者占比分别为14.77%和7.95%，仅有6.25%的受访者认为是外资机构和中介机构（见图2–37）。

从调查结果来看，多数受访者认为商业银行在转让不良资产时最倾向的合作方中，排名前三位的分别是全国性金融资产管理公司、地产资产管理公司、金融资产投资公司，这与2021年的调查结果一致。尽管不良资产行业主体不断壮大，市场竞争持续加剧，但全国性金融资产管理公司凭借其丰富的处置经验、不良资产专业化的管理能力仍保持着较强的市场竞争力。中国银保监会出台的62号文，也进一步利好全国性金融资产管理公司在中小金融机构不良资产处置中发挥核心作用。除此以外，地方资产管理公司、金融资产

投资公司也是商业银行较为倾向的合作对象。根据2022年中国银保监会官网发布的《地方资产管理公司名单》，我国目前已成立地方资产管理公司共59家。地方资产管理公司虽然在议价能力、资金来源等方面无法比肩全国性金融资产管理公司，但是其立足地方资源和信息优势，与当地政府、企业、金融机构具有紧密联系，可以与全国性金融资产管理公司开展错位竞争，在处置消解地方不良资产、防范化解地方金融风险上的作用逐步显现。金融资产投资公司依托母行的客户资源和业务优势，在债转股业务中崭露头角。2022年7月，中国银保监会发布《金融资产投资公司资本管理办法（试行）》，为规范金融资产投资公司的资本监管，促进其稳健运营提供了制度保障，随着金融资产投资公司业务的逐步扩张，其对市场的影响力日益增强。

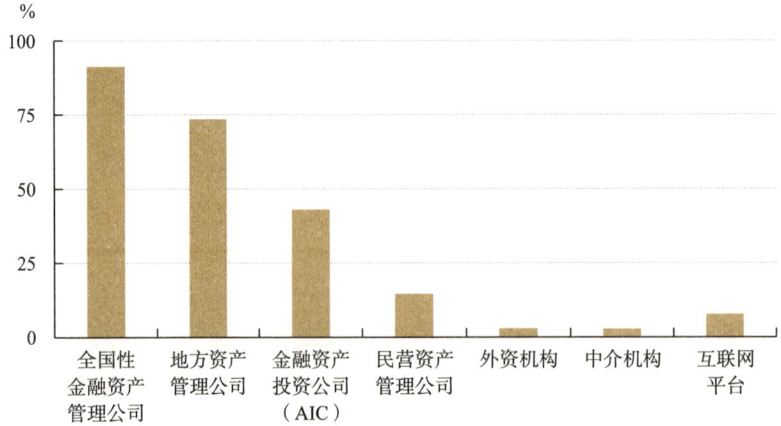

图 2–37　商业银行在转让不良资产时倾向的合作方

（六）新一轮市场化债转股对化解商业银行不良资产的作用：比较小

调查结果显示，认为新一轮市场化债转股对商业银行化解不良资产的作用比较小、非常小的受访者占比分别为54.55%和10.23%，两者合计占比为64.78%；认为比较大和非常大的受访者占比分别为34.09%和1.14%，两者合计占比为35.23%（见图2–38）。

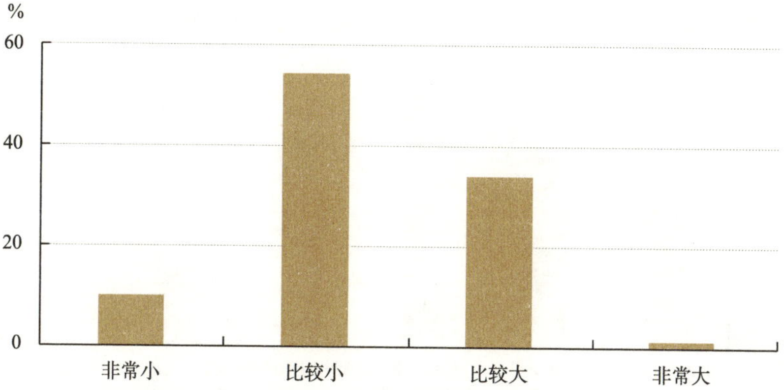

图 2-38　新一轮市场化债转股对化解商业银行不良资产的作用

从调查结果来看，多数受访者认为新一轮市场化债转股对商业银行化解不良资产的作用比较小。与2021年调查结果相比，认为作用大的受访者占比从50.23%下降至35.23%。课题组认为，市场化债转股能够压降企业的杠杆率，减轻企业还款负担，支持企业纾困化险、增强发展后劲。然而，对于商业银行而言，债转股尽管可以用时间换空间，实现商业银行风险缓释，避免风险累积恶化，但是银行最终能否彻底剥离风险资产，取决于困境企业能否被有效盘活。2022年宏观经济下行压力加大，不少行业企业经营发展受到重创，短期内恢复发展活力、摆脱困境的难度较大。此外，股权劣后于债权得到清偿，非上市公司的股权缺乏明晰的退出路径，流动性较差，银行债转股后的回收具有更大的不确定性。因此，受访者普遍认为新一轮市场化债转股对商业银行化解不良资产的作用比较有限。

（七）当前开展新一轮市场化债转股的主要障碍：不良贷款转股定价难、股权退出难

调查结果显示，75.57%的受访者认为当前开展新一轮市场化债转股的主要障碍是不良贷款转股定价难，63.07%的受访者认为主要障碍是股权退出难，57.39%的受访者认为是项目交易机制匮乏，43.75%的受访者认为是资本占用大，另外有24.43%的受访者认为当前开展新一轮市场化债转股的主要障碍是信息、资源、人员等要素缺乏及其他原因（见图2-39）。

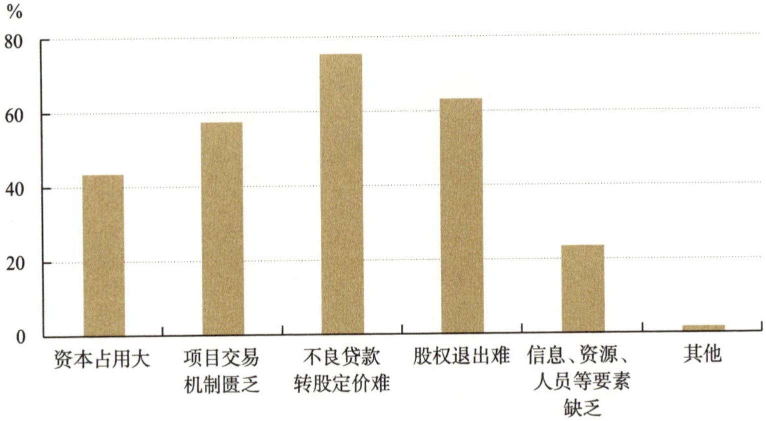

图 2-39　当前开展新一轮市场化债转股的主要障碍

从调查结果来看，不良贷款转股定价难、股权退出难是多数受访者认为当前开展新一轮市场化债转股的主要障碍，这与2021年调查结果一致，说明阻碍新一轮市场化债转股的主要问题仍未得到有效解决。在转股定价实践中，出资方与企业对于股权价值的评估标准分歧较大，尤其是当项目企业属于周期性行业时，作为出资方的银行更难以准确把握企业股权的潜在价值。因此，定价问题成为债转股合作双方博弈的核心问题。目前债转股的股权退出方式主要包括股权回购和股权转让两大路径，从股权回购的角度来看，股权回购考验债务人企业后续的融资、利润留存等资金实力，有赖于企业盈利能力与经营效益的大幅改善。从股权转让的角度来看，银行持有的非上市公司股权无法通过二级市场顺利退出，需要寻找合适的投资主体受让股权。未来，随着债转股配套制度与政策安排逐步完善、债转股交易实践的不断发展、多层次资本市场体系的持续健全，不良贷款转股定价难和股权退出难的问题有望得到缓解。

六、小结

商业银行部分共收到有效问卷176份，受访者主要来自银行风险管理、资产保全、不良资产处置等相关岗位，对市场情况和监管政策非常熟悉，且受访者所在机构、地区分布与我国商业银行基本情况及地区分布情况基本匹配，通过对调查结果进行统计分析，主要得出如下结论。

宏观经济与政策是影响商业银行信贷资产质量的重要因素。调查结果显示，多数受访者认为2023年我国货币政策中性偏松。2022年9月，中国人民银行设立设备更新改造专项再贷款，多数受访者认为该专项贷款对拉动相关领域的投资有一定作用。2022年房地产相关政策大幅调整，多数受访者认为“金融16条”能小幅缓解地产企业资金压力，“稳地产”政策组合拳能小幅提升商业银行信贷资产质量，2023年商业银行房地产新增贷款规模与2022年相比将有小于5%的增长。多数受访者认为，2023年商业银行对民营和小微企业信贷投放与2022年相比将小幅增加，当前商业银行在服务实体经济过程中面临的主要障碍是风险控制能力有待进一步提升，金融科技发展对商业银行财富管理和开放银行影响都很大，2023年银行理财产品市场规模与2022年相比将小幅减少。即将实施的新巴Ⅲ备受关注，多数受访者认为其对我国银行业有一定影响，影响最大的方面是信用风险计量规则，投资业务是受影响最大的业务类型。

2023年，商业银行面临的主要风险也发生一定变化。多数受访者认为，与2022年相比，2023年商业银行新增信贷规模将有5%以内的增长，2023年信贷投放增长最快的行业是高新技术产业，新增信贷风险最为集中的行业是房地产业。多数受访者认为，《关于全球系统重要性银行发行总损失吸收能力非资本债券有关事项的通知》对增强我国银行业风险抵御能力有一定作用，为应对新冠肺炎疫情冲击而采取的延期还本付息等贷款的风险程度比较大。与2022年相比，2023年商业银行涉农信贷投放和绿色信贷规模均将小幅增加，绿色贷款信贷资产质量与商业银行同期各项贷款相比基本持平。

商业银行是不良资产一级市场最主要的供应商，其供应规模、资产类别和预期价格对不良资产市场产生直接影响。从课题组对商业银行受访者的调查结果来看，2022年商业银行不良率的公开数据被小幅低估，关注类贷款中有10%~20%可能转变为不良贷款，将资产质量可能下迁的关注类资产提早纳入不良资产处置范围的必要性比较大。多数受访者认为，与2022年相比，

2023年商业银行新增不良贷款规模将小幅增加，处置不良贷款的紧迫性更强，处置压力最大的银行类型是城市商业银行。多数受访者认为，他们所在银行2023年合计面向市场推出资产包本金总规模在30亿元以下，推出的不良资产最主要类型是次级类，预期价格与2022年基本持平。

在商业银行不良资产处置方面，多数受访者认为，2023年商业银行处置不良资产的主要方式是不良资产转让、坏账核销、清收，影响商业银行不良资产处置方式的主要因素是市场环境和考核压力，商业银行处置不良贷款的主要动机是降低不良贷款率和加快现金回收，企业不良资产和非上市股权资产是处置难度较大的资产类别。多数受访者认为，商业银行在转让不良资产时倾向与全国性金融资产管理公司、地产资产管理公司合作，新一轮市场化债转股对化解商业银行不良资产的作用比较小，开展新一轮市场化债转股的主要障碍是不良贷款转股定价难和股权退出难。

第三部分

资产管理公司观点

资产管理公司作为金融体系中专业的不良资产经营处置机构，利用专业优势和技能，服从服务于供给侧结构性改革，在国有大型企业提质增效、民营企业危机救助、资本市场纾困、产业优化升级、服务中小金融机构风险化解等领域发挥重要作用，维护了金融安全和社会稳定。本部分通过对资产管理公司从业人员进行问卷调查，研究了影响不良资产市场的内外部因素，分析了不良资产一级、二级市场的发展现状及前景，为进一步有效发挥资产管理公司在跨周期调节方面的独特优势、提升服务实体经济质效、畅通国民经济多层次良性循环、服务经济社会高质量发展提供相应的经营与决策参考。

一、受访者概况

本次调查共回收有效问卷184份，受访者为五家全国性金融资产管理公司、多家地方资产管理公司的业务骨干，在金融不良资产收购、处置等领域，具有较高的专业素养和丰富的从业经验，熟悉金融不良资产市场现状及政策导向，能够从专业视角，对金融不良资产一级、二级市场竞争格局、发展趋势、资产管理公司业务发展方向等作出合理判断。

从受访者所在地区分布情况来看，按受访者占比对地区进行降序排列，依次为华北地区、华中地区、华东地区、华南地区、西南地区、东北地区和西北地区，占比分别为27.17%、16.85%、13.04%、13.04%、13.04%、9.24%和7.61%，基本覆盖了国内各地区的全国性金融资产管理公司省级分公司和地方资产管理公司（见图3-1）。整体来看，受访者地区分布较为均衡，样本具有良好的代表性，本次调查结果能够反映出资产管理公司对中国金融不良资产市场特征的判断。

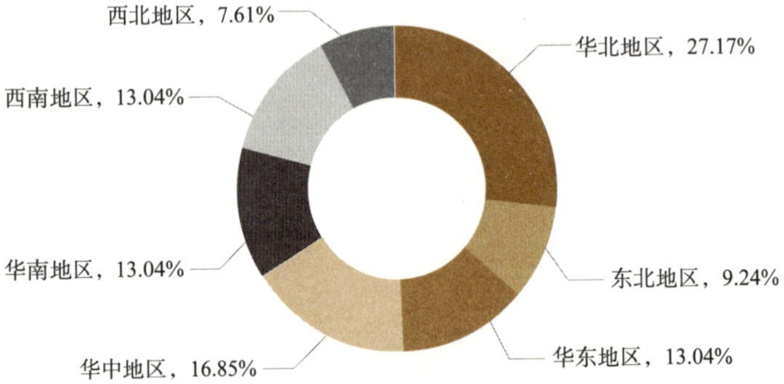

图 3-1　受访者所在经营单位地区分布

二、作为供给方的业务开展情况

在不良资产二级市场中，资产管理公司是主要供给方，各类投资主体是主要需求方，向各类投资主体转让不良资产是资产管理公司的主要处置方式之一。本部分重点分析不良资产二级市场中，资产管理公司的业务开展情况及对金融不良资产市场的判断。

（一）2022年资产管理公司处置速度变化：小幅减慢

调查结果显示，33.70%的受访者认为2022年资产管理公司处置速度小幅减慢，22.28%的受访者认为大幅减慢，25%的受访者认为基本不变，17.93%的受访者认为小幅加快，1.09%的受访者认为大幅加快（见图3-2）。

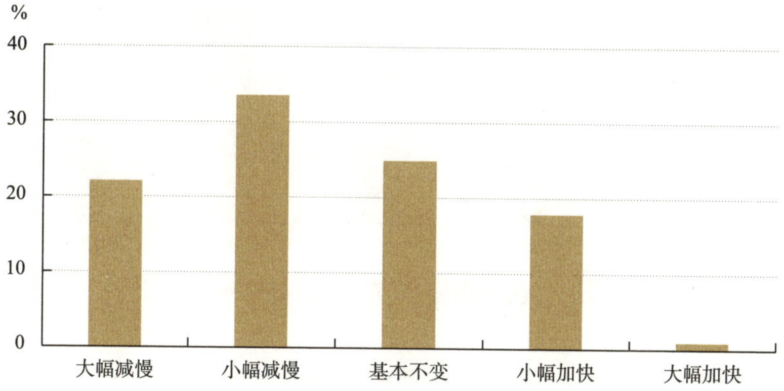

图 3-2　2022 年资产管理公司处置速度变化

与上一年相比，表示处置速度放缓的受访者明显增加，占比接近六成。2022年受短期内需求收缩、供给冲击、预期转弱三重压力叠加中长期结构性调整因素影响，国内经济循环畅通受阻，下行压力加大。不良资产二级市场融资难度上升，前期部分高价收购的资产包产生了积压，投资者对经济增长前景不确定性的担忧加剧，资产包收购意愿明显下降。房地产行业延续2021年以来的下行压力，信用风险持续暴露，市场整体相对低迷。资产价格处于下行通道，严重影响投资者市场预期，二级市场活跃度下降增加了不良资产处置难度。疫情因素也影响了不良资产市场正常的交易环境，延缓了不良资产的处置节奏，资产管理公司不良资产处置速度有所放缓。

（二）2022年资产管理公司处置难度变化：小幅增加

调查结果显示，48.37%的受访者认为2022年资产管理公司不良资产处置难度小幅增加，29.35%的受访者认为大幅增加，17.93%的受访者认为基本不变，3.80%的受访者认为处置难度小幅降低，0.54%的受访者认为大幅降低（见图3–3）。

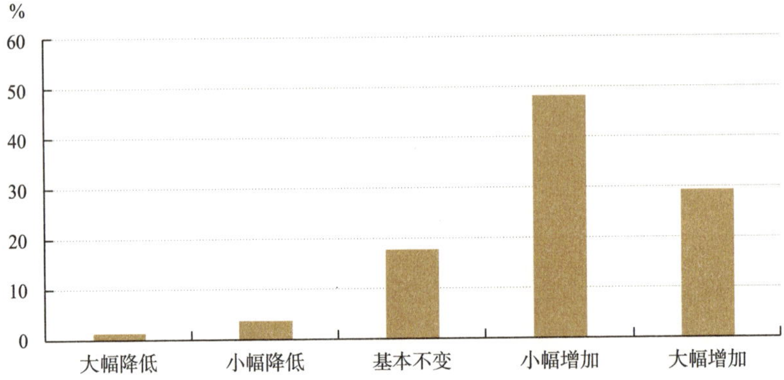

图 3–3　2022 年资产管理公司处置难度变化

近八成的受访者表示与上一年相比，2022年不良资产处置难度有所增加，约三成的受访者认为处置难度明显增加。为应对疫情冲击影响采取的信贷投放的逆周期扩张一段时间内延缓了金融机构不良资产处置压力，一级市场资产包批量转让规模阶段性下降，市场供需缺口有所加大，而部分市场主体非理性抢购资产包又提高了银行对一级市场不良资产包转让价格的预期，高企的资产包价格在一定程度上加大了不良资产处置难度。2022年银行业金融机构降低了对利润增长的要求，拨备计提较为充分，在增加自主核销空间的同时，更加注重提高不良资产自主清收能力，导致一级市场批量转让的资产包质量呈现下降趋势，加大了处置难度。整体来看，2022年资产管理公司不良资产处置难度较2021年有所上升。未来，在逆周期扩张政策作用下，随着房地产市场有所回暖，总体经济形势逐步企稳，国内经济复苏进程加快，不良资产处置难度有望呈现拐点。

（三）2022年资产管理公司不良资产处置回收率平均水平：20%以上

调查结果显示，27.72%的受访者认为资产管理公司2022年不良资产处置回收率平均水平在20%以下，16.30%的受访者认为在20%~25%，17.39%的受访者认为在25%~30%，14.13%的受访者认为在30%~35%，10.87%的受访者认为在35%~40%，13.59%的受访者认为在40%以上（见图3-4）。

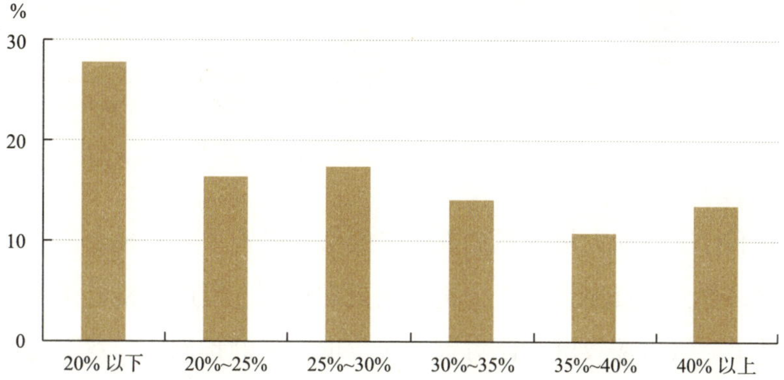

图 3-4　2022 年资产管理公司不良资产处置回收率平均水平

从调查结果来看，处置回收率水平呈现持续下降趋势，接近八成受访者表示资产包处置回收率低于35%。处置难度的增加和处置周期的延长加大了资产管理公司流动性压力和资金成本压力。疫情多点散发给经济复苏带来显著冲击，许多企业尤其是小微企业、个体工商户生产经营仍面临困难，金融机构不良资产反弹压力持续存在，如前所述，银行业金融机构推出的不良资产包质量有所下降且资产包质量差别较大。资产价格的下行和市场活跃度的降低进一步降低了不良资产的处置回收率。

（四）2022年资产管理公司不良资产平均处置周期：小幅延长

调查结果显示，56.52%的受访者认为2022年资产管理公司不良资产平均处置周期小幅延长，24.46%的受访者认为大幅延长，10.87%的受访者认为平均处置周期基本不变，7.61%的受访者认为平均处置周期小幅缩短，0.54%的受访者认为大幅缩短（见图3-5）。

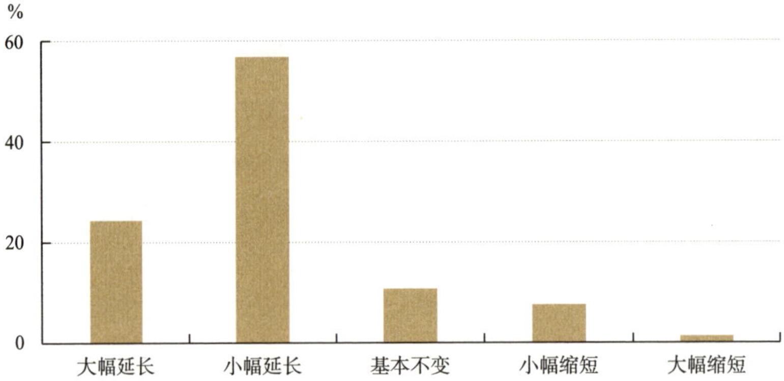

图 3-5　2022 年资产管理公司不良资产平均处置周期

经济下行压力加大使得不良资产二级市场投资主体的现金流受到不同程度的影响，部分投资主体对于投资决策更加审慎。资产价格处于下行通道进一步降低了二级市场投资主体对资产包价值判断的预期，导致下游市场的活跃度进一步下降。

2020年之前，资产管理公司倾向于持续加快不良资产处置速度，各级资产管理公司处置周期呈现缩短的趋势。自2020年以来，受疫情冲击影响，不良资产市场活跃度下降，不良资产平均处置周期显著延长。2021年，国内疫情得到有效控制，货币政策边际宽松，政策环境有利于不良资产处置，金融不良资产成交规模、成交价格出现了比较明显的回升，二级市场处置环境有所回暖。从调查情况来看，受疫情反复影响，资产管理公司不良资产处置计划受到干扰，2022年超过八成的受访者认为不良资产处置周期与上一年相比有所延长，认为处置周期有所延长的受访者占比进一步上升。

（五）2022年资产管理公司处置不良资产面临的主要难点：市场不活跃

调查结果显示，84.78%的受访者认为2022年资产管理公司处置不良资产面临的主要难点是市场不活跃，67.93%的受访者认为是资产价格下行，27.72%的受访者认为是同业竞争激烈，26.09%的受访者认为是融资渠道和融资成本受限，45.65%的受访者认为是行政司法环境欠佳，14.67%的受访者认为是监管约束（见图3–6）。

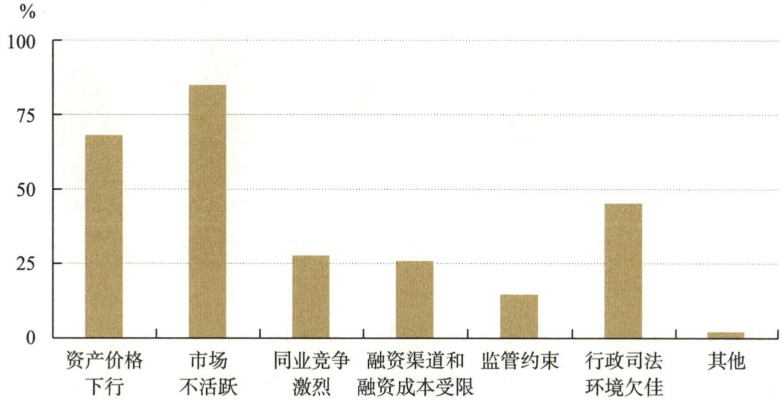

图 3–6　2022 年资产管理公司处置不良资产面临的主要难点

2022年，国内疫情多点散发，经济复苏相对缓慢，不良资产处置环境受到明显影响，资产管理公司处置速度减缓，处置难度进一步增加，平均处置回收率下降。逆周期扩张政策降低了银行业金融机构不良资产处置的内在压力，中小银行金融机构更加注重不良资产自行清收，资产包质量在一定程度上有所下滑，不良资产二级市场投资主体对经济前景不确定性的担忧降低了对资产包内在价值判断的预期，资产包收购意愿与上一年相比进一步下降，不良资产市场资产处置和债权交易量明显下降，市场活跃度降低。调查结果显示，市场不活跃、资产价格下行是影响资产管理公司不良资产处置的主要因素。

（六）2022年不良资产处置环境变化：小幅趋冷

调查结果显示，40.22%的受访者认为2022年不良资产处置环境小幅趋冷，19.02%的受访者认为不良资产处置环境大幅趋冷，23.37%的受访者认为不良资产处置环境基本不变，17.39%的受访者认为不良资产处置环境小幅回暖（见图3-7）。

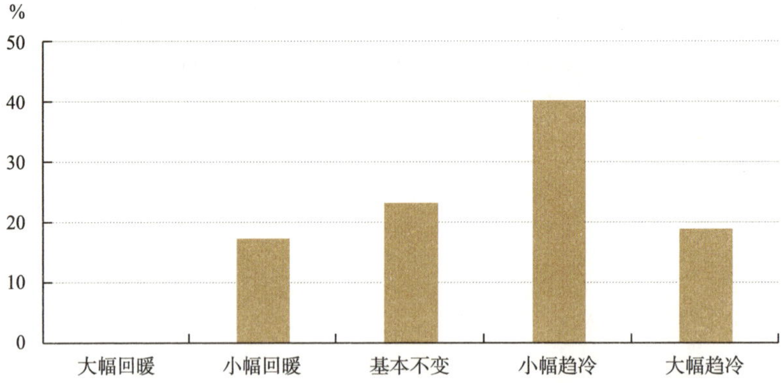

图 3-7　2022 年不良资产处置环境变化

从调查结果来看，2022年不良资产处置环境与上一年相比进一步趋冷。2022年国内疫情多发，经济循环畅通受阻，部分突发因素超出预期，实体经济现金流持续承压，流动性压力显著上升，债券违约等风险事件频发，不良资产处置压力持续加大。随着疫情防控形势总体趋于稳定，一揽子稳增长政策和中国人民银行适度宽松货币政策的逐步落地，企业复工复产有序推进，经济快速下行趋势得到遏制，总体经济形势逐步企稳。在宏观经济全面发力和市场主体修复调整的共同作用下，部分受疫情影响较小、经济较为发达、不良资产交易比较活跃的地区资产价格正处于逐步回升的过程中，2023年不良资产处置市场环境有望逐步回暖。

（七）资产管理公司2022年在处置不良资产时采用较多的处置方式：债权转让、债权清收、债权重组

调查结果显示，92.93%的受访者认为资产管理公司在处置不良资产时采用较多的处置方式是债权转让，51.09%的受访者认为是债权清收，51.09%的受访者认为是债权重组，34.24%受访者认为是配资或延期收款等合作方式，2.17%的受访者认为是其他（见图3-8）。

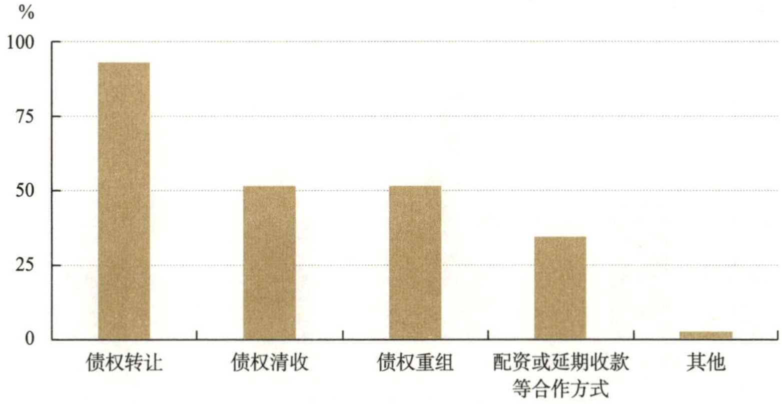

图 3-8　资产管理公司在处置不良资产时采用较多的处置方式

从调查情况来看，目前资产管理公司处置不良资产时采用最多的处置方式是债权转让、债权清收和债权重组，不良资产处置方式有待进一步丰富。经济下行压力的持续加大叠加疫情反复，不良资产处置环境受到明显影响，二级市场活跃度下降，资产管理公司前期大量收购的不良资产造成了一定程度的积压，给资产管理公司带来巨大的资金成本和流动性压力。资产管理公司在收购不良资产时更倾向于提前做好处置计划，通过债权转让的方式加快不良资产的处置速度，实现资金的快速回收。债权重组适用于经营前景较为优质，暂时遇到阶段性财务困境的企业，一般不涉及对债务人资产进行处置，已经成为资产管理公司重要的处置方式之一。债权清收处置方式难度相对较大，在处置过程中存在诉讼周期长和执行困难等实际问题。

（八）不良资产二级市场投资者2022年投资不良资产的预期年化收益率：10%以上

调查结果显示，42.93%的受访者认为不良资产二级市场投资者2022年投资不良资产的预期年化收益率为10%~15%，22.83%的受访者认为在10%以下，20.11%的受访者认为在15%~20%，14.13%的受访者认为在20%以上（见图3-9）。

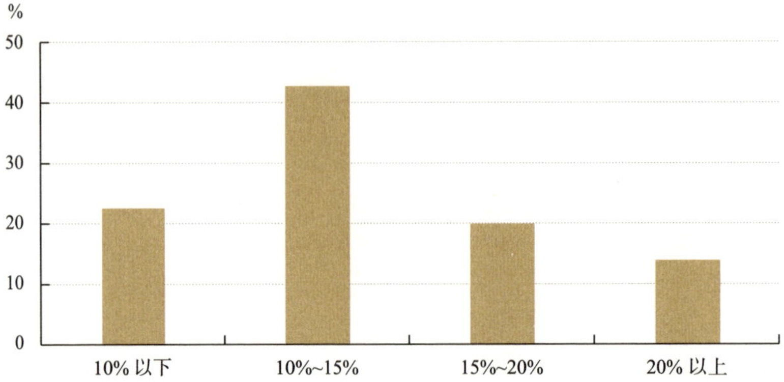

图 3-9　2022 年不良资产二级市场投资者投资不良资产的预期年化收益率

从调查结果来看，不良资产二级市场投资者预期年化收益率整体水平与上一年相比进一步下滑，近年来呈现持续下降趋势。超过六成的受访者表示投资者预期收益率低于15%，接近八成的受访者低于20%，认为投资者预期收益率在10%以下的受访者与上一年相比明显增加。2022年金融机构不良贷款规模及不良贷款率保持相对低位，金融不良资产一级市场资产包规模维持稳中有降态势，不良资产一级市场供需缺口有所加大。供给端银行业金融机构不良资产处置压力有所减缓，对资产包转让价格期望值较高，挤压了不良资产二级市场投资主体的盈利空间。经济复苏动能趋缓，资产价格处于下行通道，资产包内在资产质量存在一定程度的下滑趋势，也在客观上降低了二级市场不良资产的处置收益。

（九）房地产行业纾困政策对房地产行业不良资产处置的作用：作用不明显

调查结果显示，59.78%的受访者认为房地产行业纾困政策对房地产行业不良资产处置的作用不明显，34.78%的受访者认为较为有效，2.72%的受访者认为非常有效，2.72%的受访者认为增加处置难度（见图3–10）。

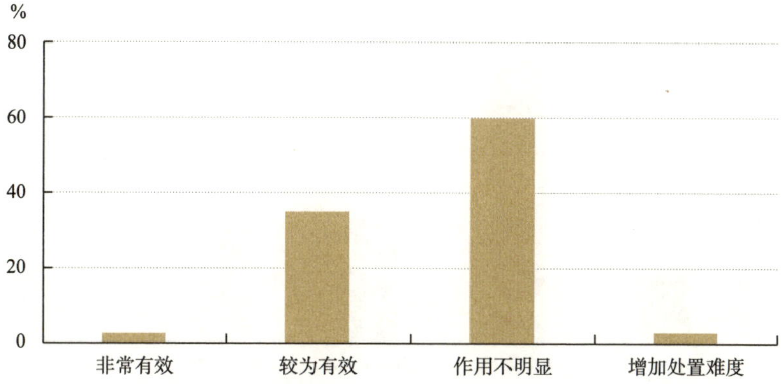

图 3-10　房地产行业纾困政策对房地产行业不良资产处置的作用

2022年，房地产行业信用风险持续暴露，严重影响投资者的市场预期，房地产企业陷入融资紧缩的恶性循环。为稳定市场预期，政府推出一系列房地产行业纾困政策，保交楼、稳民生，助力金融机构稳健经营，在短期内阻隔房地产行业的调整对金融体系的风险溢出。从调查情况来看，房地产行业的纾困政策对房地产行业不良资产的处置作用不明显。陷入困境的房地产企业对政府推出稳定房地产市场预期，维护房地产市场平稳运行的一系列相关政策抱有较高期望，在化解项目风险时更多希望基于项目初始投入成本进行估值，造成以物抵债等方式的风险化解方案难以实质性推进。在处置房地产行业相关不良资产时，部分风险项目因为需要优先维护稳定等因素，由地方政府直接托管，在一定程度上加大了房地产行业不良资产风险化解难度。

（十）预计2023年投资者参与不良资产投资的态度：相对谨慎

46.74%的受访者预计2023年投资者参与不良资产投资的态度偏向谨慎，13.04 %的受访者认为会非常谨慎，20.65%的受访者认为基本持平，19.57%的受访者认为会偏向积极，没有受访者认为会非常积极（见图3-11）。

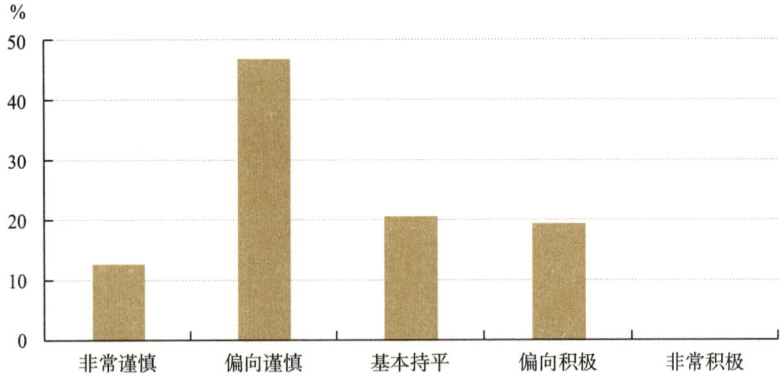

图 3-11　2023 年投资者参与不良资产投资的态度

受疫情影响，金融机构不良资产处置计划受到干扰，金融不良资产一级市场成交量、成交金额大幅萎缩，受访者预计2023年投资者参与不良资产投资的态度偏向谨慎。自2022年第三季度以来，经济下行压力加大及房地产行业风险暴露，金融机构资产质量下行压力的影响开始显现。多个区域银行业金融机构不良贷款余额与不良贷款率结束连续多个季度下降趋势，开始出现小幅反弹，商业银行关注类贷款规模上升更加明显。随着国内疫情防控措施的调整，稳增长力度不断加大，宏观经济企稳回升，不良资产市场交易环境将逐步恢复正常，银行业资产质量防控压力得到释放，商业银行有望适当降低拨备计提，加大不良资产处置力度，2023年不良资产市场投资者投资意愿有望从相对谨慎转为偏向积极。

三、作为需求方的业务开展情况

在不良资产一级市场中，商业银行是主要供给方，以单户或打包转让的方式，剥离不良资产；资产管理公司是主要需求方，作为金融不良资产市场的一级批发商，收购商业银行转让的单户或整包金融不良资产。本部分重点分析在不良资产一级市场中，资产管理公司作为主要需求方的业务开展情况及对金融不良资产市场的判断。

（一）2022年不良资产包收购价格较2021年的变化：稳中有降

调查结果显示，36.41%的受访者认为2022年金融不良资产包收购价格与2021年相比基本持平，30.43%的受访者认为下降幅度为0~10%，13.59%的受访者认为下降幅度为10%~20%或以上，15.22%的受访者认为上升幅度为0~10%，4.35 %的受访者认为上升幅度为10%~20%或以上（见图3-12）。

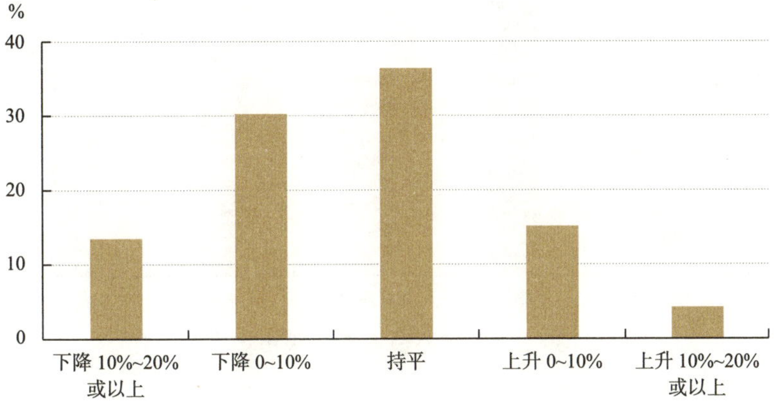

图 3-12　2022 年不良资产包收购价格较 2021 年的变化

2022年，银行业金融机构资产质量总体保持基本稳定，不良贷款率连续多个季度下降，不良贷款余额保持低速增长态势。从不良资产一级市场来看，银行业金融机构不良贷款率总体下降，疫情多点散发使银行业金融机构资产处置计划受到干扰，金融不良资产一级市场推包规模与上一年相比总体小幅回落，一级市场延续2021年以来阶段性减少趋势。从调查情况来看，资产包的价格保持相对稳定，2022年金融不良资产包成交价格水平稳中有降，整体上与2021 年基本持平。不良资产一级市场供给的减少客观上加剧了市场竞争，部分受疫情影响较小，传统不良资产交易较为活跃的地区，一级市场不良资产包供应数量相对平稳，资产包价格逐步呈现回落趋势。

（二）2022年不良资产一级市场供给变化：有所分化

调查结果显示，27.72%的受访者认为2022年不良资产一级市场供给小幅增加，7.07%的受访者认为大幅增加，20.11%的受访者认为无明显变化，23.37%的受访者认为小幅减少，21.74%的受访者认为大幅减少（见图3–13）。

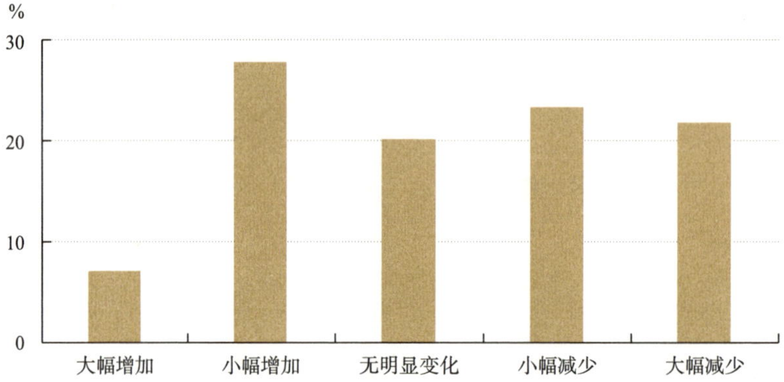

图 3–13　2022 年不良资产一级市场供给变化

总体来看，2022年银行业金融机构不良贷款规模及不良贷款率保持相对低位，金融不良资产一级市场供给规模维持稳中有降态势，不同地区出现一定分化趋势。在不良资产市场交易活跃、发展较为成熟的地区，不良资产一级市场资产包供给明显不足，供需缺口较大。随着经济下行压力加大及房地产行业风险暴露对金融机构资产质量冲击的显现，华北地区、东北部分地区金融机构资产质量下迁压力有所加大，不良资产余额小幅上升，部分地方城市商业银行不良资产开始加速释放，金融不良资产一级市场资产包推包规模出现小幅增加。

（三）适度拓宽金融不良资产的收购范围对不良资产一级市场供给的影响：小幅增加

调查结果显示，52.17%的受访者认为中国银保监会引导金融资产管理公司聚焦主业，适度拓宽金融资产管理公司不良资产的收购范围对不良资产一级市场供给的影响是小幅增加；38.59%的受访者认为无明显变化；5.98%的受访者认为将大幅增加；3.26%的受访者认为将小幅减少（见图3-14）。

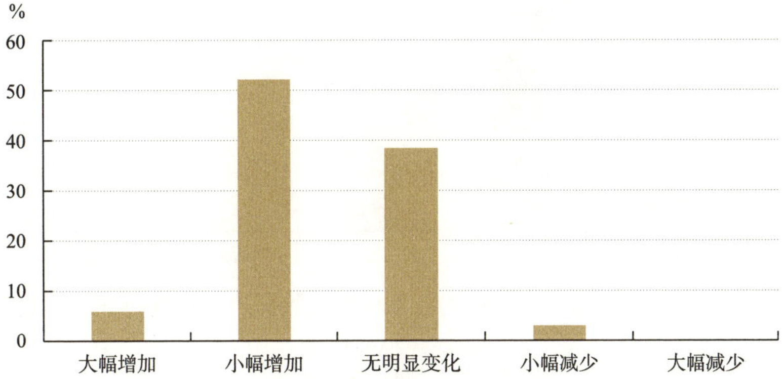

图 3-14　适度拓宽金融不良资产的收购范围对不良资产一级市场供给的影响

2022年6月，中国银保监会印发62号文，引导金融资产管理公司积极参与中小金融机构改革化险，适度拓宽了金融资产管理公司收购中小银行风险资产的范围，允许金融资产管理公司收购中小银行部分符合条件的关注类不良资产。允许相关金融机构和金融资产管理公司以真实估值为基础、在资产真实转让前提下开展结构化交易，62号文有助于缩小不良资产一级市场供需双方价格分歧，提升合作达成的可能性。金融不良资产收购范围的适度拓宽有利于风险的前置化解，为金融资产管理公司加快收购和处置不良资产创造了条件，更有利于金融资产管理公司发挥防范化解金融风险功能。62号文也有助于减少不良资产一级市场阶段性供给规模下降引起的市场波动，稳定市场预期，在一定程度上促进不良资产一级市场的良性发展。

（四）中国银保监会推进信托公司与专业机构合作处置风险资产对信托行业不良资产处置规模的影响：小幅增加

调查结果显示，58.70%的受访者认为中国银保监会推进信托公司与专业机构合作处置风险资产对2022年信托行业不良资产处置规模的影响是小幅增加，9.24%的受访者认为是大幅增加，27.72%的受访者认为无明显变化，4.35%的受访者认为是小幅减少，没有受访者认为是大幅减少（见图3-15）。

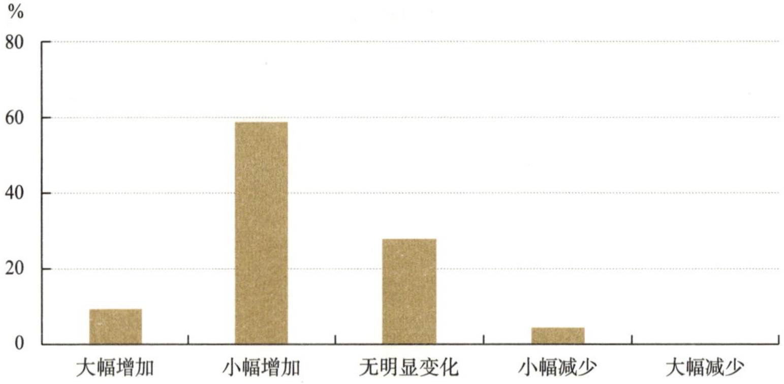

图 3-15 信托公司与专业机构合作处置风险资产对信托行业不良资产处置规模的影响

2022年，银行不良贷款继续保持低增长态势，不良资产上升幅度低于资产增速，银行业金融机构整体资产质量保持相对稳定，国有大型商业银行资产质量较高且风控能力较强，不良贷款率持续改善，不良资产一级市场供给阶段性减少，在一定程度上加大了供需缺口。2022年房地产行业信用风险持续暴露，房地产类信托违约风险项目大幅增加，信托金融不良资产招标规模明显上升。随着信托行业风险资产的增加，其不良资产处置意愿也随之增强。从调查情况来看，不良资产处置专业机构收购信托等非银金融机构不良资产规模与2021年相比小幅增加。

（五）2022年不良资产一级市场供给中房地产类不良资产规模的变化：小幅增加

调查结果显示，46.20%的受访者认为2022年不良资产一级市场供给中房地产类不良资产规模小幅增加，30.43%的受访者认为大幅增加，20.65%的受访者认为无明显变化，2.72%的受访者认为小幅减少，没有受访者认为大幅减少（见图3-16）。

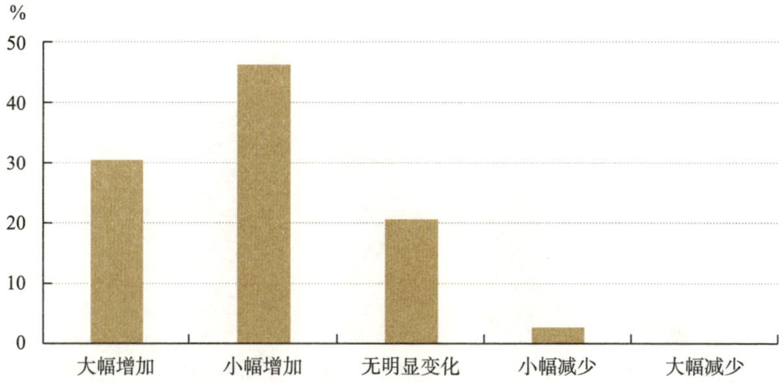

图 3-16　2022 年不良资产一级市场供给中房地产类不良资产规模的变化

2022年，房地产行业延续几年以来的下行压力，房地产企业销售增速显著放缓，销售额、融资规模、开发投资等多个指标出现同比下降，企业经营面临收缩，房地产市场相对低迷。国有大型商业银行房地产开发贷款增速同比明显下降，房地产企业债券发行规模较上一年同期大幅降低，流动性压力较大的房地产企业难以实现再融资，虽然政策端持续放宽房地产行业融资限制，房地产企业融资成本进一步下降，并特别出台了信用保护工具、全额担保等一系列措施为房地产企业债券提供增信，但房地产行业整体流动性困境尚未得到明显缓解。房地产行业风险持续暴露对金融机构资产质量影响开始显现，金融机构房地产行业不良贷款显著上升。从调查结果来看，2022年不良资产一级市场供给中房地产类不良资产规模小幅增加。

（六）2022年资产质量受房地产行业风险影响最大的金融机构：信托等非银行金融机构、地方性商业银行

调查结果显示，78.80%的受访者认为2022年资产质量受房地产行业风险影响最大的金融机构是信托等非银行金融机构，73.37%的受访者认为是地方性商业银行，59.78%的受访者认为是股份制商业银行，10.33%的受访者认为是国有大型商业银行，1.09%的受访者认为是其他（见图3-17）。

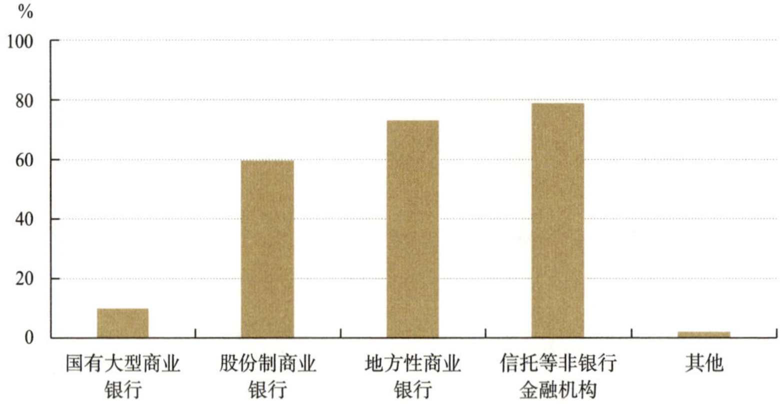

图 3-17　2022 年资产质量受房地产行业风险影响最大的金融机构

从调查情况来看，信托等非银行金融机构、地方性商业银行、股份制商业银行资产质量受房地产行业风险影响较大。房地产行业风险持续暴露对银行业金融机构资产质量产生冲击，不同类型的商业银行资产质量呈现分化趋势。国有大型商业银行资本实力雄厚，房地产行业集中度不高，房地产行业风险对国有大型商业银行资产质量影响较小，不良率水平已经基本处于行业均值以下，不良资产处置压力相对较小。股份制商业银行新增不良资产也逐步趋于平稳，而相比之下，信托等非银行金融机构、地方性商业银行贷款房地产行业集中度偏高，资产质量受房地产行业风险影响较大。房地产行业信用风险持续暴露，严重影响购房者的市场预期，房地产企业陷入融资紧缩的恶性循环，引发部分城市购房者停付按揭贷款，部分银行尤其是区域性中小银行的资产下行压力明显上升，不良资产处置意愿强烈，不良资产处置规模逐步上升。

（七）资产管理公司参与不良资产收购时考虑的最重要因素：处置能力

调查结果显示，60.33%的受访者认为资产管理公司参与不良资产收购时考虑的最重要因素是处置能力，28.26%的受访者认为是风险控制，4.35%的受访者认为是资金来源，3.80%的受访者认为是市场占有率，2.72%的受访者认为是行政干预，0.54%的受访者认为是其他（见图3-18）。

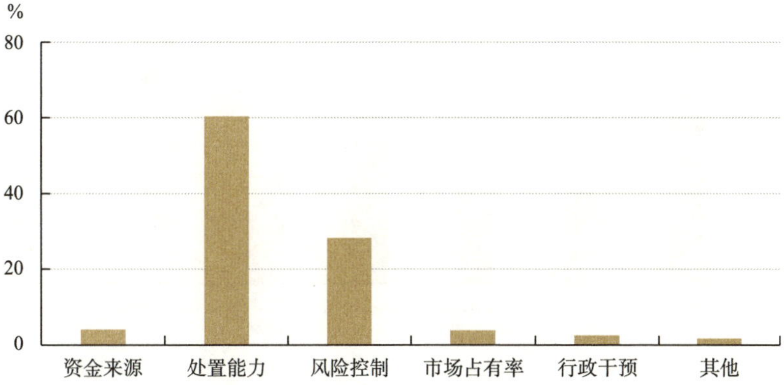

图 3-18　资产管理公司参与不良资产收购时考虑的最重要因素

从调查情况来看，资产管理公司收购不良资产时考虑的最主要因素是处置能力。疫情以来，经济下行压力加大，不良资产二级市场投资主体资金募集难度加大，市场活跃度下降。房地产行业风险持续暴露，造成资产价格进一步下行，加大了不良资产处置难度。资产管理公司不良资产处置周期延长，近年来收购的资产包产生了一定积压，资金成本和流动性压力加大，新增不良资产收储能力有所饱和。与往年调查结果相比，不良资产一级市场供给规模总体上呈现阶段性下降趋势，供需缺口仍较为明显，资产管理公司在收购不良资产时对处置能力因素的考虑明显上升，不良资产一级市场进一步回归理性。

（八）影响资产管理公司成功收购银行不良资产的最主要障碍：处置难度增大、价格分歧

调查结果显示，70.65%的受访者认为资产管理公司收购银行不良资产的最主要障碍是处置难度增大，63.04%的受访者认为是价格分歧，45.11%的受访者认为是自身收购与处置能力限制，28.80%的受访者认为是买方竞争激烈，27.72%的受访者认为是银行实际出售意愿不强，24.46%的受访者认为是市场供给阶段性不足（见图3-19）。

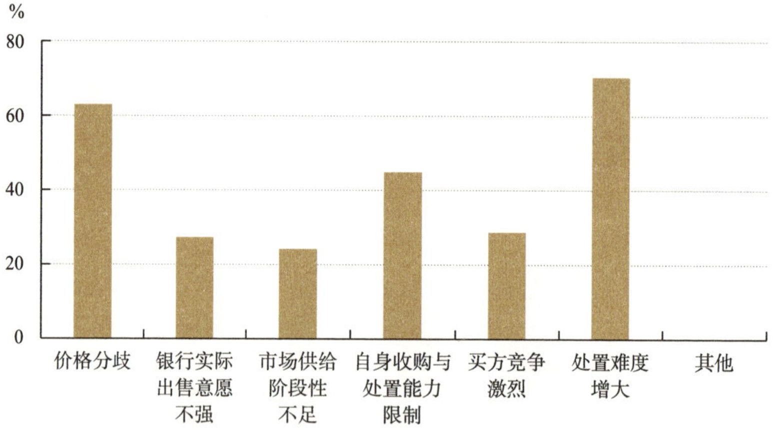

图 3-19　影响资产管理公司成功收购银行不良资产的最主要障碍

处置难度增大、价格分歧成为资产管理公司成功收购银行不良资产的最主要障碍。为应对疫情影响和经济下行采取的逆周期调节政策，减缓了经济下行给银行资产质量带来的冲击，短期内金融机构不良资产处置压力变化尚不显著。部分中小金融机构对资产包转让折扣率预期值偏高，不良资产处置更加倾向于自主清收，批量对外转让意愿不强，不良资产处置难度有所加大。不良资产一级市场供给方与需求方对于资产包转让价格预期存在明显分歧，金融机构在债权资产定价方面更多依赖于抵押资产的评估价值，同时还考虑不良贷款责任认定等因素，往往对资产包定价较高，而二级市场投资主体在估值时更多考虑了整体经济形势、司法环境、处置变现难度、市场活跃度等因素。疫情反复使得不良资产二级市场投资主体的现金流受到不同程度的影响，对于投资决策更加审慎，进一步加大了供需双方对资产包价值判断的差异。

（九）单户金融不良资产在不良资产一级市场的规模占比：小幅增加

调查结果显示，47.28%的受访者认为单户金融不良资产在不良资产一级市场的规模占比无明显变化，33.70%的受访者认为小幅增加，7.61%的受访者认为大幅增加，7.61%的受访者认为小幅减少，3.80%的受访者认为大幅减少（见图3-20）。

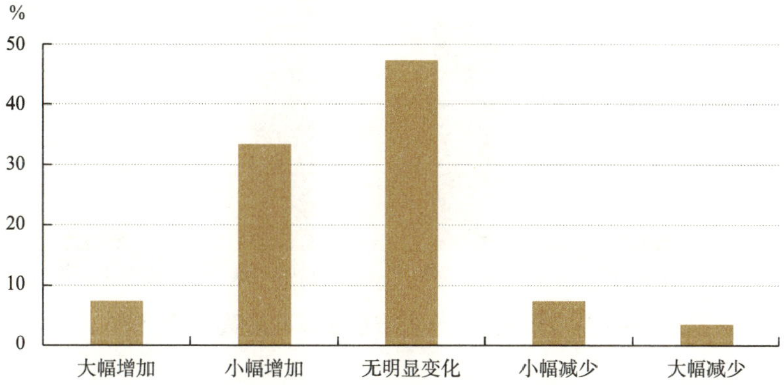

图 3-20　单户金融不良资产在不良资产一级市场的规模占比

国有大型商业银行资产质量较高且风控能力较强，不良贷款率持续改善。中小金融机构实际拨备覆盖率较低、风险抵御能力相对不足，在疫情冲击和经济下行周期环境下，部分中小金融机构受过去激进扩张、自身风险抵御能力弱、治理机制不完善等因素影响，资产质量下行压力较大。近两年为应对疫情冲击中小金融机构加大贷款投放额度，采取的延期还本付息、借新还旧等特殊政策对中小银行信贷资产质量的影响逐步显现。随着房地产行业信用风险的持续暴露，非银行金融机构资产质量下迁压力有所加大。中小银行和非银行金融机构较多通过单户不良资产转让形式进行处置，随着中小金融机构不良资产在不良资产一级市场中占比不断提高，单户金融不良资产转让在不良资产一级市场的占比有所提高。

（十）不良资产一级市场中占比较高的资产包：中型、小型资产包

调查结果显示，49.46%的受访者认为小型资产包在不良资产一级市场占比较高，43.48%的受访者认为中型资产包占比较高，3.80%的受访者认为单户不良资产占比较高，3.26%的受访者认为大型资产包占比较高（见图3-21）。

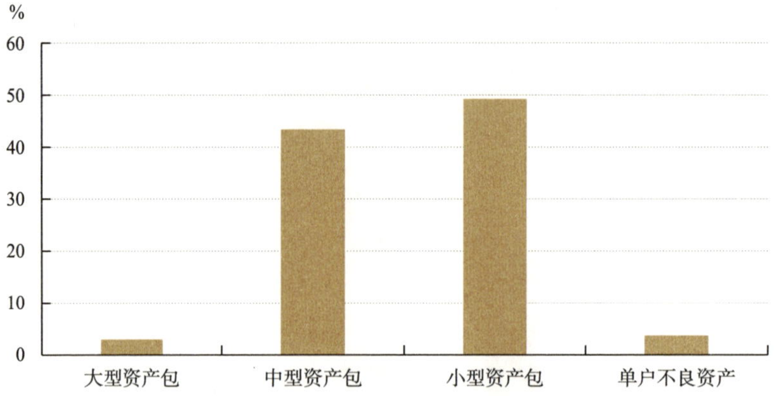

图 3-21　不良资产一级市场中占比较高的资产包

2022年，银行不良贷款继续保持低增长态势，国有大型商业银行和股份制商业银行不良贷款率持续改善。在不良资产一级市场银行业金融机构推出的资产包中，国有大型商业银行推出资产包数量总体呈下降趋势，地方性商业银行和农村商业银行推出资产包数量明显增加。中小金融机构的资产更多集中于中小微企业，资产质量受疫情影响更为显著。中小金融机构盈利能力较弱，实际拨备覆盖率偏低，不良资产处置损失承受能力不强，在处置不良资产时，为减少损失更加倾向于出让中型、小型资产包。在经济增速放缓的背景下，不良资产二级市场投资主体资金募集较为困难，具备较强资金实力的投资主体偏少，规模较小的定制化资产包相对容易处置，更受市场欢迎。

（十一）2022年影响资产管理公司不良资产回收率的最重要因素：市场活跃度

调查结果显示，38.04%的受访者认为2022年影响资产管理公司不良资产回收率的最重要因素是市场活跃度，28.80%的受访者认为是市场资产价格走势，25%的受访者认为是处置思路和时机的把握，5.43%的受访者认为是处置尽调的充分性，2.72%的受访者认为是行政司法环境（见图3-22）。

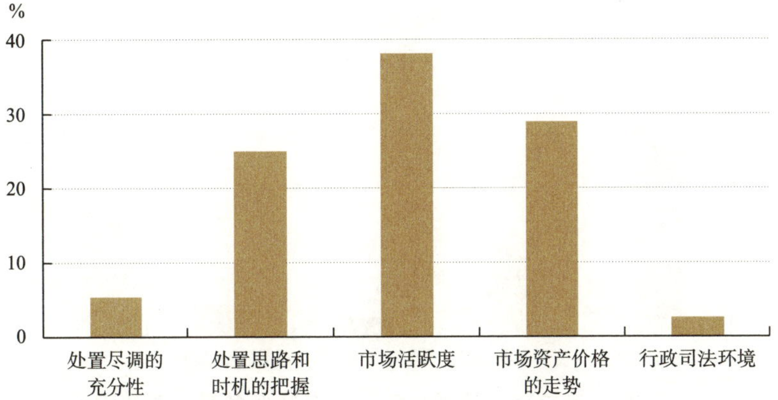

图 3-22　2022 年影响资产公司不良资产回收率的最重要因素

从调查情况来看，市场活跃度、市场资产价格的走势是影响资产管理公司不良资产回收率最重要的因素，处置思路和时机的把握仍然对提高不良资产回收率起到重要作用。经济复苏动能不足，疫情反复使得不良资产二级市场投资主体的现金流压力持续加大，二级市场投资主体对于投资决策更加审慎，房地产行业风险的持续暴露进一步造成了市场资产价格的下行，二级市场活跃度下降，不良资产处置难度有所加大。为应对疫情影响和经济下行的压力，商业银行信贷政策逆周期扩张，不良资产增长幅度低于资产规模增速，短期内金融机构资产质量保持稳定。部分中小金融机构债权资产定价方面更多依赖于抵押资产的评估价值，往往对资产包转让折扣率预期值偏高，而经济下行预期使得未来资产包内在价值不确定性增加，加大了不良资产市场供给方与需求方对于资产包转让价格的分歧，市场资产价格的走势成为影响资产管理公司不良资产回收率的重要因素。

（十二）目前资产管理公司不良资产业务最主要的困难：处置难度大

调查结果显示，59.24%的受访者认为目前资产管理公司不良资产业务最主要的困难是处置难度大，26.63%的受访者认为是盈利空间不足，8.70%的受访者认为是资金成本高，5.43%的受访者认为是监管环境严格（见图3-23）。

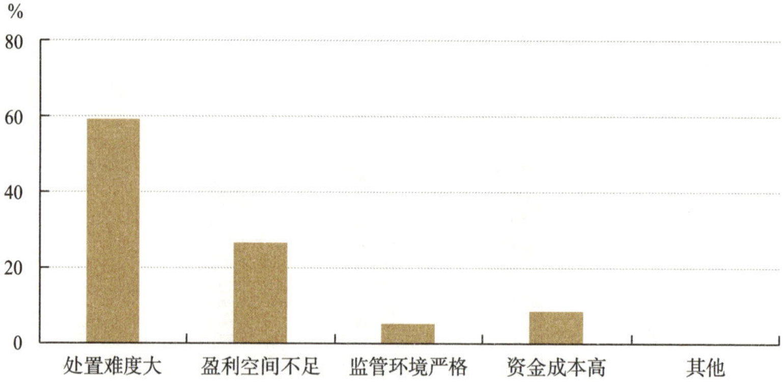

图 3-23　目前资产管理公司不良资产业务最主要的困难

为应对经济下行压力，确保经济运行在合理区间，银行业金融机构积极落实稳增长政策，降低了对利润增长的要求，支持实体经济复苏，拨备计提较为充分，在增加自主核销的空间的同时，更加注重提高不良资产自主清收能力，不良资产一级市场批量转让的资产包质量下降加大了处置难度。为应对疫情冲击影响采取的信贷投放的逆周期扩张一段时间内延缓了金融机构不良资产处置压力，一级市场资产包批量转让规模阶段性下降，市场供需缺口有所加大，部分市场主体非理性抢购资产包在一定程度上提高了银行对一级市场不良资产包转让价格的预期，高企的资产包价格加大了不良资产处置难度。同时，短期内需求收缩、供给冲击、预期转弱三重压力叠加中长期结构性调整压力，国内经济循环畅通受阻，经济下行压力加大，不良资产二级市场市场投资者融资难度上升，对经济增长前景不确定性预期担忧加剧，资产包收购意愿下降，二级市场活跃度下降等也增加了不良资产处置难度。从调查情况来看，目前资产管理公司不良资产业务最主要的困难是处置难度大。

（十三）2022年资产管理公司对收购不良资产的态度：基本持平

33.15%的受访者认为2022年资产管理公司对收购不良资产的态度与2021年相比基本持平，30.98%的受访者认为偏向谨慎，23.91%的受访者认为偏向积极，5.98%的受访者认为非常积极，5.98%的受访者认为非常谨慎（见图3-24）。

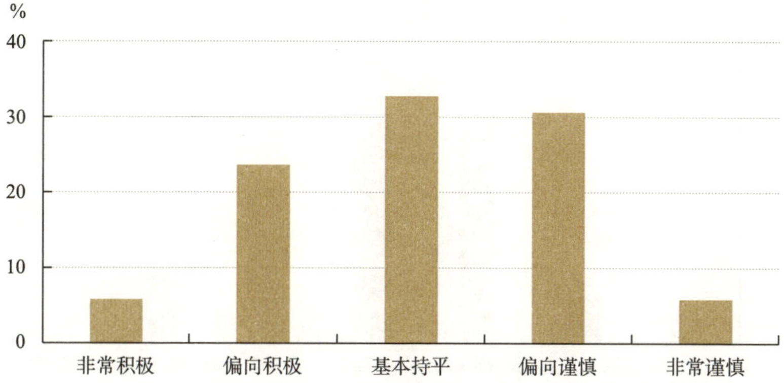

图 3-24 2022 年资产管理公司对收购不良资产的态度

2022年资产管理公司对收购不良资产的意愿与上一年相比有所降低。2022年，银行不良贷款继续保持低增长态势，不良资产上升幅度低于资产增速，银行业金融机构整体资产质量保持相对稳定，商业银行整体不良贷款率连续多个季度下降。不良资产一级市场供应规模总体上呈阶段性下降趋势，不良资产交易活跃的区域供需缺口有所加大，加剧了市场竞争。经济下行压力持续加大，资产价格处于下行通道，不良资产处置难度加大，疫情多点散发影响了不良资产正常处置环境，处置难度的加大造成不良资产二级市场周转率下降，不良资产有所积压，处置盈利空间较小，课题组倾向认为2022年资产管理公司对收购不良资产的态度与上一年相比更加谨慎。

（十四）2022年推出资产包规模显著上升的金融机构：城市商业银行、股份制商业银行、农村商业银行

调查结果显示，32.61%的受访者认为2022年推出资产包规模增长较为明显的金融机构是城市商业银行，29.35%的受访者认为是股份制商业银行，20.65%的受访者认为是农村商业银行，5.98%的受访者认为是国有大型商业银行，9.24%的受访者认为是非银行金融机构，1.63%的受访者认为是开发性与政策性银行，0.54%的受访者认为是民营银行（见图3-25）。

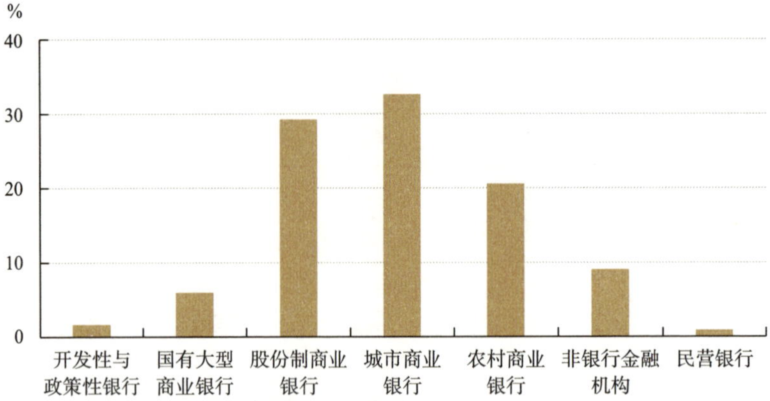

图 3-25　2022 年推出资产包规模显著上升的金融机构

从调查结果来看，2022年不良资产一级市场推出资产包规模增长较为明显的金融机构是城市商业银行和股份制商业银行，农村商业银行的不良资产处置规模也增长较快。国有大型商业银行资产质量保持相对稳定，不良贷款率持续改善，推出资产包数量总体呈下降趋势，地方性商业银行及股份制银行、农村商业银行推出资产包债权规模明显上升，成为不良资产一级市场资产包重要来源。中小金融机构实际拨备覆盖率较低、风险控制能力相对不足，在疫情影响和经济下行周期的环境下，资产质量下滑较为明显，经济下行压力加大及房地产行业风险持续暴露进一步加大了资产质量下滑的压力，不良资产处置规模在逐步上升。

（十五）非银行金融机构加快不良资产处置对不良资产规模的影响：小幅增加

调查结果显示，57.07%的受访者认为中国银保监会要求非银行金融机构做实资产质量，加快不良资产处置对非银行金融机构不良资产处置不良资产规模的影响是小幅增加；29.35%的受访者认为无明显变化；6.52%的受访者认为将大幅增加；6.52%的受访者认为将小幅减少；0.54%的受访者认为将大幅减少（见图3-26）。

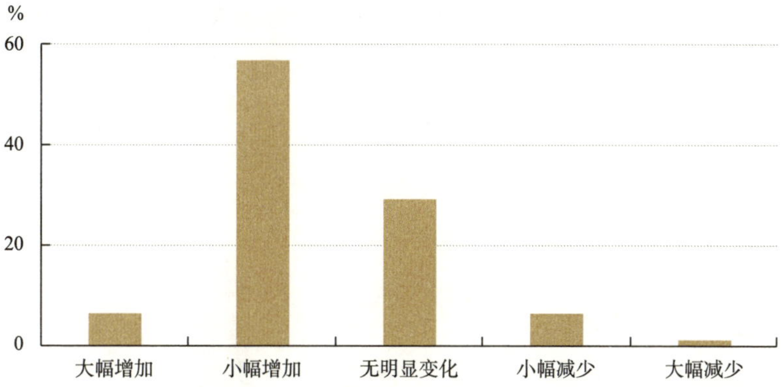

图 3-26　非银行金融机构加快不良资产处置对不良资产规模的影响

为纠正信托、企业集团财务公司、金融租赁公司、消费金融公司和汽车金融公司等非银行金融机构风险资产分类不实问题，中国银保监会下发《关于做实非银行金融机构资产质量加快不良资产处置的通知》（银保监办发〔2022〕6号），要求非银行金融机构进一步细化资产风险分类标准，完善分类流程，确保内部资产风险分类制度规定与监管要求一致，非银行金融机构逾期超过60天的贷款原则上于2022年6月底前全部计入不良贷款。鼓励非银行金融机构加大核销力度，提高拨备利用效率，对于符合核销条件的不良资产做到应核尽核。

2022年上半年，受疫情反复、原材料价格持续上涨、能源供应短缺、自然灾害多发等因素影响，市场需求疲弱，企业生产经营放缓，资产价格处于收缩区间。企业应收账款周转天数大幅增加，销售回款难度增大，资金周转期限延长，信用风险进一步上升，企业债券违约风险同样处于较高水平，特别是房地产企业债务风险更加突出，加大了非银行金融机构资产质量下迁压力。多数受访者认为监管部门加强对非银行金融机构夯实资产质量要求，引导非银行金融机构加快不良资产处置，将加大金融不良资产一级市场供给规模，提供新的业务拓展空间。

（十六）预计2023年银行业金融机构推出不良资产规模较2022年的变化：小幅上升

调查结果显示，50%的受访者预计2023年银行业金融机构推出不良资产规模较2022年将小幅上升，3.26%的受访者认为将大幅上升，28.26%的受访者认为将基本持平，14.13%的受访者认为将小幅下降，4.35%的受访者认为将大幅下降（见图3–27）。

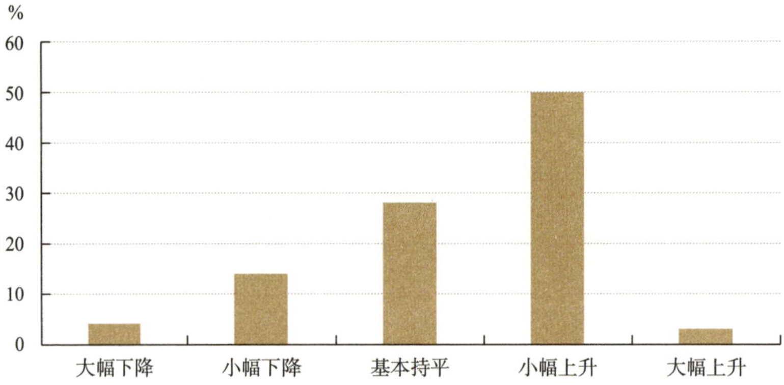

图 3–27　2023 年银行业金融机构推出不良资产规模较 2022 年的变化

与上一年相比，认为银行业金融机构推出不良资产规模将小幅上升的受访者占比明显增加。2022年，银行业金融机构不良贷款率总体下降，受疫情反复影响银行业金融机构资产处置计划受到干扰，一级市场延续2021年以来的阶段性减少趋势。自2022年下半年以来，经济复苏动能趋缓和对金融机构资产质量的影响有所显现，商业银行不良贷款余额小幅反弹，关注类贷款规模与占比明显上升，金融机构潜在不良资产面临较大增长压力。随着疫情防控措施逐步调整，一揽子稳增长政策和中国人民银行适度宽松货币政策相继落地，企业经营情况得到改善，国内经济企稳回升，房地产市场逐步回暖，商业银行预计将适当降低拨备计提，加大不良资产处置力度，2023年不良资产一级市场供给规模或将迎来小幅回升。

（十七）预计2023年资产管理公司收购不良资产的态度：偏向积极

调查结果显示，45.11%的受访者预计2023年资产管理公司收购不良资产的态度偏向积极，4.35%的受访者认为非常积极，23.37%的受访者认为基本持平，23.37%的受访者认为偏向谨慎，3.80%的受访者认为非常谨慎（见图3–28）。

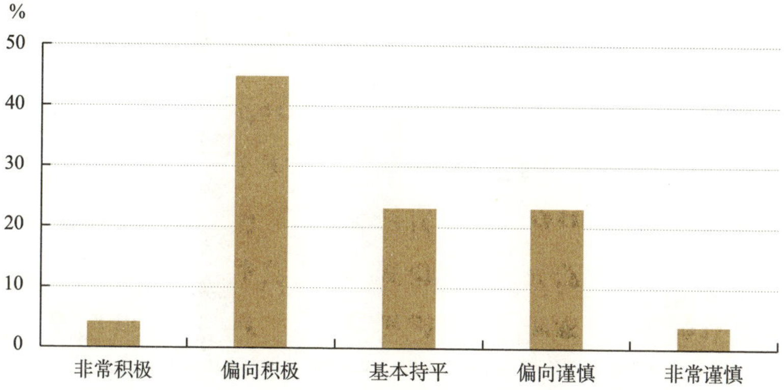

图 3-28　2023 年资产管理公司收购不良资产的态度

2022年，国内疫情多点散发，经济循环畅通受阻，市场主体经营困难增加，多个重要城市受疫情反复影响，经济活动减少，经济面临较大下行压力。不良资产一级市场与上一年相比总体上延续阶段性下降趋势，在传统不良资产交易较为活跃的地区供需缺口有所加大。2023年，我国经济预计总体保持恢复发展态势，经济恢复基础进一步巩固，市场宽信用效应正在显现，企业经营情况逐步改善，房地产市场有所回暖，经济逐步进入修复通道，经济快速下行趋势得到遏制，总体经济形势逐步企稳，在宏观经济全面发力和市场主体修复调整的共同作用下，国内经济有望加快复苏。随着为应对疫情冲击推出的短期对冲政策的逐步退出，银行业资产质量防控压力逐步释放，商业银行有望适当降低拨备计提，加大不良资产处置力度，逐步开始恢复处置计划，不良资产一级市场的供给规模或将有所增加，受访者对资产管理公司2023年收购不良资产保持相对积极的预期。

（十八）预计2023年不良资产一级市场买卖双方市场地位：双方大致均衡，卖方略具优势

调查结果显示，33.15%的受访者预计2023年不良资产一级市场卖方将略具优势，29.89%的受访者认为双方大致均衡，25%的受访者认为买方略具优势，7.07%的受访者认为买方显著强势，4.89%的受访者认为卖方显著强势（见图3-29）。

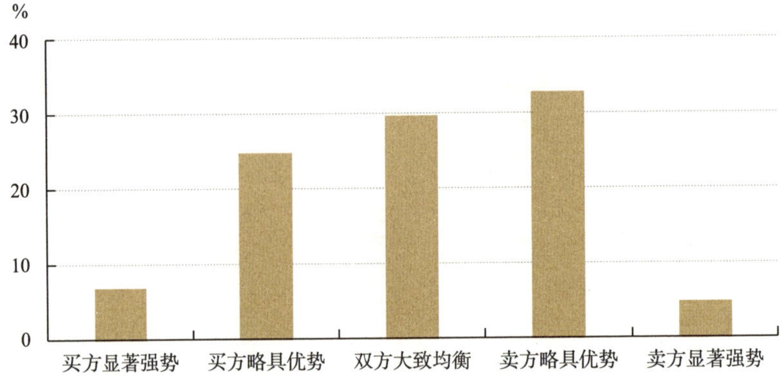

图 3-29　2023 年不良资产一级市场买卖双方市场地位

为应对疫情影响和经济下行推出的一系列稳增长宏观经济政策，减缓了经济下行给银行资产质量带来的冲击，2022年不良资产一级市场资产包规模总体上仍然呈现阶段性下降趋势。随着经济下行压力加大及房地产行业风险持续暴露，多个区域银行业金融机构不良贷款余额与不良贷款率结束连续多个季度下降趋势，开始出现小幅反弹，商业银行关注类贷款规模上升更加明显，经济复苏动能不足对金融机构资产质量下行压力的影响开始显现。部分地区金融机构不良资产余额增加较为明显，不良资产率同步上升，资产质量下迁压力有所加大，不良资产一级市场潜在供给规模较为可观。随着金融机构不良资产处置逐步恢复正常，资产一级市场供需缺口将有所缓解，买卖双方市场地位将更加趋于均衡。

四、资产管理公司业务方向思考

（一）2022年资产管理公司采用实质性重组方式处置不良资产情况：变化不大

调查结果显示，35.87%的受访者认为2022年资产管理公司在处置不良资产时更多采用实质性重组方式处置不良资产；49.46%的受访者认为变化不大；14.67%的受访者认为更少采用（见图3-30）。

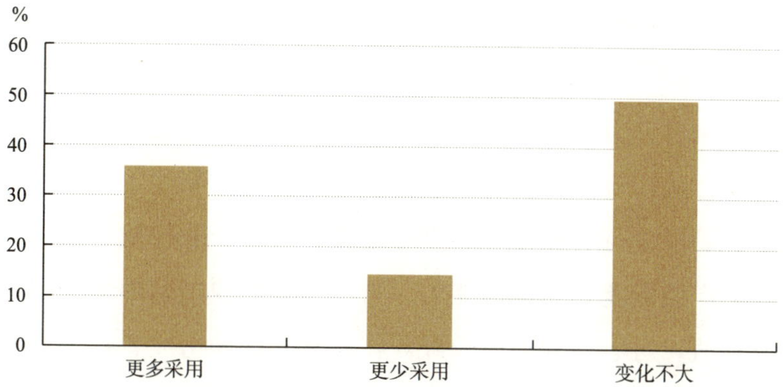

图 3-30　2022 年资产管理公司采用实质性重组方式处置不良资产情况

在宏观经济结构调整和产业升级改造的背景下，采用实质性重组方式处置不良资产，提升不良资产内在价值，提高资源配置效率，促进产业升级，提升金融供给质量，以“大不良”的概念盘活存量，优化增量，是资产管理公司推进供给侧结构性改革的重要方式。经济下行压力加大，行业整体效益偏低，为企业间进行重组提供了更多机会。从调查情况来看，认为资产管理公司采用实质性重组方式处置不良资产的受访者占比与上一年相比进一步提高，全国性金融资产管理公司紧紧围绕国家发展战略，充分运用综合金融服务手段，用好金融工具，不断探索以实质性重组业务为主要方向的“大不良”业务，主动发挥金融救助、价值盘活提升功能，助力问题机构脱困重生。

（二）资产管理公司实质性重组采用的主要方式：比较均衡

调查结果显示，36.41%的受访者认为资产管理公司进行实质性重组时主要采取的方式是引入产业资本模式，32.07%的受访者认为是引入第三方管理模式，30.43%的受访者认为是独立重组模式，1.09%的受访者认为是其他（见图3-31）。

资产管理公司通过引入第三方加强对被重组方的主动管理，在管控上实现导入的增值服务能力，如资源整合能力，项目定位能力等，参与到被重组企业的日常经营管理中来，通常适用于不动产类不良资产的实质性重组。自2022年以来，房地产行业信用风险持续暴露，房地产企业陷入融资紧缩的恶性循环，全国性金融资产管理公司积极参与多家风险房企的救助，在化解房地产行业时更多采用通过引入第三方管理模式。而引入产业资本模式，则是资产管理公司通过引入行业内排名靠前、规模较大、经济效益好，具有整合能力，在行业内有影响力的企业，对问题企业的资金、资产、技术、人才、管理等要素进行资源整合和重新配置，帮助企业构建新的生产经营模式，提升生产经营能力和偿债能力，帮助企业摆脱经营困境和财务困境，提升企业价值。对于自身资质较好，在遇到外部冲击或者在企业发展过程中遇到阶段性财务困境，前景较为优质的企业，资产管理公司较多采用独立重组模式。从调查情况来看，资产管理公司实质性重组时三种方式总体上比较均衡。

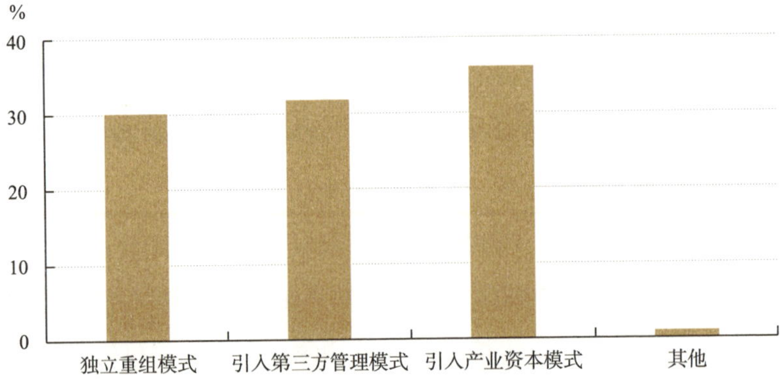

图 3-31　资产管理公司实质性重组采用的主要方式

（三）2022年资产管理公司主要的利润来源：金融机构不良资产业务和非金融机构不良资产业务

调查结果显示，58.70%的受访者认为2022年所在单位主要的利润来源是金融机构不良资产业务，58.15%的受访者认为是非金融机构不良资产业务，48.91%受访者认为是债权类业务，21.20%的受访者认为是信托等非银行金融机构不良资产业务，19.02%受访者认为是股权类业务，1.63%的受访者认为是其他类业务（见图3-32）。

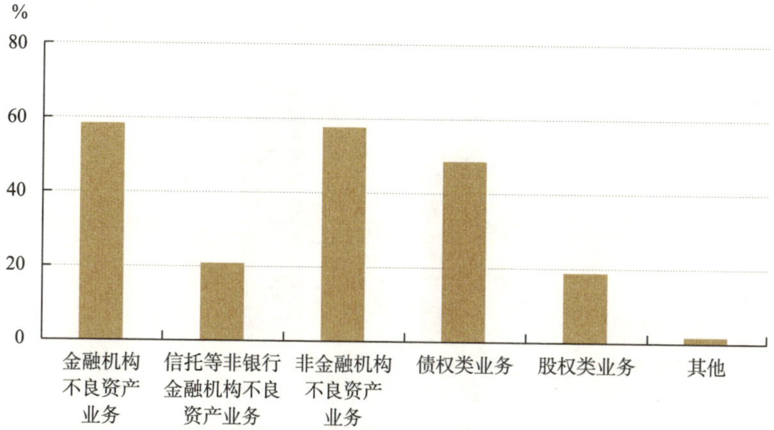

图 3-32　2022 年资产管理公司主要的利润来源

从调查结果来看，金融机构不良资产业务、非金融机构不良资产业务和债权类业务成为资产管理公司主要利润来源。受疫情反复影响，经济下行压力持续加大，资产价格进入下行通道，不良资产二级市场活跃度下降，处置难度不断加大，处置收益率持续下滑，虽然传统不良资产业务预期收益率有所下降，金融机构不良资产业务作为资产管理公司主责主业仍然是资产管理公司重要的利润组成部分。非金融机构不良资产业务在资产管理公司业务利润的占比中进一步提高，非金融机构不良资产债务重组业务不涉及对债务人的资产进行处置，可以使债务人持续经营，在重组后有正常的经营性现金流，相对处置类不良资产业务的收益预期更加稳定，以债务重组为主要处置方式的非金融机构不良资产业务已经成为资产管理公司重要的利润来源。

（四）2023年金融资产管理公司应采取的发展策略：审慎策略，严控风险

调查结果显示，53.26%的受访者认为2023年金融资产管理公司应采取的发展策略是审慎策略，严控风险；38.59%的受访者认为是中性策略，适度扩张；5.98%的受访者认为是积极策略，努力扩张；2.17%的受访者认为是消极策略，调整收缩（见图3-33）。

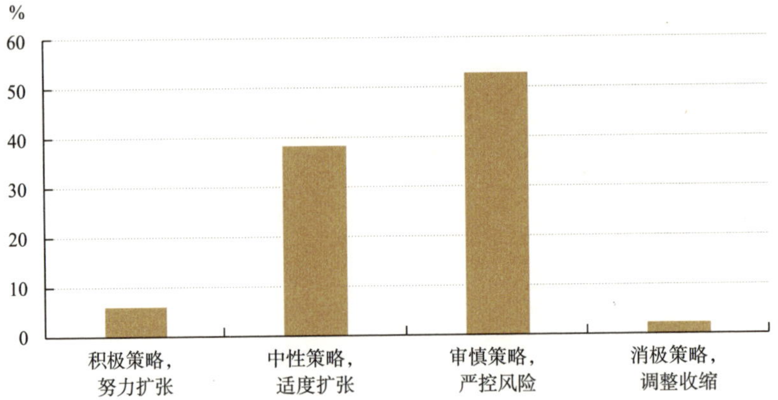

图 3-33 2023 年金融资产管理公司应采取的发展策略

从调查情况来看，认为2023年金融资产管理公司应采取审慎策略，严控风险的受访者占比与上一年相比进一步上升。得益于信贷投放逆周期扩张，商业银行资产规模保持较快增长，整体不良率连续多个季度下降，一段时间内延缓了金融机构不良资产处置压力，一级市场资产包批量转让规模阶段性下降，不良资产供需缺口有所加大。目前，城市商业银行和农村商业银行不良率依然较高，商业银行关注类贷款规模处于较高水平，潜在不良资产增长压力较大，为资产管理公司不良资产收储带来机会。银行业金融机构在增加自主核销空间的同时，更加注重提高自主清收能力，一级市场批量转让资产包的质量有所下降。同时，部分市场主体非理性抢购资产包在一定程度上提高了银行对一级市场不良资产包转让价格的预期，高企的资产包价格加大了不良资产处置难度。受疫情反复影响，经济复苏动能趋缓，不良资产二级市场的市场投资者融资难度上升，对经济增长前景不确定性预期担忧加剧，资产包收购意愿下降，二级市场活跃度下降造成不良资产二级市场存量资产有所积压，部分资产仍然是数年前高价收购的存量资产，处置盈利空间较小。不良资产收购和处置难度的加大使得受访者对于2023年的发展策略更加审慎。

（五）2023年资产管理公司业务机会更多存在的领域：金融机构不良资产业务、房地产企业债务违约风险化解

调查结果显示，58.15%的受访者认为2023年资产管理公司在当地业务机

会更多存在于金融机构不良资产业务，46.20%的受访者认为是房地产企业债务违约风险化解，30.98%的受访者认为是非金融机构不良资产业务，31.52%的受访者认为是中小金融机构风险化解，28.26%的受访者认为是国有企业主辅分离，27.72%的受访者认为是非银行金融不良资产业务，23.37%的受访者认为是上市公司纾困，21.74%的受访者认为是地方融资平台债务风险化解，3.80%的受访者认为是自主拓展的中间业务（见图3–34）。

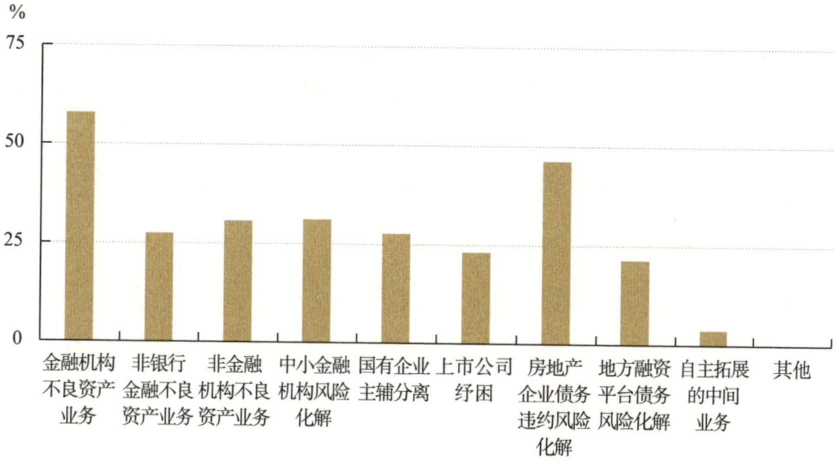

图 3–34 2023 年资产管理公司业务机会更多存在的领域

2022年6月，中国银保监会印发62号文，适度拓宽了金融资产管理公司收购中小银行风险资产的范围，允许金融资产管理公司收购中小银行部分符合条件的关注类不良资产；以真实估值为基础、在资产真实转让的前提下开展结构化交易；支持金融资产管理公司适度增加金融债券发行规模，降低融资成本，为金融资产管理公司收购和处置不良资产创造了有利条件。2022年银行不良贷款继续保持低增长态势，不良资产上升幅度低于资产增速，银行业金融机构整体资产质量保持相对稳定，第三季度以来经济下行压力加大及房地产行业风险暴露对金融机构资产质量下行压力的影响开始显现。随着2023年国内经济逐步企稳回升，商业银行有望适当降低拨备计提，加大不良资产处置力度，不良资产一级市场供给规模或将逐步回升，受访者认为2023年金融机构不良资产业务存在较多机会。2022年房地产行业信用风险持续暴露，严重影响购房者的市场预期，住房按揭贷款增速持续下滑，房地产企业陷入融资紧缩的恶性循环，商业银行房地产贷款不良率显著高于商业银行贷款的平均不良率。随着房地产行业纾困政策的逐步落实，商品房销售面积和销售额同比降幅逐步收窄，房地产市场出现企稳迹象，但总体景气度仍然比较低迷，房地产行业面临长期趋势调整和短期流动性困境的双重挑战，受访者认为房地产行业在风险化解方面也存在较多的业务机会。

五、资产管理公司未来发展的思考

（一）全国性金融资产管理公司现阶段面临的主要困难：流动性压力大

调查结果显示，61.96%的受访者认为全国性金融资产管理公司现阶段面临的主要困难是流动性压力大，42.39%的受访者认为是资金成本较高，45.11%的受访者认为是市场竞争激烈，58.15%的受访者认为是风险控制能力不足，35.33%的受访者认为是考核机制不健全，2.72%的受访者认为是其他（见图3-35）。

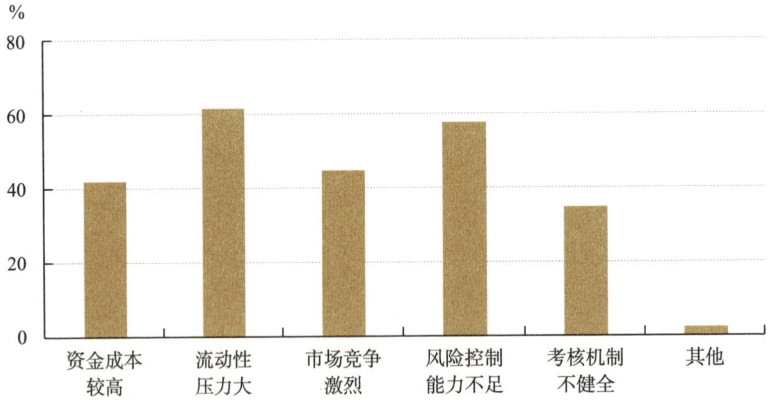

图 3-35　全国性金融资产管理公司现阶段面临的主要困难

调查结果显示，流动性压力大、风险控制能力不足、市场竞争激烈是现阶段全国性金融资产管理公司面临的主要困难。疫情以来，经济下行压力持续加大，全国性金融资产管理公司前几年资产包收储规模较大、价格偏高。经济增速放缓及房地产行业风险持续暴露造成部分债权抵（质）押物受市场环境影响价值出现下滑，企业经营持续下滑，还款意愿和还款能力下降，对全国性金融资产管理公司资产质量产生了较大的影响。市场资产价格的下行使得不良资产处置难度不断加大，疫情因素影响了不良资产正常的处置环境，二级市场活跃度下滑，前期收购资产包处置周转速度明显低于预期，给全国性金融资产管理公司带来了较大的资金和流动性压力。得益于信贷逆周期扩张政策金融机构资产规模保持较快增长，不良资产率保持低位，一段时间内延缓了金融机构不良资产处置压力，一级市场资产包批量转让规模阶段性下降，市场供需缺口有所加大，部分市场主体非理性抢购资产包在一定程度上加大了市场竞争。

（二）金融资产管理公司在不良资产主业方面主要需要提高的能力：管理处置能力、资源整合能力

调查结果显示，60.33%的受访者认为金融资产管理公司在不良资产主业方面主要需要提高管理处置能力，59.78%的受访者认为是资源整合能力，46.74%的受访者认为是业务模式创新能力，40.76%的受访者认为是估值定价能力，35.33%的受访者认为是尽职调查能力，30.98%的受访者认为是风险控制能力（见图3–36）。

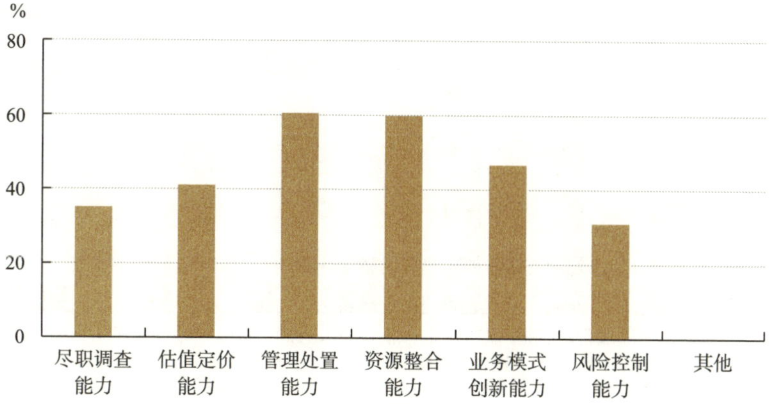

图 3–36　金融资产管理公司在不良资产主业方面主要需要提高的能力

从调查情况来看，受访者认为不良资产管理处置能力与资源整合能力是金融资产管理公司不良资产主业方面主要需要提高的能力。提高不良资产管理处置能力，在对不良资产债权时效、抵（质）押担保权利等日常维护管理基础上，以经营的眼光发现蕴含在不良资产各种瑕疵中的资产价值，对优质资产主动管理，提高不良资产处置回收是资产管理公司不良资产主业需要提高的核心能力。在宏观经济结构性调整背景下，深化产融结合理念，提高对行业、产业的认识、分析及趋势判断能力，基于对标的资产所属行业、企业的分析研究，引入符合条件的合作伙伴，运用包括资本市场在内的多种工具和手段，开展增值运作和追加投资，实现资源整合和危机救助，提升资产价值，是不良资产业务需要提高的重要能力。

（三）地方资产管理公司不良资产主要收购来源：城市商业银行及农村商业银行

调查结果显示，78.80%的受访者认为地方资产管理公司不良资产主要收购来源是城市商业银行及农村商业银行，68.48%的受访者认为是股份制商业银行，39.13%的受访者认为是国有大型商业银行，27.17%的受访者认为是地方国有企业，19.57%的受访者认为是信托公司，10.87%的受访者认为是证券、基金、租赁等其他金融机构，9.78%的受访者认为是大型民营企业（见图3–37）。

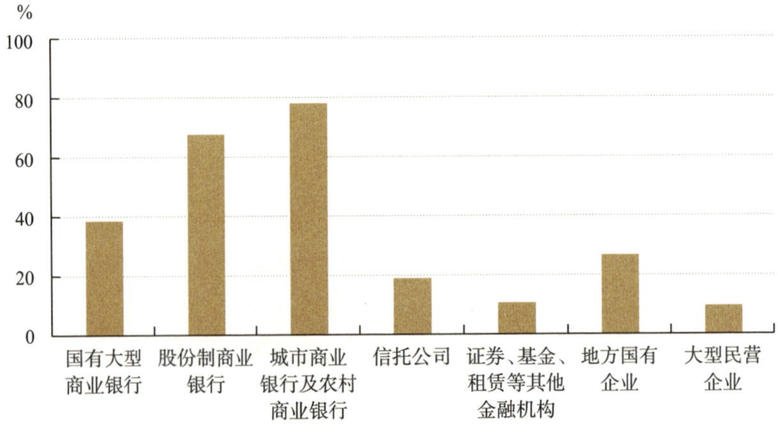

图 3–37　地方资产管理公司不良资产主要收购来源

2022年，不同类型商业银行的不良贷款率和不良贷款余额走势继续呈一定分化趋势。国有大型商业银行资产质量较高且风控能力较强，不良贷款率持续改善，推出资产包数量总体呈下降趋势，城市商业银行及农村商业银行不良贷款率依然较高，推出资产包债权规模明显上升，成为不良资产一级市场资产包重要来源。根据中国人民银行对银行业金融机构的评级结果，城市商业银行中有10%的机构为高风险机构；农村商业银行、农村合作银行、农村信用社的农合机构和村镇银行风险最高，存量高风险机构数量呈现区域集中的特点。从调查情况来看，地方资产管理公司不良资产收购的主要来源是城市商业银行及农村商业银行。地方资产管理公司具有属地优势，在信息和渠道方面处于有利地位，在竞标地方城市商业银行及农村商业银行推出的不良资产包时成功率更高。

（四）地方资产管理公司不良资产主要收购方式：参与一级市场竞价收购

调查结果显示，58.70%的受访者认为2022年地方资产管理公司不良资产主要收购方式是参与一级市场竞价收购，22.28%的受访者认为是与地方政府合作收购，17.39%的受访者认为是地方商业银行通过协议转让，1.63%的受访者认为是其他（见图3-38）。

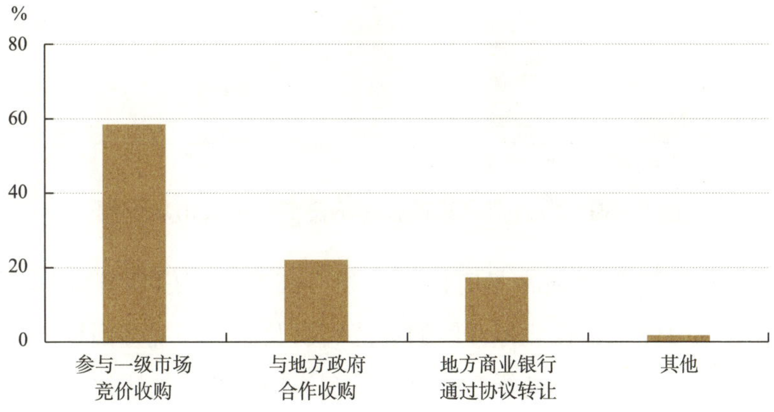

图 3-38　地方资产管理公司不良资产主要收购方式

地方资产管理公司实控人多具有地方国资背景，可以借助本地区政策和渠道资源优势，在竞标地方中小金融机构不良资产时成功率更高；或者依托地方政府间接持股背景，通过协议转让方式定向收购本地中小金融机构不良资产，业务中通道类、出表类业务占比较高。随着不良资产一级市场不良资产供给的阶段性下降，地方资产管理公司市场份额占比在不断上升，在许多区域不良资产一级市场已经占据了一定的市场地位。从调查情况来看，地方资产管理公司在收购不良资产包时，通过协议转让定向收购本地区中小金融机构不良资产的占比在逐步降低，通过公开竞价方式收购不良资产的占比逐步提高，收购模式进一步趋于规范。

（五）地方资产管理公司不良资产一级市场份额：变化不大

调查结果显示，50.54%的受访者认为地方资产管理公司不良资产一级市场份额与2021年相比变化不大，25%的受访者认为略微提升，7.07%的受访者认为显著提升，13.04%的受访者认为略微减弱，4.35%的受访者认为显著减弱（见图3-39）。

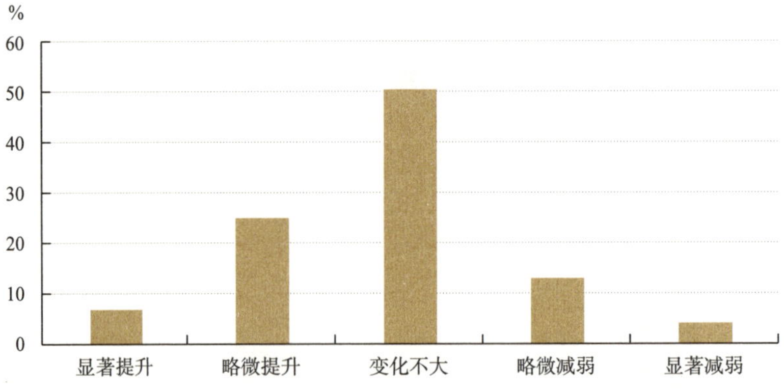

图 3-39　地方资产管理公司不良资产一级市场份额

地方资产管理公司通常具有国资背景，在本地区内拥有政策、信息渠道、政府资源等优势，在业务开展的规范要求及监管环境方面更加宽松，在收购地方中小金融机构不良资产时更加具有优势，部分地区地方资产管理公司不良资产包收购意愿较为积极。在处置不良资产时地方资产管理公司更熟悉地方发展状况、产业政策、优势行业和司法环境，一些地方资产管理公司通过设立地市级合资平台公司，积极参与地方骨干企业的不良资产化解，发挥多级地方政府在资产处置端的作用，在处置不良资产时信息渠道更加畅通，更易借助地方政策，把握处置时机，提升不良资产价值，市场份额占比预计将进一步提升。

六、小结

2022年，受短期内需求收缩、供给冲击、预期转弱三重压力叠加中长期结构性调整因素影响，国内经济循环畅通受阻，下行压力加大，资产价格处于下行通道，严重影响投资者市场预期，2022年资产管理公司不良资产处置难度较2021年有所上升。疫情反复影响了不良资产市场正常的交易环境，资产管理公司不良资产处置计划受到干扰，延缓了不良资产的处置节奏，资产管理公司不良资产处置速度有所放缓，不良资产处置周期与上一年相比有所延长。资产价格下行和市场活跃度下降进一步降低了不良资产的处置回收率，处置回收率水平呈现持续下降趋势。

2022年，不良资产处置环境与上一年相比进一步趋冷，金融不良资产一级市场成交量、成交金额大幅萎缩，不良资产投资者预期年化收益率整体水平与上一年相比进一步下降，近年来呈现持续下滑趋势，超过八成的受访者认为收益率低于20%，认为投资者预期收益率在 10%以下的受访者与上一年相比明显增加，预计2023 年投资者参与不良资产投资的态度偏向谨慎。在宏观经济全面发力和市场主体修复调整的共同作用下，部分受疫情影响较小、经济较为发达、不良资产交易比较活跃的地区资产价格正处于逐步回升的过程中，未来，不良资产处置市场环境有望逐步回暖。目前，资产管理公司处置不良资产时采用最多的处置方式是债权转让、债权清收和债权重组，不良资产处置方式有待进一步丰富。

2022年，银行业金融机构不良贷款规模及不良贷款率保持相对低位，不良资产一级市场供给规模维持稳中有降态势，不同地区出现一定分化趋势。

不良资产包的价格保持相对稳定，成交价格水平稳中有降，整体上与 2021 年基本持平。部分受疫情影响较小，传统不良资产交易较为活跃的地区，一级市场不良资产包供应数量相对平稳，资产包价格逐步呈现回落趋势。

2022 年6月，中国银保监会印发62号文，引导金融资产管理公司积极参与中小金融机构改革化险，允许金融资产管理公司收购中小银行部分符合条件的关注类不良资产。不良资产收购范围的适度拓宽有利于风险的前置化解，为金融资产管理公司加快收购和处置不良资产创造了条件，更好地发挥金融资产管理公司防范化解金融风险功能。62号文也有助于减少不良资产一级市场阶段性供给规模下降引起的市场波动，稳定市场预期，在一定程度上促进了不良资产一级市场的良性发展。

2022 年，房地产行业信用风险持续暴露，严重影响购房者的市场预期，房地产企业陷入融资紧缩的恶性循环，引发部分城市购房者停付按揭贷款，金融机构房地产行业不良贷款显著上升。部分银行尤其是区域性中小银行的资产质量下行压力明显上升，不良资产一级市场房地产类不良资产的规模小幅增加。房地产类信托违约风险项目也明显增加，信托行业不良资产处置意愿增强，不良资产处置专业机构收购信托等非银金融机构不良资产规模与上一年相比明显上升。陷入困境的房地产企业对政府推出稳定房地产市场预期，维护房地产市场平稳运行的一系列相关政策抱有较高期望，造成以物抵债等方式的风险化解方案难以实质推进，房地产行业纾困政策对房地产行业不良资产的处置作用不明显。

虽然不良资产一级市场供给规模总体上呈现阶段性下降趋势，但供需缺口仍较为明显，资产管理公司在收购不良资产时对处置能力因素的考虑明显上升，不良资产一级市场进一步回归理性。金融机构在债权资产定价方面更多依赖于抵押资产的评估价值，而疫情反复使得不良资产二级市场投资主体的现金流受到不同程度的影响，对于投资决策更加审慎，进一步加大了供需双方对资产包价值判断的差异。中小金融机构在处置不良资产时更加倾向于出让中型、小型资产包。不良资产二级市场具备较强资金实力的投资主体偏少，规模较小的定制化资产包相对容易处置，更受市场欢迎。

处置难度加大造成不良资产二级市场周转率下降，不良资产有所积压，处置盈利空间较小，目前资产管理公司不良资产业务最主要的困难是处置难度大，市场不活跃、资产价格下行是影响资产管理公司不良资产处置的主要因素，2022 年资产管理公司对收购不良资产的态度与上一年相比更加谨慎。2022 年不良资产一级市场推出资产包规模增长较为明显的金融机构是城市商业银行和股份制商业银行，农村商业银行的不良资产处置规模也增长较快。中小银行和非银行金融机构较多通过单户不良资产转让形式进行处置，随着中小金融机构不良资产转让规模在一级市场中的占比不断提高，单户金融不良资产在一级市场的占比有所提高。处置难度增大、价格分歧成为资产管理公司成功收购银行不良资产最主要的障碍因素。

中国银保监会下发《关于做实非银行金融机构资产质量加快不良资产处置的通知》，要求非银行金融机构进一步细化资产风险分类标准，完善分类流程，确保内部资产风险分类制度规定与监管要求一致，非银行金融机构逾期超过60天的贷款原则上于2022年6月底前全部计入不良贷款。监管部门加强对非银行金融机构夯实资产质量要求，引导非银行金融机构加快不良资产处置，将加大金融不良资产一级市场供给规模，提供新的业务拓展空间。自2022年下半年以来，经济复苏动能趋缓及房地产行业风险持续暴露对金融机构资产质量的影响有所显现，商业银行不良贷款余额小幅反弹，关注类贷款规模与占比明显上升，潜在不良资产面临较大增长压力。随着疫情防控措施逐步调整，在一揽子稳增长政策和中国人民银行适度宽松货币政策落地、房地产市场逐步回暖、国内经济企稳回升等积极因素影响下，商业银行有望适当降低拨备计提，加大不良资产处置力度，2023 年不良资产一级市场供给规模或将迎来小幅回升，资产管理公司对 2023 年收购不良资产保持相对积极的预期。随着金融机构不良资产处置逐步常态，资产一级市场供需缺口将有所缓解，买卖双方市场地位将更加趋于均衡。经济面临较大下行压力，行业整体效益偏低，为企业间进行重组提供了更多机会，资产管理公司采用实质性重组方式处置不良资产的占比与上一年相比进一步提高，资产管理公司实质性重组时引入产业资本模式、引入第三方管理模式和独立重组模式总体上比较均衡。

虽然传统不良资产业务预期收益率有所下降，金融机构不良资产业务作为资产管理公司主责主业仍然是重要的利润组成部分。非金融机构不良资产业务在资产管理公司的业务利润的占比中进一步提高，以债务重组为主要处置方式的非金融机构不良资产业务已经成为资产管理公司重要的利润来源。房地产行业面临长期趋势调整和短期流动性困境的双重挑战，国有大型商业银行和股份制银行房地产贷款不良率显著高于商业银行贷款的平均不良率，2023 年资产管理公司在金融机构不良资产业务和房地产行业风险化解方面存在较多的业务机会。

不良资产一级市场资产包批量转让规模阶段性下降，高企的资产包价格加大了不良资产处置难度。不良资产二级市场市场投资者融资难度上升，对经济增长前景不确定性预期担忧加剧，资产包收购意愿下降，造成不良资产二级市场存量不良资产有所积压，给资产管理公司带来了较大的资金和流动性压力，2023年资产管理公司倾向于采取更加审慎的策略、严控风险。经济增速放缓，企业经营下行压力加大，还款意愿和还款能力下降，以及房地产行业风险持续暴露造成部分债权抵（质）押物受市场环境影响价值出现下滑等因素，对资产管理公司资产质量产生了较大的影响。流动性压力大、风险控制能力不足、市场竞争激烈是现阶段资产管理公司面临的最主要的困难。不良资产管理处置能力与资源整合能力是资产管理公司不良资产主业方面主要需要提高的能力。

地方资产管理公司不良资产收购的主要来源是城市商业银行及农村商业银行。地方资产管理公司具有属地优势，在竞标城市商业银行及农村商业银行推出的不良资产包时成功率更高。地方资产管理公司在收购不良资产包时，通过协议转让定向收购本地区中小金融机构不良资产的占比在逐步降低，通过公开竞价方式收购不良资产的占比逐步提高，收购模式进一步趋于规范。在处置不良资产时，地方资产管理公司更熟悉地方发展状况、产业政策、优势行业和司法环境，一些地方资产管理公司通过设立地市级合资平台公司，积极参与地方骨干企业的不良资产化解，发挥多级地方政府在资产处置端的作用，在处置不良资产时信息渠道更加畅通，更易借助地方政策，把握处置时机，提升不良资产价值，市场份额占比与之前相比进一步提升。

第四部分

信托公司观点

2022年，受新冠肺炎疫情反复、房地产行业风险持续及城投监管整顿等因素影响，部分信托公司的风险隐患仍然较大，信托行业还需加快风险处置进程。预计2023年，信托业将继续遵照监管政策的要求，逐步推进存量信托业务的分类整改，扎实提高主动管理能力，围绕信托本源创新业务类型，发挥信托制度优势，服务实体经济，回应人民生活需要。本部分主要通过对信托业从业人员进行问卷调查，在掌握信托业发展现状、风险状况与风险处置情况的基础上，对信托业发展的内外部因素和发展趋势进行分析研判，以期为防范和化解信托业风险提供有益参考。

一、受访者概况

本次调查共回收有效问卷124份，受访者均来自信托公司业务部门，具有丰富的从业经验，了解掌握信托市场情况及监管政策，从专业角度对信托业务结构、资产质量、风险状况、发展趋势等作出了客观判断。

从受访者所在地区分布的情况来看，华北地区、华东地区和东北地区人数较多，占比分别为32.26%、26.61%和25.00%，华南地区、西北地区、华中地区、西南地区占比均在10%以下，分别为7.26%、4.03%、2.42%和2.42%（见图4-1）。总体来看，问卷反馈的观点具有一定的代表性。

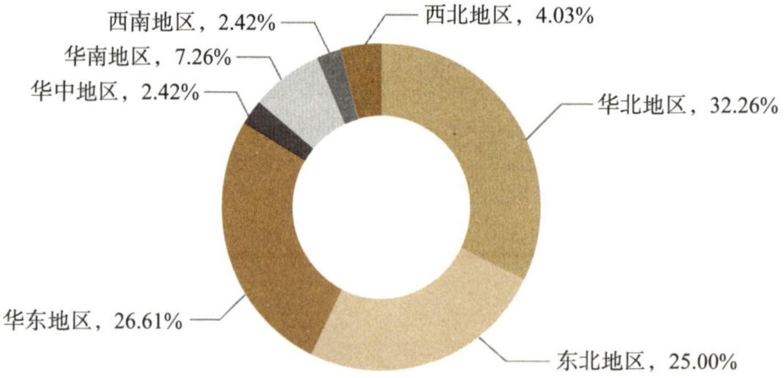

图 4-1　受访者所在地区分布

二、信托业发展现状及趋势

（一）2023年新增信托业业务规模：基本持平

调查结果显示，对于2023年新增信托业务规模变化，认为规模同比降幅在0~5%的受访者占比为19.35%，认为同比降幅在5%~10%的受访者占比为16.94%，认为同比降幅在10%以上的受访者占比为15.32%，认为基本持平的受访者占比为25.81%，认为同比增幅在0~5%的受访者占比为18.55%，认为同比增幅在5%~10%的受访者占比为4.03%（见图4-2）。

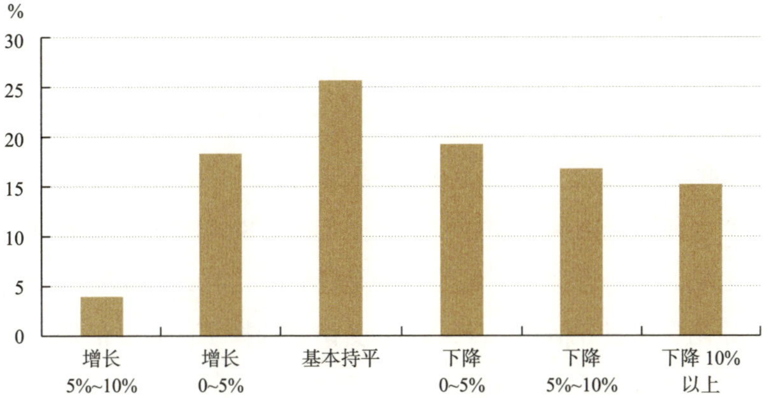

图 4-2　2023 年新增信托业务规模同比变化

根据中国信托业协会的数据，截至2022年第三季度末，信托业受托管理的资产余额为21.07万亿元，同比增长3.08%，与2021年末规模余额相比，上升了2.55个百分点。自2017年第四季度末以来，信托资产规模的下降趋势正在逐步企稳。自“资管新规”等严监管措施出台后，信托业坚定回归本源，正在加速转型发展，致力于调整业务结构，提升服务实体经济质效，不再片面追求资产规模。根据调查问卷结果，与2021年相比，2022年受访者预计2023年新增信托业务规模同比下降的比重降低了27.67个百分点，受访者悲观情绪有所缓解。未来，信托业资产规模或将总体平稳，行业发展更加注重整体业务的结构与功能。

（二）信托公司未来展业方向：集合资金信托业务、投资类业务、证券市场业务、资产服务信托业务

调查结果显示，对于信托公司未来主要展业的方向而言，按来源划分，54.84%的受访者认为是集合资金信托业务，40.32%的受访者认为是管理财产信托业务，4.84%的受访者认为是单一资金信托业务（见图4-3）；按功能划分，59.68%的受访者认为是投资类业务，30.65%的受访者认为是事务管理类业务，9.68%的受访者认为是融资类业务（见图4-4）；按投向划分，44.35%的受访者认为是证券市场业务，30.65%的受访者认为是基础产业业

务，16.94%的受访者认为是工商企业业务，4.84%的受访者认为是金融机构业务，3.23%的受访者认为是房地产业务（见图4-5）；按新业务分类划分，91.13%的受访者选择了资产服务信托，71.77%的受访者选择了资产管理信托，46.77%的受访者选择了公益/慈善信托（见图4-6）。针对“信托公司未来从事资产服务信托的类型偏好”这一多选题，88.71%的受访者选择了家族信托，78.23%的受访者选择了风险处置受托服务信托，71.77%的受访者选择了资产证券化受托服务信托，56.45%的受访者选择了保险金信托，49.19%的受访者选择了年金信托（见图4-7）。

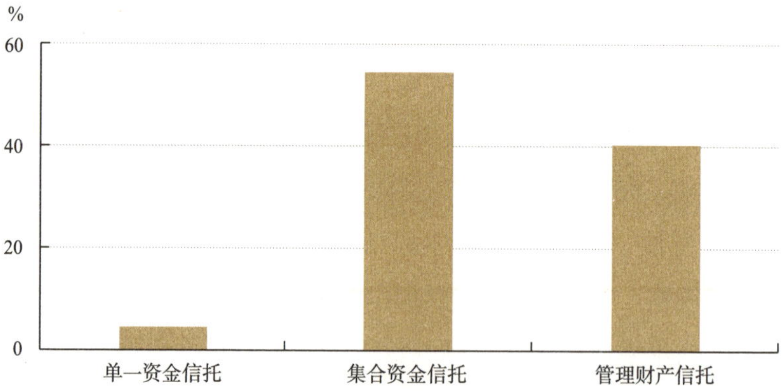

图 4-3　信托公司未来展业方向：按来源划分

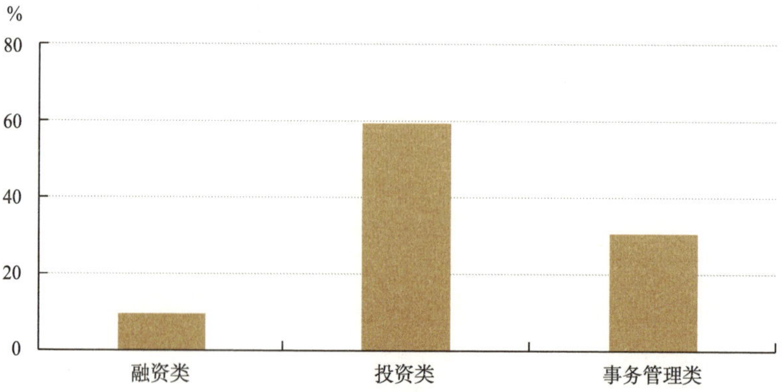

图 4-4　信托公司未来展业方向：按功能划分

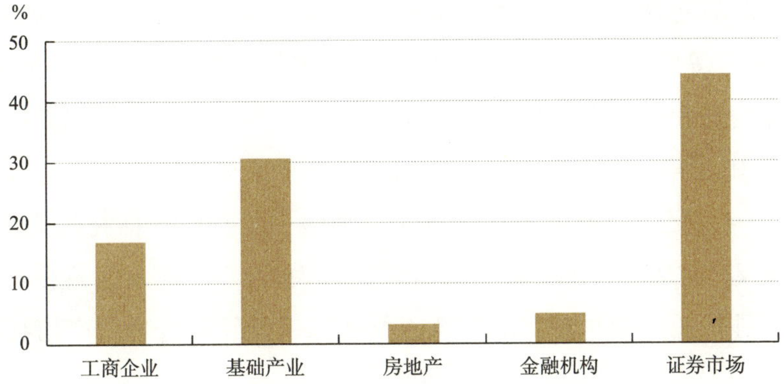

图 4-5　信托公司未来展业方向：按投向划分

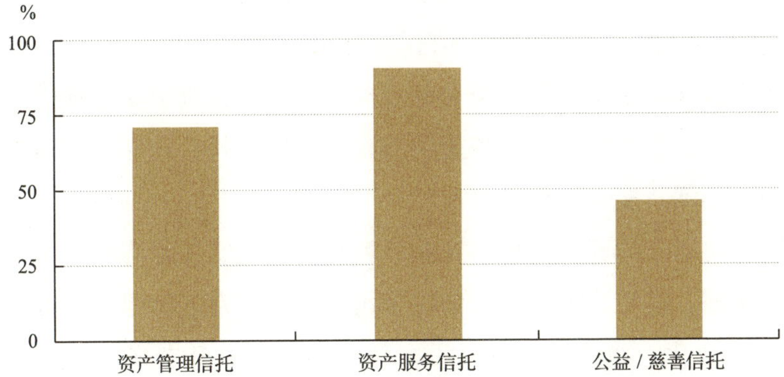

图 4-6　信托公司未来展业方向：按新业务分类划分

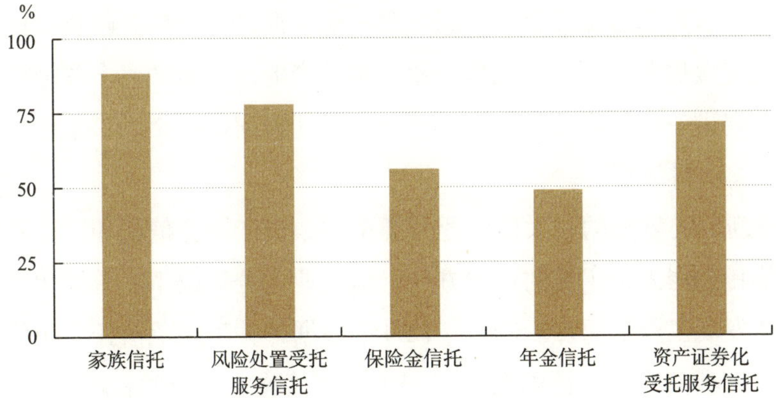

图 4-7　信托公司未来从事资产服务信托的类型偏好

在按来源划分的三大业务类型中，总体呈现“两升一降”的局面。在“资管新规”等监管政策出台后，信托公司加快调整和优化资产来源结构：集合资金信托和管理财产信托规模持续提升，单一资金信托规模被不断压缩。根据中国信托业协会的数据，截至2022年第三季度末，集合资金信托规模为10.94万亿元，规模占比上升至51.90%；管理财产信托规模为6.06万亿元，规模占比为28.75%；单一资金信托规模为4.08万亿元，规模占比降至19.35%，且信托规模早在2021年第四季度末就已经被管理财产信托规模所超越。

在按功能划分的三大业务类型中，由于信托公司受到行业监管趋严的影响，融资类业务规模和涉及通道的事务管理类业务规模被持续压缩，投资类业务规模则继续扩大。根据中国信托业协会的数据，2022年9月，投资类信托业务规模首次超过事务管理类业务规模。未来，投资类业务规模或将继续保持高速发展，事务管理类业务规模或将受益于信托公司在财富传承、风险隔离等功能的不断探索而企稳回升。

在按投向划分的五大资金信托业务类型中，受实体经济增速放缓、部分行业风险暴露、监管力度加大、信托公司加快转型发展等因素影响，资金信托业务向标准化、净值化转型，投向领域呈现“两升三降”的变化。证券市场成为信托公司资金运用的首选投向。根据中国信托业协会的数据，截至2022年第三季度末，投向证券市场的资金信托规模为4.18万亿元，占比提升至27.85%，首次超过工商企业，跃居第一位。此外，投向金融机构的资金规模和占比缓慢提升，而投向工商企业、基础产业、房地产三个领域的资金规模和占比则进一步下降。未来，预计资金信托投向证券市场、金融机构的规模和占比将会继续提升。

在按新分类划分的三大信托业务类型中，资产服务信托和资产管理信托将成为信托公司未来主要的展业方向。信托业务分类改革、差异化竞争是信托业改革发展工作的重点。2022年12月，根据《关于规范信托公司信托业务分类有关事项的通知（征求意见稿）》（以下简称业务分类新规），信托业务被划分为资产管理信托、资产服务信托、公益/慈善信托三大类。其中，资产管理信托将对信托公司的主动管理能力提出更高要求，主要涉及集合信托计划，包括固定收益类、权益类、商品和金融衍生品类及混合类四种细分信托计划。资产服务信托主要包括行政管理、资产证券化、风险处置、财富管理四种细分信托。信托公司在提供资产服务信托时将严格落实破刚兑、去通道、去嵌套等监管要求，并结合信托本源寻求业务创新。公益/慈善信托主要包括慈善信托和其他公益信托两种，在经营中寻求盈利与公益的有效平衡点及结合点。

从资产服务信托的类型偏好来看，信托公司未来或将更多地开展家族信托、风险处置受托服务信托等。受经济复苏不确定性、新冠肺炎疫情反复等因素影响，高净值客户的避险情绪有所增强。家族信托具备财富传承和避险作用，有望迎来新的增长趋势。根据用益信托网的数据，若延续近两年增长态势，预计家族信托规模将在2023年末突破1万亿元。风险处置受托服务信托具备资产隔离功能，可将待处置资产委托至信托公司并设立信托，实现相关资产隔离，助力推进破产重整程序，维护各方合法权益。随着风险处置受托服务信托的发展越发完善，其在中小金融机构化险、房地产项目纾困等方面的作用将越发彰显。未来，信托公司将在围绕信托本源的基础上，创新发展各类服务信托业务。

（三）转型发展时期信托公司的主要竞争对手：银行理财子公司

调查结果显示，57.26%的受访者认为信托公司在转型发展时期的主要竞争对手是银行理财子公司，各有13.71%的受访者认为是证券公司和基金公司，12.10%的受访者认为是全国性金融资产管理公司，3.23%的受访者认为是保险资产管理公司（见图4–8）。在涉及信托公司与其他资管机构相比的主要优势调查中，88.71%的受访者选择了牌照优势，58.06%的受访者选择了专业优势，47.58%的受访者选择了资源优势，37.90%的受访者选择了政策优势，25.00%的受访者选择了股东优势（见图4–9）。

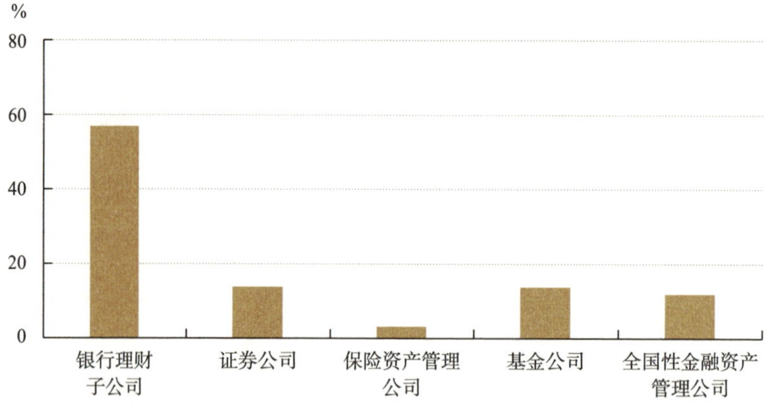

图 4-8　转型发展时期信托公司的主要竞争对手

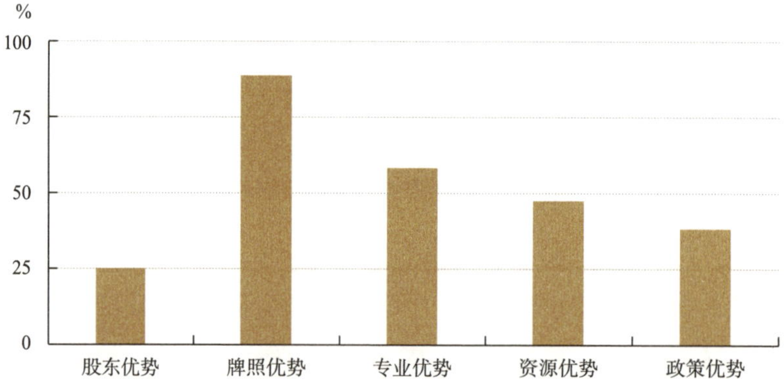

图 4-9　与其他资管机构相比信托公司的主要优势

金融业在回归主责主业的转型发展时期，各个细分行业逐渐形成了错位发展的格局。调查结果显示，银行理财子公司仍然是信托公司最主要的竞争对手，且与2021年调查结果相比，持该观点的受访者比重上升了1.4个百分点。银行理财子公司受益于可以开展基金、银行理财、信托等广泛的业务范围，以及得益于商业银行销售渠道、客户资源的大力支持，在金融业转型发展时期对包括信托在内的其他资管机构形成了有力竞争。此外，证券公司、基金公司等传统的资产管理机构凭借着丰富的资管经验和较强的专业能力，也对信托公司形成一定的竞争。由于信托业属于特许经营行业，信托公司最明显的优势仍然是信托牌照。与2021年调查结果相比，2022年受访者认为专业优势为信托公司主要优势的比重显著上涨，同比提高了11.21个百分点。随着监管要求，信托公司加速转型发展，标准化产品得到不断发展，信托公司的专业能力越发受到重视，专业优势更加明显。与2021年调查结果相比，2022年选择股东优势为信托公司主要优势的受访者比重大幅下降了20.05个百分点，这在一定程度上体现了信托公司顺应监管要求，越发重视发挥自身能动性，聚焦公司内在发展。此外，信托公司在未来的发展中仍需进一步整合已有优势资源，深研政策，回归本源业务，在不断发展中实现转型升级。

（四）信托公司未来的转型方向：综合金融服务机构、特色服务机构

调查结果显示，对于大型信托公司未来的转型方向而言，84.68%的受访者认为是兼顾资产管理信托、资产服务信托、公益/慈善信托的综合金融服务机构，8.06%的受访者认为是侧重资产管理的特色资管机构，6.45%的受访者认为是侧重资产服务的特色服务机构，0.81%的受访者认为是其他（见图4-10）。对于中小型信托公司未来的转型方向而言，57.26%的受访者认为是侧重资产服务的特色服务机构，25.81%的受访者认为是侧重资产管理的特色资管机构，15.32%的受访者认为是兼顾资产管理信托、资产服务信托、公益/慈善信托的综合金融服务机构，1.61%的受访者认为是其他（见图4-11）。

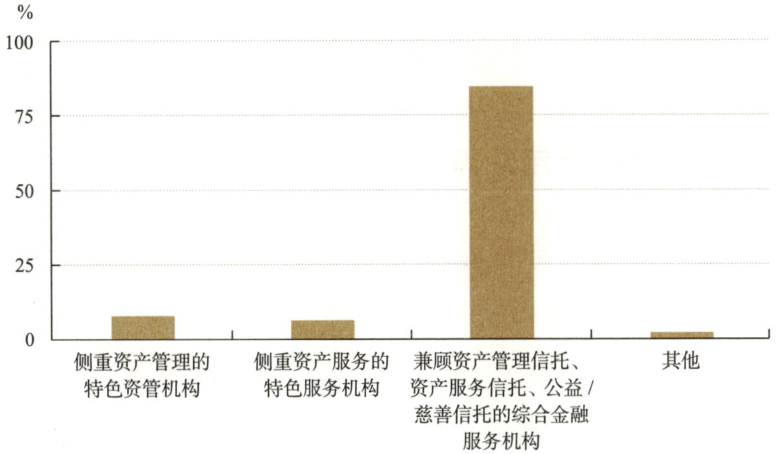

图4-10 大型信托公司未来的转型方向

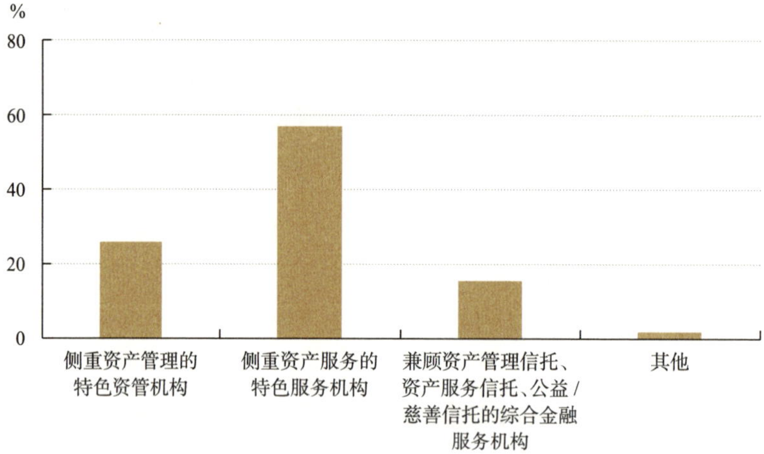

图 4-11　中小型信托公司未来的转型方向

随着信托业回归本源业务，差异化竞争与发展成为信托公司转型发展的关键。自业务分类新规出台后，信托业务被分为资产管理信托、资产服务信托、公益/慈善信托三大类25个业务品种。信托公司将以上述业务分类为基础，根据自身股东背景及资源禀赋进行差异化转型发展：大型信托公司具备公司评级高、资源禀赋好等多方面优势，可以成为兼顾资产管理、资产服务、公益/慈善三大类信托业务及各种创新业务的综合金融服务机构。中小型信托公司则可以结合自身资源禀赋、股东优势等不同优势，以及公司评级、注册资本等不同情况，选择侧重资产管理业务并转型为特色资管机构，或选择侧重资产服务业务并转型为特色服务机构。

三、影响信托公司发展的内外部因素

（一）影响信托公司发展的主要外部因素：监管政策、经济形势、行业转型发展必经阶段

调查结果显示，对于影响信托公司发展的主要外部因素，91.94%的受访者选择了监管政策，84.68%的受访者选择了经济形势，71.77%的受访者选择了行业转型发展必经阶段，35.48%的受访者选择了同业竞争，33.06%的

受访者选择了社会舆论（见图4-12）。同时，对于哪些监管政策对信托公司影响较大，80.65%的受访者选择了“资管新规”，61.29%的受访者选择了业务分类新规，各有55.65%的受访者选择了金融支持房地产发展的新规和资金信托管理政策，44.35%的受访者选择了信托公司风险资产处置政策（见图4-13）。对于业务分类新规下信托公司将面临哪些挑战，81.45%的受访者选择了存量业务整改压力大，75%的受访者选择了新业务展业标准模糊，54.03%的受访者选择了专业人才少，44.35%的受访者选择了风险管控弱（见图4-14）。

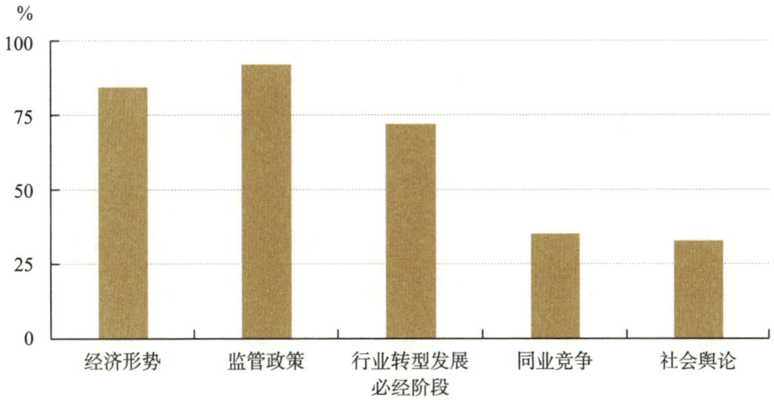

图 4-12　影响信托公司发展的主要外部因素

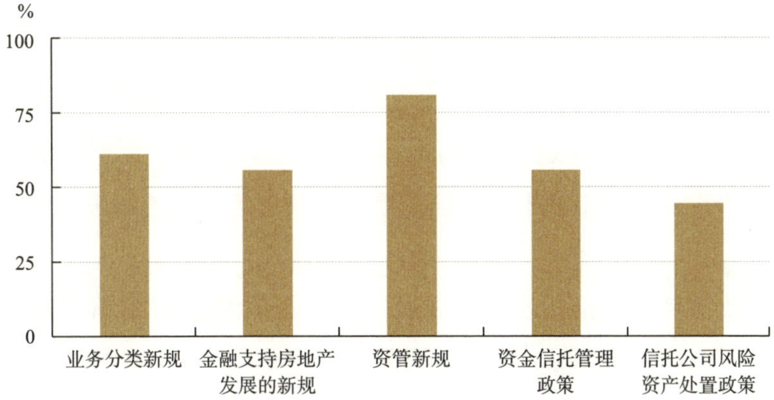

图 4-13　对信托公司影响较大的监管政策

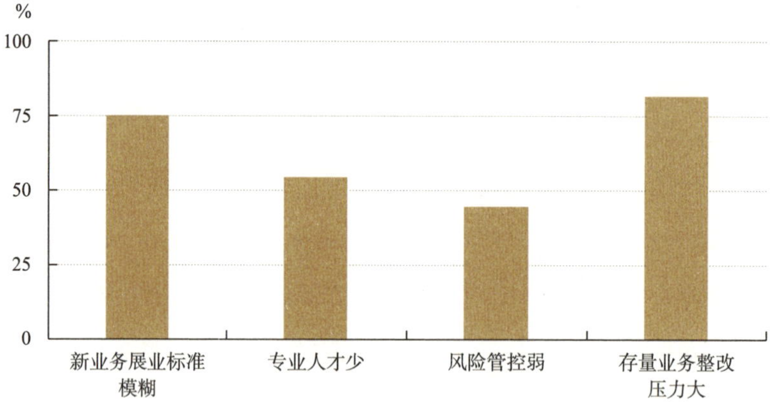

图 4-14　业务分类新规下信托公司面临的挑战

为了引导信托业回归本源、提升服务实体经济质效、有效控制行业风险，“资管新规”、业务分类新规等监管政策不断出台、持续推进，取得了初步效果。随着国家稳就业、稳物价、稳住经济大盘工作成效逐渐呈现，经济发展进一步回稳向好，信托公司发展面临的不确定性有所减缓。目前，信托业正处于转型发展的必经阶段，随着以涉房信托为代表的存量风险资产不断暴露，以家族信托、慈善信托为代表的增量创新业务量持续扩容，信托公司转型发展也势在必行，同时，同业竞争加剧也影响着信托公司的发展。在业务转型发展的背景下，大型信托公司在结合自身资源禀赋、投研能力的基础上，需不断推出新的信托产品，努力成为集资产管理、资产服务等业务在内的综合金融服务机构。中小型信托公司则侧重在资产管理、资产服务等细分领域上发力。这种差异化发展的策略，既是政策引导，也是同业竞争加剧背景下的现实选择。此外，社会舆论也是影响信托公司发展的因素之一。当信托公司发布信托产品违约信息时，对违约信托公司乃至整个信托行业都可能造成舆论影响，不利于新的信托产品后续募集等，进而影响信托公司的发展。

监管政策是影响信托公司发展最重要的外部因素。“资管新规”已经落地，指引了信托业从非标转标、大力发展净值化产品、打破刚性兑付等转型发展方向，已经取得了阶段性的成果。业务分类新规将信托业务分为资产管理信托、资产服务信托、公益/慈善信托三大类，引导信托公司结合自身资源禀赋，在分类基础上研究差异化发展路径，提高专业服务能力。目前，业务分类新规尚处于公开征求意见中，预计在征求意见后将迅速落地，真正引导信托公司回归本源，实现良性发展，服务实体经济和投资者需求。2022年11月11日，中国人民银行、中国银保监会出台“金融16条”，旨在支持涉房信托贷款合理展期，鼓励信托资管产品支持房地产合理融资需求。该新规的出台体现了监管使用金融手段稳住房地产市场的目标，有助于信托业降低存量涉房信托风险资产。此外，资金信托管理政策、信托公司风险资产处置政策对信托公司的影响也较大。

在监管政策中，业务分类新规中关于信托业务的整体调整或将对信托公司产生更加直接和明显的影响，信托公司也将面临相关挑战。业务分类新规将业务重新厘定为三大类25个品种，这与之前业务分类存在一定差异。存量业务如何与新类型接轨，信托公司面临着业务的调整与整合。由于业务分类新规还处于征求意见的阶段，各类业务的具体标准还不清晰，这一定程度上也影响了信托公司的展业。此外，业务分类新规涉及较多的新业务类型，信托公司可能面临专业人才少、风险管控弱等诸多挑战。

（二）影响信托公司发展的主要内部因素：主动管理能力、业务风险管控能力、业务创新能力与数字化转型能力

调查结果显示，对于影响信托公司发展的主要内部因素，78.23%的受访者选择了主动管理能力，71.77%的受访者选择了业务风险管控能力，68.55%的受访者选择了业务创新与数字化转型能力，各有56.45%的受访者选择了内控合规管理能力和政策资源协同能力，55.65%的受访者选择了从业人员综合素质（见图4–15）。同时，对于未来1~2年信托公司主动管理能力的提高方面，82.26%的受访者选择了资产配置能力，81.45%的受访者选择了投研能力，75.81%的受访者选择了风险管控能力，63.71%的受访者选择了净值化运营管理能力（见图4–16）。

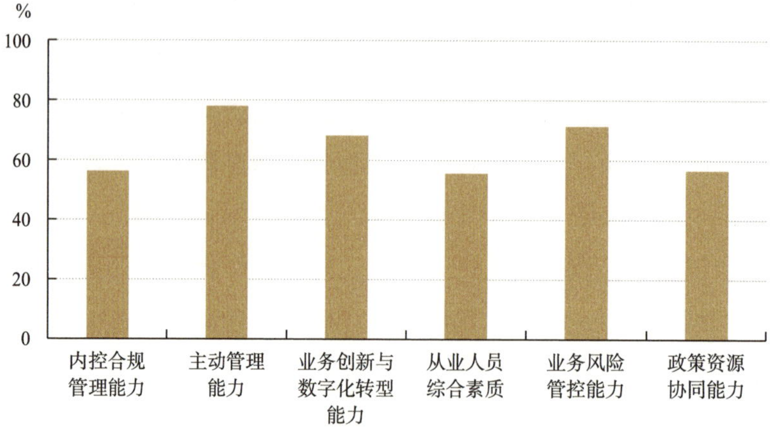

图 4-15　影响信托公司发展的主要内部因素

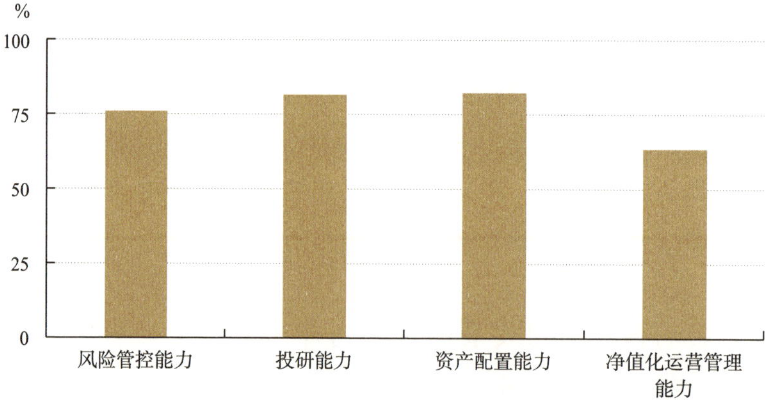

图 4-16　未来 1~2 年信托公司主动管理能力的提高方面

主动管理能力是影响信托公司发展最重要的内部因素。信托业在过去较为侧重发展通道类融资类业务、涉房业务，促成行业在短时间内的快速发展，也造成了路径依赖。由于上述业务较为单一，信托公司主动管理能力未能得到应有的提高。而信托业目前在监管政策引导下正加速回归信托本源，信托公司支持实体经济的作用将越发明显，资产管理等业务规模也将得到大幅发展，这对主动管理能力提出了更高要求。随着信托资产规模的持续压降，行业风险防范化解压力提高，信托公司的业务风险管控能力、内控合规能力越发受到重视，包括完整的标品业务风控体系、业务科学决策体系等是业务风险管控能力需要加强的内容。另外，信托业在转型发展过程中，还可以充分发挥风险隔离等信托制度优势。同时，信托业需积极探索业务模式创新，不断运用金融科技手段，完善投资管理系统、数字化运营系统等，切实提升数字化转型能力。各信托公司具备不同的资源禀赋，需要发挥政策资源协同能力，找到适合自身特点的发展路径。

资产配置能力是资产管理的重要一环，信托公司一方面需要以客户需求为出发点，提供适宜的配置方案，另一方面需要不断打造包括股票、债券等多元投资产品及覆盖全市场的产品遴选机制。在投资类信托、标品信托将获得更大发展的背景下，投研能力建设也越发重要。信托公司需要结合发展的实际情况，展开包括宏观经济政策、具体行业策略等多方面的研究，将投资与研究更加深度的融合。

四、信托业风险状况

（一）2022年信托资产实际风险率水平：5%以上

调查结果显示，对于现阶段信托资产的实际风险率水平，28.23%的受访者认为在5%~7%，25.00%的受访者认为在7%~10%，各有18.55%的受访者认为在3%~5%和10%以上，9.68%的受访者认为在1%~3%（见图4-17）。

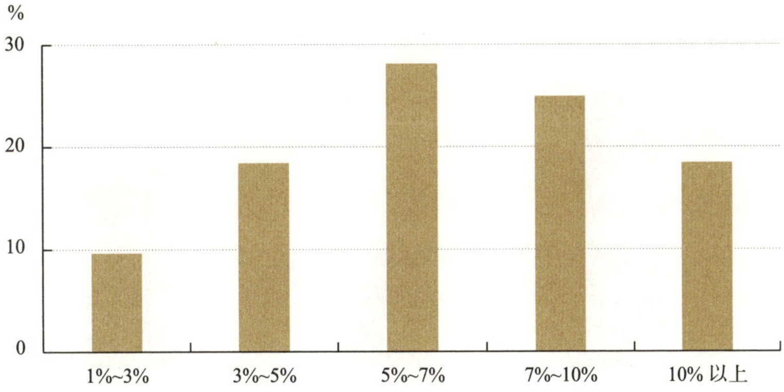

图 4-17　信托资产实际风险率水平

随着经济增速下行、新冠肺炎疫情冲击等负面影响逐渐减弱，叠加房地产市场支持政策的出台、信托公司业务转型加速，信托业资产规模下跌趋势逐步企稳，资产来源结构持续调整，资金运用结构不断优化。信托资产质量或开始出现边际改善，信托资产爆发较高风险的可能性降低。根据2022年大多数受访信托从业者的观点，信托资产实际风险率水平为5%~7%，认为实际风险率超过10%的受访者同比下降了6.68个百分点，认为实际风险率在1%~3%的受访者同比上升了6.08个百分点，受访者对待风险的态度更趋乐观。而考虑到2022年房地产信托违约事件多发、信托公司经营与转型的压力增大，信托业真实风险率或将高于现有的统计水平。

（二）2023年信托业风险：整体下降

调查结果显示，对于2023年存量信托业务风险，45.16%的受访者认为将进一步加大，33.87%的受访者认为将有所减缓，20.97%的受访者认为将基本不变（见图4-18）。而对于上述风险暴露程度变化的原因，55.65%的受访者认为是房地产行业影响，22.58%的受访者认为是严监管政策影响，15.32%的受访者认为是业务转型升级，6.45%的受访者认为是行业净利润降低（见图4-19）。对于2023年新增信托业务风险，45.16%的受访者认为将降低，其中，认为将小幅降低的受访者占比为29.03%，认为将大幅降低的受访者占比为16.13%；24.19%的受访者认为将基本不变；30.65%的受访者认为将提升，其中，认为将小幅提升的受访者占比为27.42%，认为将大幅提升的受访者占比为3.23%（见图4-20）。

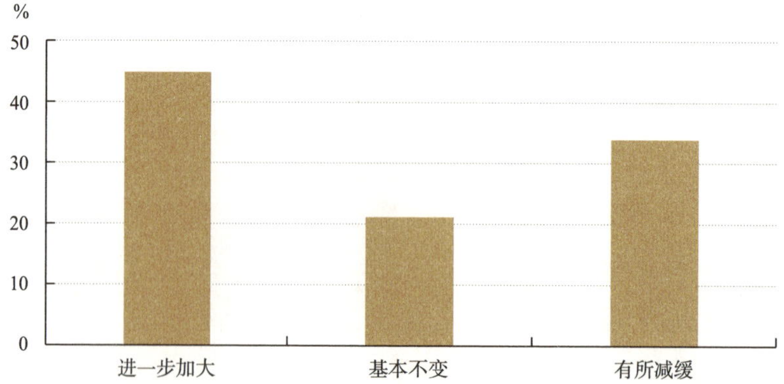

图 4-18　2023 年存量信托业务风险

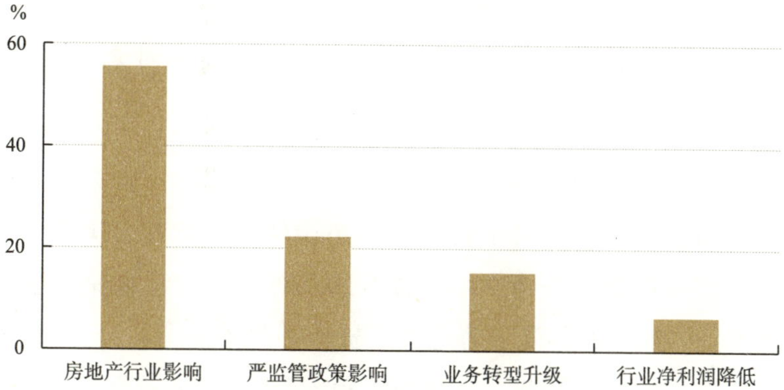

图 4-19　2023 年存量信托业务风险的成因

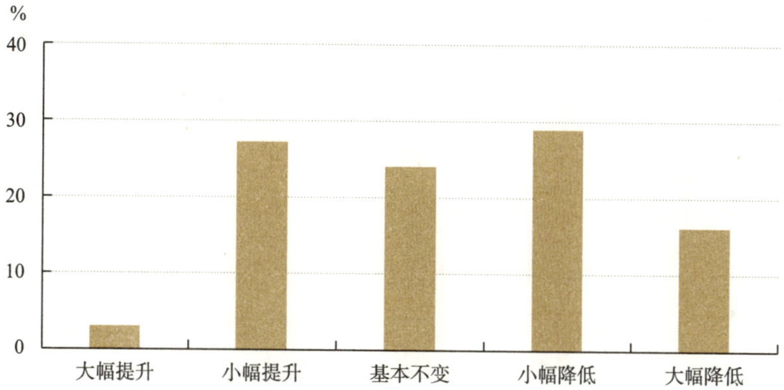

图 4-20　2023 年新增信托业务风险

在严监管、涉房信托爆雷等外部因素导致的风险逐步暴露的情况下，2023年存量信托业务风险上升趋势或将减缓。随着房地产市场支持政策逐步发挥作用，房地产信托违约情况或将逐渐好转。而在“资管新规”等政策得到落实后，信托业务加速转型升级，行业净利润向下趋势逐步企稳，存量信托业务风险上升的趋势或将放缓。与2021年调查结果相比，预计新增信托业务风险基本不变或降低的受访者的占比大幅提升。随着信托业大力拓展投资类业务、标准化业务等，不断探索信托在风险隔离处置、家族事务、养老消费等领域中的应有作用，2023年新增信托业务风险或将降低。

（三）现阶段引发信托业风险集中爆发的主要因素：经济下行压力、监管趋严、疫情影响

调查结果显示，对于现阶段引发信托业风险集中爆发的主要因素，95.97%的受访者选择了经济下行压力，76.61%的受访者选择了监管趋严，74.19%的受访者选择了疫情影响，各有29.03%的受访者选择了业务偏离主业和违规展业，16.94%的受访者选择了资本不足（见图4-21）。对于现阶段严监管对信托业的主要影响，79.84%的受访者选择了通道类和融资类业务受限，各有74.19%的受访者选择了行业资产规模缩减和业务转型风险加剧，73.39%的受访者选择了信托公司盈利能力减弱，57.26%的受访者选择了打破刚兑，45.97%的受访者选择了行业竞争加剧（见图4-22）。

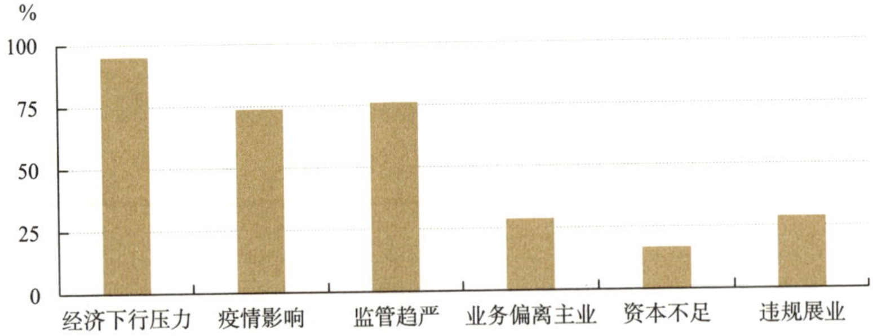

图4-21　现阶段引发信托业风险集中爆发的主要因素

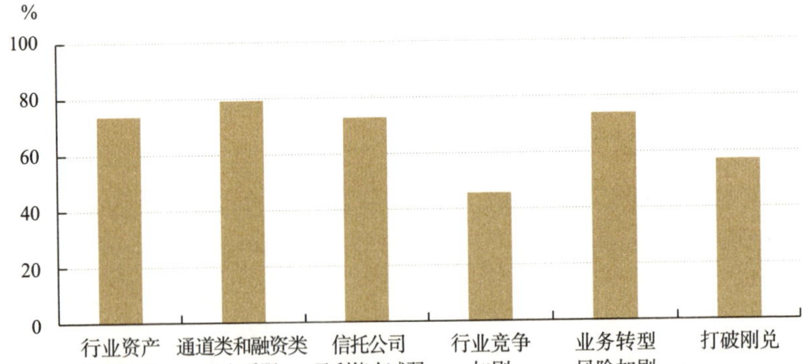

图4-22　现阶段严监管对信托业的主要影响

受地缘政治、大宗商品价格上涨等国际因素影响，叠加“三重压力”、新冠肺炎疫情的不确定性等国内现状，经济下行压力增大，整个金融业风险不断增加，信托业风险也在集中爆发。而在“资管新规”、业务分类新规等监管政策的引导下，信托业加速回归本源业务，实现转型发展，早期偏离主业、违规展业等因素导致的信托业务存量风险也在加速暴露。随着“金融16条”等监管政策的发力、新冠肺炎疫情不确定性降低，涉房信托等信托业务的增量风险或将降低。

就严监管的影响而言，最直接的是对信托业务的调整。现阶段，通道类和融资类业务已经取得一定的压降效果。根据中国信托业协会的数据，截至2022年第三季度末，受上述两类业务压缩影响，单一资金信托、融资类信托的规模和占比均持续下降。同时，以体现信托公司转型方向的投资类信托、标品信托的规模与占比则在不断提升，信托公司在转型发展的同时，也应防范转型后再生的相关风险。

（四）信托业务将持续爆发风险的类型：集合资金信托、融资类信托、房地产信托、资产管理信托

调查结果显示，对于信托业务将持续爆发风险的类型，按照资金来源划分，75.81%的受访者选择了集合资金信托，各有12.10%的受访者选择了单一资金信托和管理财产信托（见图4–23）；按照功能划分，77.42%的受访者选择了融资类信托，15.32%的受访者选择了投资类信托，7.26%的受访者选择了事务管理类信托（见图4–24）；按照投向划分，60.48%的受访者选择了房地产，16.94%的受访者选择了工商企业，15.32%的受访者选择了基础产业，4.84%的受访者选择了证券市场，2.42%的受访者选择了金融机构（见图4–25）；按照业务分类新规划分，68.55%的受访者选择了资产管理信托，21.77%的受访者选择了资产服务信托，9.68%的受访者选择了公益/慈善信托（见图4–26）。

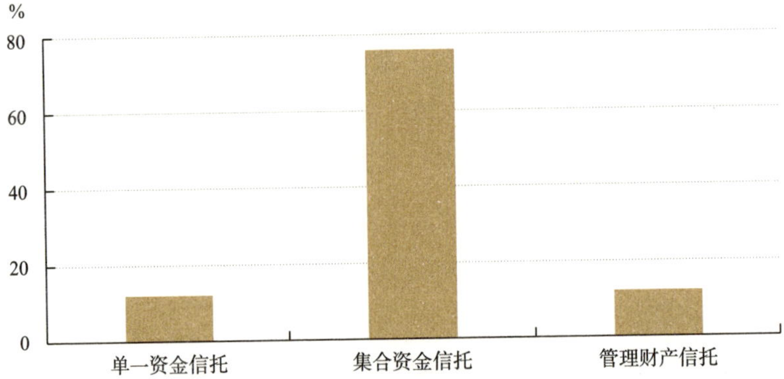

图 4-23　信托业务将持续爆发风险的类型：按资金来源划分

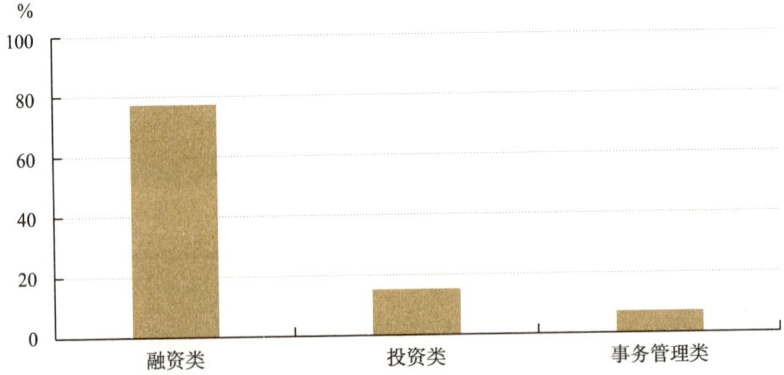

图 4-24　信托业务将持续爆发风险的类型：按功能划分

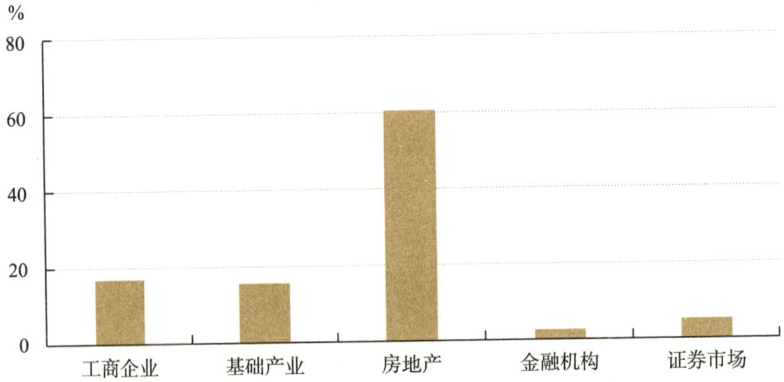

图 4-25　信托业务将持续爆发风险的类型：按投向划分

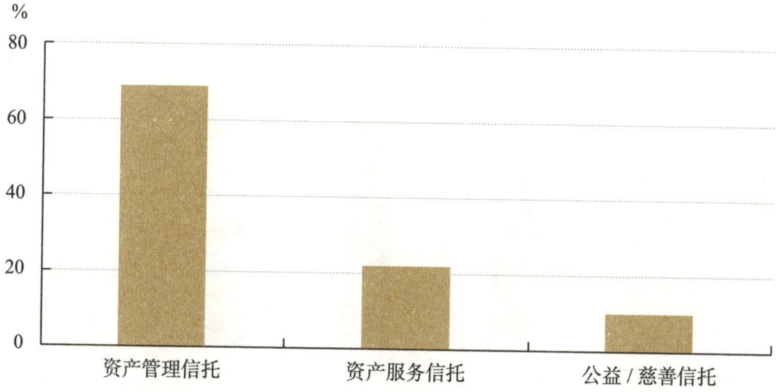

图 4-26　信托业务将持续爆发风险的类型：按业务分类新规划分

在信托业将加速转型升级、回归本源业务的背景下，其发展过程中所积累的风险也将在未来继续暴露。根据中国信托业协会的数据，截至2022年第三季度末，集合资金信托的资金规模仍保持增长，占比持续超过50%。在不断扩大的基数下，集合资金信托持续爆发风险的概率或将不断增大。根据用益金融信托研究院的统计数据，截至2022年11月，房地产信托已披露违约金额达741.63亿元，规模占比达72.8%，是信托违约产品中最主要的部分。虽然多项房地产市场支持政策在2022年出台，但考虑到政策发挥作用尚需时间，预计涉房信托的风险在未来一段时间内仍将持续爆发。此外，根据业务分类新规，资产管理信托的相关展业与二级市场的波动紧密相关，这对信托公司的主动管理能力等提出更高要求，也存在更大的不确定性。相比资产服务信托或公益/慈善信托两大类业务，资产管理信托业务在未来或将出现更多风险。

（五）2023年信托公司风险资产规模：降低

调查结果显示，对于2023年信托公司风险资产规模，42.74%的受访者认为将有所减少，其中，认为将小幅减少的受访者占比为31.45%，认为将大幅减少的受访者占比为11.29%；31.45%的受访者认为将基本不变；25.81%的受访者认为将有所增加，其中，认为将小幅增加的受访者占比为23.39%，认为将大幅增加的受访者占比为2.42%（见图4-27）。

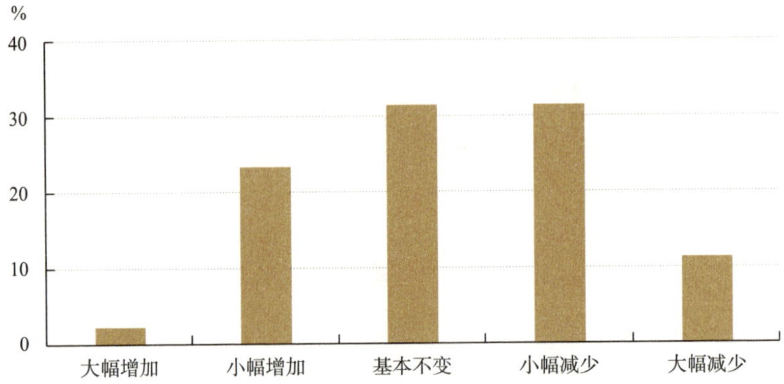

图 4-27　2023 年信托公司风险资产规模

与2021年调查结果不同，大部分受访者预计2023年信托公司风险资产规模将降低。持该观点的受访者占比增长至42.74%，同比上升了16.62个百分点，大幅领先于预计增加观点的受访者。随着“资管新规”、业务分类新规等监管政策持续发力，信托业加快回归信托本源，业务结构调整取得初步成效，以涉房信托为代表的存量风险资产不断加速暴露，预计2023年风险资产规模或将减少。

（六）信托公司增强抵御风险能力的具体措施：提升主动管理能力、快速处置风险资产、加速业务转型

调查结果显示，对于信托公司增强抵御风险能力的具体措施，90.32%的受访者选择了提升主动管理能力，80.65%的受访者选择了快速处置风险资产，73.39%的受访者选择了加速业务转型，64.52%的受访者选择了加强公司治理，62.10%的受访者选择了提升从业人员专业素质，41.94%的受访者选择了增加信托赔偿准备金（见图4-28）。

受经济下行、新冠肺炎疫情反复及监管政策的影响，非标产品、涉房信托产品等不断出现违约情况，信托公司需通过多种措施增强自身抵御风险的能力。随着“资管新规”落地与业务分类新规的逐步推进，业务加速转型的趋势日渐清晰，信托公司将大力拓展标品业务，同时，投资类业务比重也将大幅增长。为应对上述变化，信托公司需努力提升包括投研支持、风险控

制等主动管理能力，提高公司资本运作效果，以真正达到抵御风险的目标。对于已有的风险资产，信托公司需快速处置，最大限度地降低风险，回收资金，促进自身转型发展。作为风险资产中占比较重的涉房信托类资产有望受益于信贷、债券、股权三方面的融资政策，加快处置进度。公司治理中的内部流程、治理结构等因素也影响信托公司风险抵御能力，需要进一步优化。而从尽调审查、估值定价等方面提高从业人员的专业素质，有助于降低业务风险，增强信托公司抵御风险的能力。此外，信托赔偿准备金的增长也将增强信托公司抵御风险的能力。

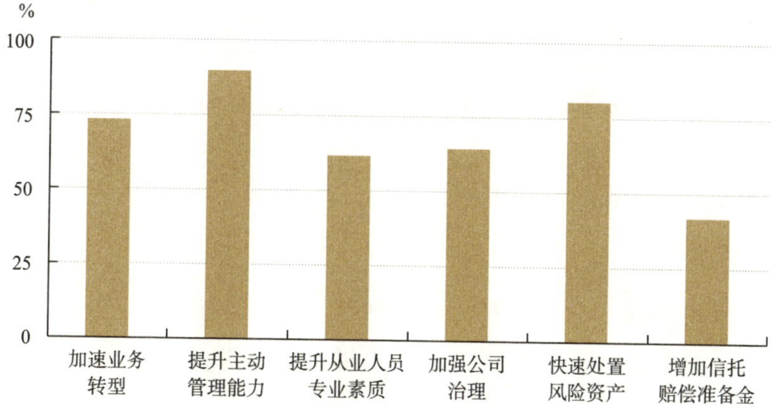

图 4-28　信托公司增强抵御风险能力的具体措施

五、信托业风险处置

（一）2023年化解信托业风险需要依托的力量：信托公司自身力量、金融市场力量

调查结果显示，对于化解信托业风险需要依托的力量，82.26%的受访者选择了信托公司自身力量，81.45%的受访者选择了金融市场力量，66.13%的受访者选择了信托行业力量，65.32%的受访者选择了政府力量（见图4-29）。对于信托公司化解风险的有效手段，94.35%的受访者选择了处置风险资产，79.03%的受访者选择了引入战略投资者，65.32%的受访

者选择了补充资本金，64.52%的受访者选择了兼并重组，33.06%的受访者选择了托管（见图4-30）。

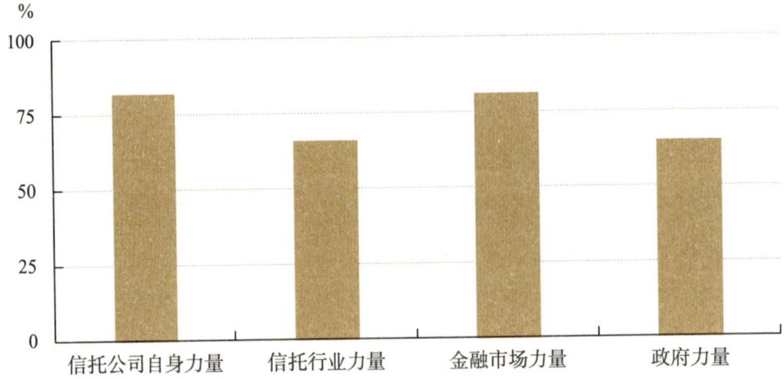

图 4-29　化解信托业风险需要依托的力量

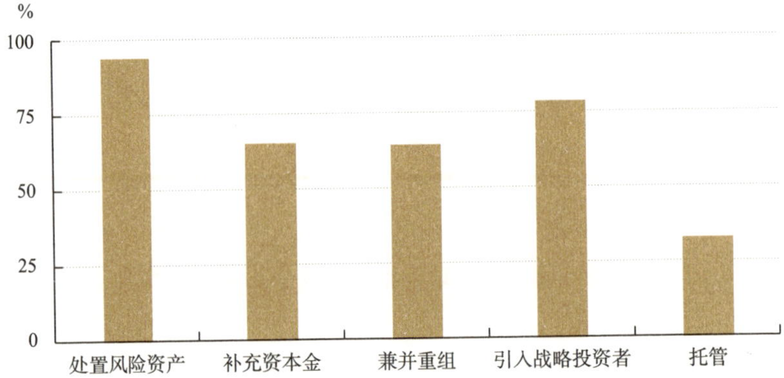

图 4-30　信托公司化解风险的有效手段

化解信托业风险离不开各方主体的共同努力。一方面，信托公司需要发挥自身能动性，沟通协调好监管机构、投资者、交易对手等多方主体，积极寻求化解风险的途径。其中，在市场化处置风险资产的政策支持下，风险资产处置将成为信托公司化解风险的重要手段。信托公司也经常通过引入战略投资者、补充资本金等方式增强公司资本实力，补充流动性，化解信托公司风险。此外，兼并重组、托管也是信托公司化解风险的手段。另一方面，信托风险的化解也需要借助金融市场力量及行业与政府的力量。信托公司的风险资产处置、引入战略投资者等手段都离不开与其他金融机构的协作配合、行业协会的指引及政府的资源整合与政策支持等。

（二）2023年信托公司处置风险资产情况：意愿增加、针对不同类型风险资产采取不同的处置方式

调查结果显示，对于2023年信托公司处置风险资产的意愿，79.03%的受访者选择了有所增强，16.94%的受访者选择了无明显变化，4.03%的受访者选择了有所减弱（见图4–31）。针对不同类型的风险资产，信托公司主要采取的处置方式不尽相同。其中，对于单一资金信托风险资产，选择自行处置、委托人处置、转移给资产管理公司等专业第三方处置的受访者占比分别为25.00%、57.26%、17.74%（见图4–32）。对于集合资金信托风险资产，选择自行处置、信托保障基金公司反委托收购、转移给资产管理公司等专业第三方处置的受访者占比分别为72.58%、6.45%、20.97%（见图4–33）。对于管理财产信托风险资产，选择自行处置、委托人处置、转移给资产管理公司等专业第三方处置的受访者占比分别为30.65%、37.10%、32.26%（见图4–34）。

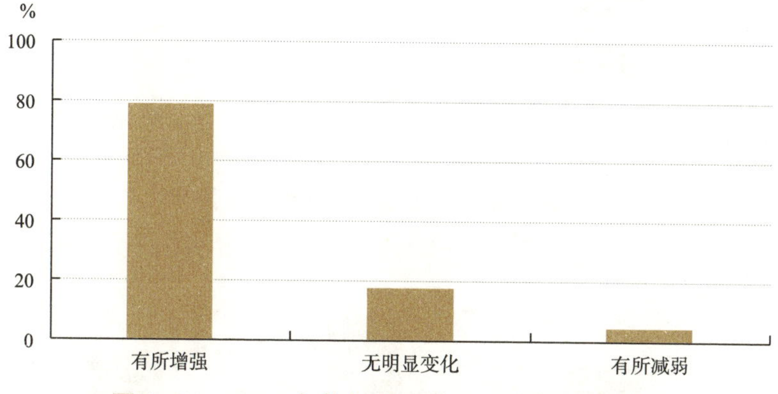

图 4–31 2023 年信托公司处置风险资产的意愿

虽然经济增速下行、新冠肺炎疫情暴发、房地产企业流动性危机等负面影响逐渐减弱，但由于信托业的存量风险尚未完全出清，依然存在风险资产处置的需求。根据2022年问卷调查结果，预计2023年信托公司处置风险资产的意愿将有所增强的观点占比高达79.03%。未来，信托公司对风险资产的处置意愿仍然较强。

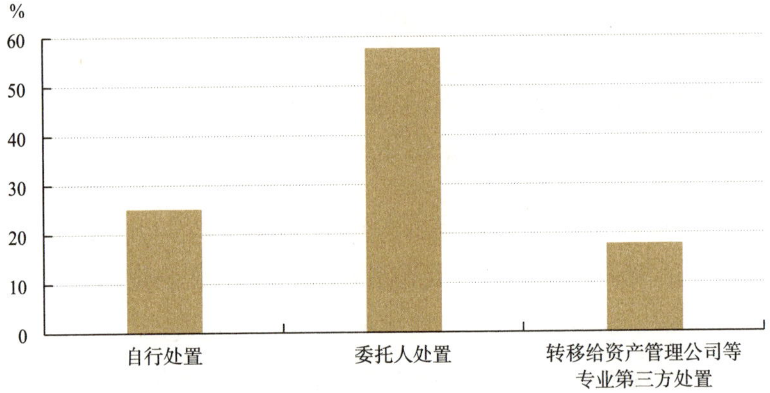

图 4-32 单一资金信托风险资产处置方式

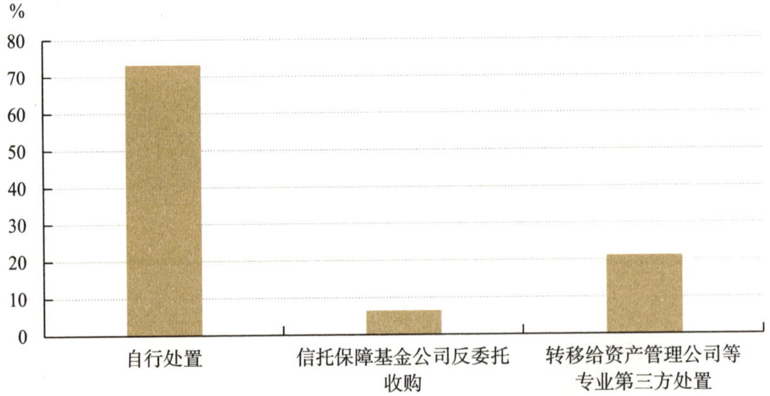

图 4-33 集合资金信托风险资产处置方式

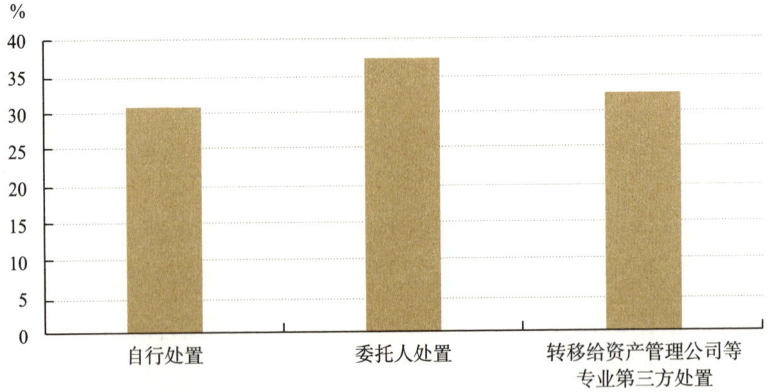

图 4-34 管理财产信托风险资产处置方式

对不同类型的风险资产，信托公司采取了不同的处置方式。在单一资金信托中，委托人往往只有一个，且经常是以银行为代表的机构。信托公司作为受托人对具体项目的管控力较弱，而委托人的管控力则较强。尤其在指定用途的资金信托中，委托人可以指定资金运用方式、资金运用对象，发挥着较为积极甚至是主导的作用。因此，当单一资金信托出现风险资产时，一般多由委托人处置。在集合资金信托中，委托人人数较多，且多为自然人。信托公司往往负责设计集合资金产品的交易结构、制定相关的信托合同，影响着资金运用方式等，发挥着较为主动的作用。因此，当集合资金信托出现风险资产时，一般多由信托公司处置。而在管理财产信托中，虽然信托公司有一定的经营管理权限，但委托人的意愿、资金实力等往往直接影响着信托业务具体的展业方向，且委托人往往具备较强的处置能力，管理财产信托的风险资产更多地由委托人处置。在信托风险资产处置方式上，与2021年调查结果相比，转移给全国性金融资产管理公司等专业第三方处置方式的比重整体提高，尤其是在单一资产信托和管理财产信托中，分别同比提升了10.53%、16.94%。未来，信托公司在信托风险资产处置方式中或将更愿意转移给全国性金融资产管理公司等专业第三方进行处置。

（三）信托公司自行处置风险资产采取的主要措施：司法途径处置资产、变卖抵（质）押物

调查结果显示，对于信托公司自行处置风险资产采取的主要措施，37.90%的受访者选择司法途径处置资产，31.45%的受访者选择变卖抵（质）押物，25.81%的受访者选择信托计划延期，4.84%的受访者选择利用TOT、资金池等模式接盘（见图4–35）。对于影响信托公司选择不同风险资产处置方式的主要因素，92.74%的受访者选择处置周期，80.65%的受访者选择回收率，75.81%的受访者选择行政司法环境，67.74%的受访者选择市场环境，62.90%的受访者选择委托人意愿，59.68%的受访者选择监管因素（见图4–36）。

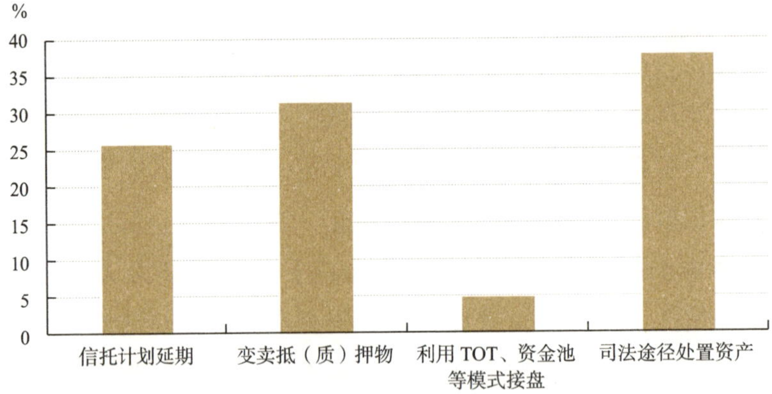

图 4-35　信托公司自行处置风险资产的主要措施

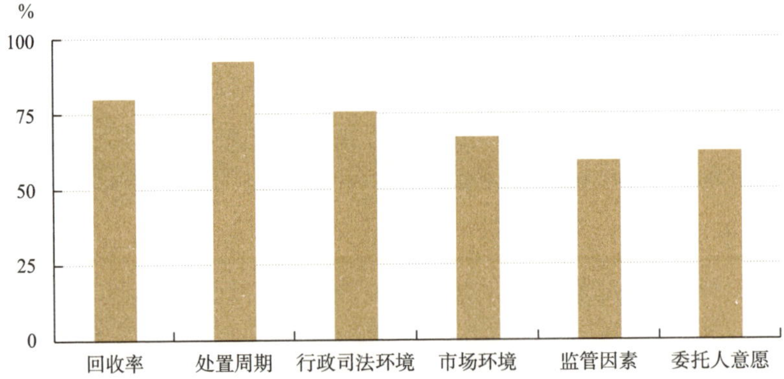

图 4-36　影响信托公司选择不同风险资产处置方式的主要因素

信托公司在提供融资款项时，一般要求融资方提供相关的抵（质）押物。一旦出现违约情况时，信托公司经常选择通过司法途径处置相关担保资产。这种处置方式的优势是合法性较强，但也存在司法流程较长、执行过程不确定性等弊端。信托公司也会选择通过直接变卖担保资产，收回相关融资款项的方式。如果相关的信托项目只是出现暂时性的流动性问题，从长期来看具备还款能力或具备其他还款途径，信托公司也会选择信托计划延期，以此缓解短期的风险。

信托公司在选择风险资产处置的具体措施时需兼顾处置周期、回收率、行政司法环境、市场环境、委托人意愿及监管政策等多种因素。其中，处置周期是影响信托公司选择不同风险资产处置方式的核心要素。回收率则直接影响处置成效，是信托公司考虑采取不同处置措施的重要因素。行政司法环境、市场环境、监管政策是影响信托风险资产处置的外部环境与导向，也影响着信托公司采取不同的处置措施。委托人意愿则是影响信托公司风险资产处置的内在动力，进而影响具体处置措施的选择。

（四）信托公司处置风险资产时完全“打破刚兑”存在的障碍：委托人风险承受能力不足、委托人风险意识不足、声誉损失风险

调查结果显示，对于信托公司处置风险资产时完全“打破刚兑”存在的障碍，各有75%的受访者选择委托人风险承受能力不足和委托人风险意识不足，72.58%的受访者选择声誉损失风险，66.13%的受访者选择社会稳定因素，62.10%的受访者选择丧失客户风险，49.19%的受访者选择业务转型能力弱（见图4–37）。

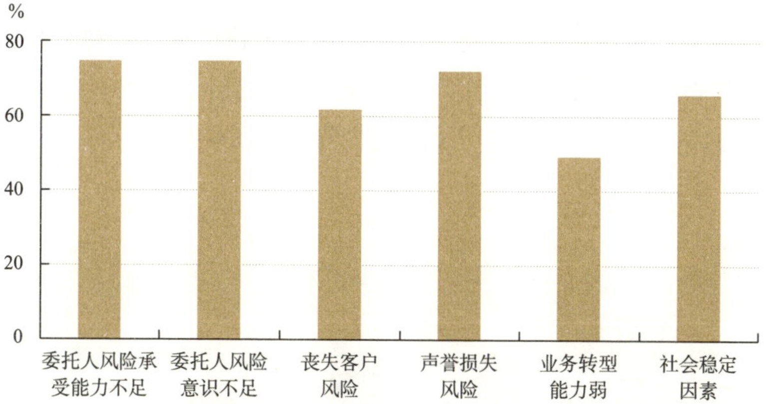

图 4–37 信托公司处置风险资产时完全“打破刚兑”存在的障碍

在“资管新规”等监管政策的要求下，信托产品不断落实净值化、标准化的要求，推进完全“打破刚兑”的目标，真正实现“卖者尽责，买者自负”。目前，距离完全“打破刚兑”还存在一定的障碍。一方面，部分委托人可能受限于承受能力及风险意识不足等因素，未能充分了解并恰当应对信托产品中的相关风险，不能准确辨别投资者权益保护与投资风险承担，囿于

惯性思维认为信托公司、监管机构存在最终支持刚兑的可能；另一方面，部分信托公司可能受制于声誉损失风险、社会稳定因素、损失客户等因素，担心影响后续信托产品发行等，仍在刚性兑付或变相刚性兑付。

虽然信托公司真正实现“打破刚兑”的过程中还存在一定障碍，但完全“打破刚兑”既是监管要求，又是行业发展的必需结果。未来，信托公司一方面需要认真做好适格投资者的筛选工作，甄别具有较强风险承受能力及风险意识充足的投资人；另一方面也要在保护委托人合法权益的基础上，认真尽责做好自己本职工作，避免人为风险所带来的损失，匹配好风险与收益，实现“卖者尽责、买者自负”，以保证信托业真正实现转型发展，提升服务实体经济质效。

（五）信托公司与专业机构合作处置风险资产的措施：向专业机构直接转让资产、委托专业机构处置资产

调查结果显示，对于信托公司与专业机构合作处置风险资产时更倾向采取的措施，78.23%的受访者选择向专业机构直接转让资产，74.19%的受访者选择委托专业机构处置资产，65.32%的受访者选择向SPV转让资产，52.42%的受访者选择信托保障基金公司反委托收购（见图4–38）。

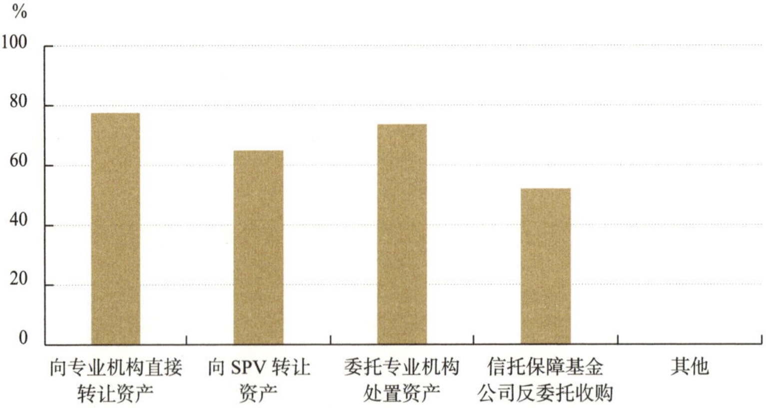

图 4–38　信托公司与专业机构合作处置风险资产时采取的措施

根据合作处置通知，信托公司主要探索以下处置模式：一是向专业机构直接转让资产，即专业机构购买风险资产后，独立或合作处置信托风险资产。二是向特殊目的载体（SPV）转让资产，即信托公司通过SPV方式整合专业机构的资金、人才等，合作处置风险资产。三是委托专业机构处置资产，即信托公司委托专业机构处置风险资产。四是信托保障基金公司反委托收购，即信托保障基金公司先购买风险资产，再委托信托公司管理、处置。五是其他处置措施。直接转让资产、委托处置资产可以缩短处置周期和适当地保证回收率，仍是最主要的处置措施。随着《信托业保障基金和流动性互助基金管理办法（征求意见稿）》《关于引导金融资产管理公司聚焦主业积极参与中小金融机构改革化险的指导意见》等监管政策出台，信托公司与信托保障基金公司、资产管理公司合作力度将进一步加大、合作处置的措施将更加多元和创新。

（六）资产管理公司与信托公司具体的业务合作机会：风险资产收购处置业务、信托公司间兼并重组业务

调查结果显示，对于未来信托公司与资产管理公司合作处置风险资产的机会，87.10%的受访者认为将有所增加，12.10%的受访者认为将无明显变化，0.81%的受访者认为将有所减少（见图4-39）。对于信托公司与资产管理公司合作处置风险资产的最大阻碍，49.19%的受访者选择合作处置收益分歧，22.58%的受访者选择合作处置效率，各有13.71%的受访者选择合作处置措施分歧及合作处置意愿较弱，0.81%的受访者选择其他（见图4-40）。对于资产管理公司与头部信托公司具体业务合作机会，选择风险资产收购处置业务、信托公司间兼并重组业务、信托公司托管业务的受访者占比分别为73.39%、22.58%、4.03%（见图4-41）；对于资产管理公司与中部信托公司具体业务合作机会，选择风险资产收购处置业务、信托公司间兼并重组业务、信托公司托管业务的受访者占比分别为62.90%、25.81%、11.29%（见图4-42）；对于资产管理公司与尾部信托公司具体业务合作机会，选择风险资产收购处置业务、信托公司间兼并重组业务、信托公司托管业务的受访者占比分别为24.19%、28.23%、47.58%（见图4-43）。

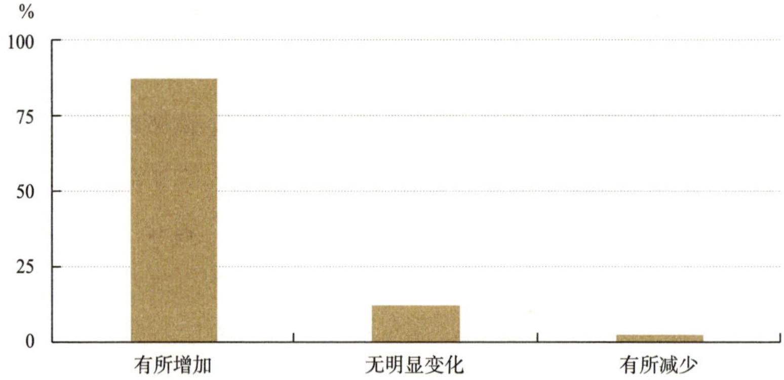

图 4-39　未来信托公司与资产管理公司合作处置风险资产的机会

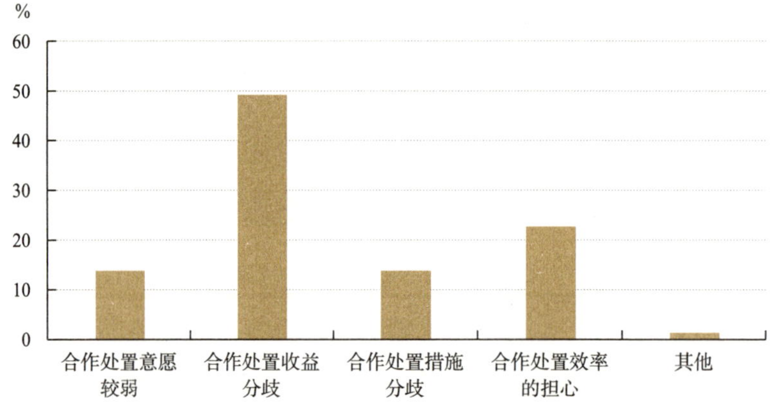

图 4-40　信托公司与资产管理公司合作处置风险资产的最大阻碍

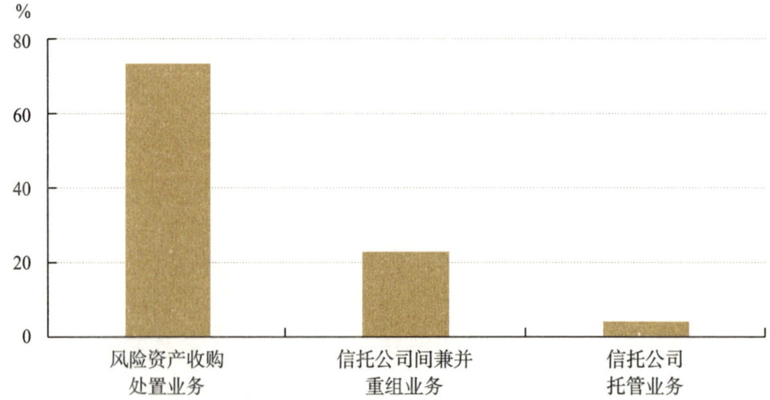

图 4-41　资产管理公司与头部信托公司具体业务合作机会

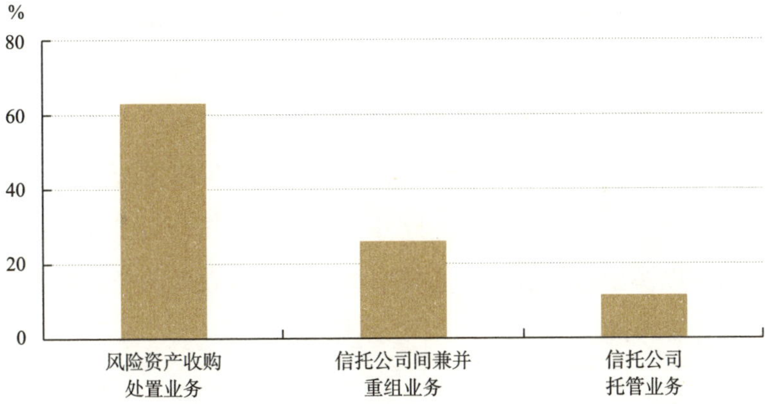

图 4-42　资产管理公司与中部信托公司具体业务合作机会

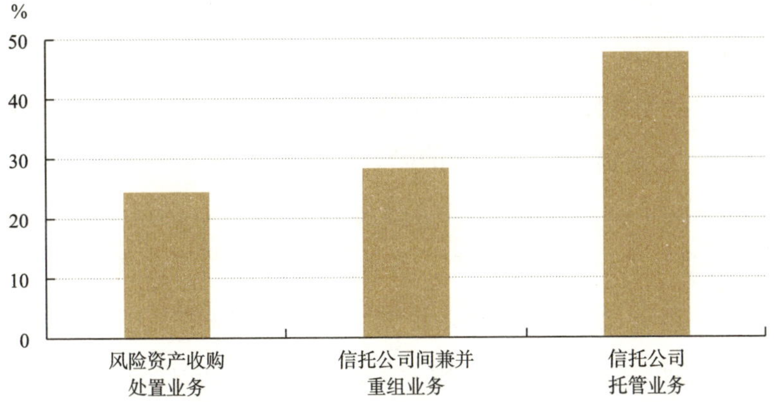

图 4-43　资产管理公司与尾部信托公司具体业务合作机会

在监管政策引导下，合作处置信托业风险资产的情况越发常见。其中，信托公司与资产管理公司合作处置风险资产的机会也随之增多。信托公司处置风险资产时比较关注处置周期及处置收益率，在与资产管理公司合作处置风险资产时的阻碍主要集中在处置收益分歧和合作处置效率两个方面。与2021年调查结果相比，2022年受访者认为合作处置收益分歧是最大阻碍因素的占比提升了7.75个百分点。未来，信托公司与资产管理公司若要扩大风险资产的处置合作，需进一步明确各方收益，减少处置权益分歧。

对于盈利能力尚可、风险资产可控的头部信托公司与中部信托公司，可以与资产管理公司开展合作，将自身无力处置的风险资产直接出售，减少资金占用等问题，快速回笼资金。资产管理公司还可以为信托公司自行处置风险资产提供资产定价、处置策略咨询等服务。而对于盈利能力一般、风险资产可能较多的尾部信托公司，资产管理公司除了采取风险资产收购处置、处置服务等合作，还可以利用投行化工具，联合信托保障基金公司，促成信托公司的兼并重组、实质性重组等。此外，若个别信托公司出现严重危机，资产管理公司可以协助监管机构，凭借中小金融机构救助的经验和工具，参与出险公司的托管救助。

（七）信托公司与资产管理公司合作处置风险资产的具体业务类型：集合资金信托、房地产信托、资产管理信托

调查结果显示，对于信托公司与资产管理公司合作处置风险资产的业务类型，按照资金来源划分，69.35%的受访者选择集合资金信托，16.94%的受访者选择单一资金信托，13.71%的受访者选择管理财产信托（见图4-44）；按照投向划分，81.45%的受访者选择房地产，8.87%的受访者选择基础产业，4.84%的受访者选择工商企业，各有2.42%的受访者选择证券市场和金融机构（见图4-45）；按照业务分类新规划分，79.03%的受访者选择资产管理信托，17.74%的受访者选择资产服务信托，3.23%的受访者选择公益/慈善信托（见图4-46）。

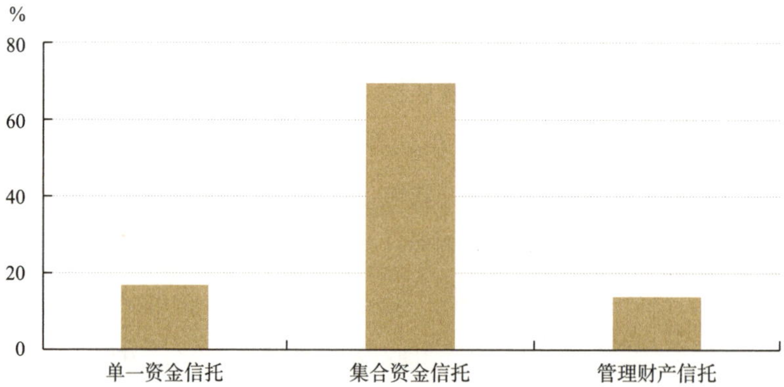

图 4-44　信托公司与资产管理公司合作处置风险资产的业务类型：按资金来源划分

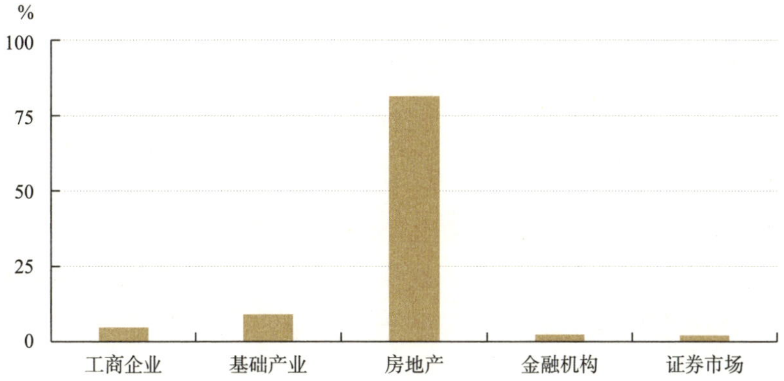

图 4-45　信托公司与资产管理公司合作处置风险资产的业务类型：按投向划分

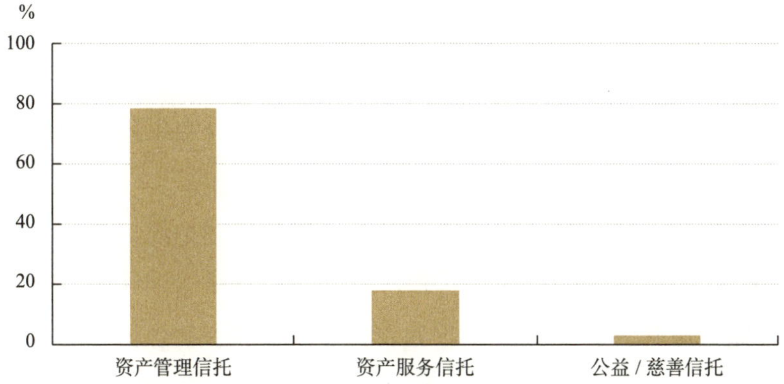

图 4-46　信托公司与资产管理公司合作处置风险资产的业务类型：按业务分类新规划分

在监管政策的引导下，信托公司与资产管理公司强化合作处置风险资产逐渐成为趋势。合作处置的主要风险资产业务类型在资金来源上体现为集合资金信托。根据中国信托业协会数据，截至2022年第三季度末，集合资金信托的资金规模仍保持增长，占比超过50%。在不断扩大的资金规模基础上，相关资产出险的可能性也相应提高。而且，信托公司在集合资金信托中主导资金运用、具体投向，在风险资产处置时也肩负主导责任，能够也愿意与资产管理公司合作处置。信托公司与资产管理公司合作处置风险资产的业务类型在投向上体现为房地产信托。根据用益金融信托研究院的统计数据，截至目前，房地产信托是违约产品中最主要部分。而自

"金融16条"出台后，房地产行业合理融资需求获得政策支持，行业短期内以防控风险为主。信托公司存在房地产信托存量风险化解和保交楼的需求，有意愿与资产管理公司合作处置涉房风险资产。依据业务分类新规，信托公司与资产管理公司合作处置风险资产的业务类型上体现为资产管理信托。资产管理信托业务主要涉及投资类信托，这对信托公司主动管理能力等方面提出了更高的要求，且受到市场不确定因素的影响也相对较大。信托公司倘若投资不当，容易产生风险资产，需与资产管理公司加强合作。

六、小结

通过对信托业从业人员进行问卷调查，并对调查结果进行统计分析，主要得出以下结论：

信托业回归本源、转型升级已取得初步成效。调查结果显示，多数受访者认为2023年新增信托业务规模将基本持平。多数受访者认为，未来信托公司展业方向主要是集合资金信托业务、投资类业务、证券市场业务、资产服务信托业务。目前，信托公司主要优势仍是牌照、专业能力与资源优势等。同时，信托公司的主要竞争对手仍然是银行理财子公司。未来，信托公司的转型方向将可能是综合金融服务机构、特色服务机构。

信托业的发展受到内外部两个方面因素的影响。调查结果显示，多数受访者认为影响信托公司发展的主要外部因素包括监管政策、经济形势及所处的行业转型发展必经阶段。其中，在监管政策方面，"资管新规"、业务分类新规对信托公司影响较大。多数受访者认为影响信托公司发展的主要内部因素包括主动管理能力、业务风险管控能力、业务创新能力与数字化转型能力。其中，在主动管理能力中，资产配置能力、投研能力、风险管控能力及净值化运营管理能力是亟须提高的部分。未来，信托公司应扎实提升主动管理能力，加速回归信托本源，服务实体经济，回应民众生活需要。

信托业风险虽在暴露，整体却出现下降趋势。调查结果显示，多数受访者认为2022年信托资产实际风险率在5%以上。多数受访者预计2023年信托业整体风险将下降，具体体现在：虽然受房地产市场等影响，存量信托业务风险或将上升，但新增信托业务风险或将降低。多数受访者认为现阶段引发信托业风险集中爆发的主要因素是经济下行、监管趋严及新冠肺炎疫情影响。其中，严监管政策对信托业的主要影响包括通道类和融资类业务受限、行业资产规模缩减、业务转型风险加剧等。多数受访者预计2023年信托公司的风险资产规模将会降低，而集合资金信托、融资类信托、房地产信托、资产管理信托将是持续爆发风险的业务类型。多数受访者认为信托公司应通过提升主动管理能力、快速处置风险资产、加速业务转型等措施增强自身抵御风险的能力。

信托业面临愈加紧迫的风险处置任务，亟须拓展多元化处置方式。调查结果显示，多数受访者认为2023年化解信托业风险既要发挥信托公司自身力量，又要合理借助金融市场力量及行业与政府的力量。信托公司化解风险的有效手段主要包括处置风险资产、引入战略投资者等。多数受访者预计2023年信托公司处置风险资产的意愿将有所增强。信托公司在处置风险资产时，针对不同类型的风险资产采取不同的处置方式，其中，针对单一资金信托风险资产，多数受访者选择由委托人处置；针对集合资金信托风险资产，多数受访者选择由信托公司自行处置；针对管理财产信托风险资产，多数受访者选择由委托人处置。当由信托公司处置风险资产时，多数受访者认为主要的处置措施是通过司法途径处置、变卖抵（质）押物，选择不同处置措施的影响因素包括处置周期、回收率、行政司法环境等。在原有业务模式下，信托公司在项目出现风险时可能利用非标资金池等模式接盘，以此刚性兑付。在现阶段，多数受访者认为信托公司处置风险资产时完全“打破刚兑”还存在声誉损失风险、委托人风险承受能力不足及委托人风险意识不足等现实障碍。多数受访者认为资产管理公司与信托公司具体的业务合作机会包括风险资产收购处置业务、信托公司间兼并重组业务。就信托公司与专业机构合作处置风险资产的措施而言，多数受访者认为主要包括直接转让资产、委托处置资产等。对于未来信托公司与资产管理公司合作处置风险资产的机会，大多数受访者认为将会有所增加。对于信托公司与资产管理公司合作处置的最大阻碍，多数受访者认为是合作处置收益分歧和处置效率。信托公司与资产管理公司合作处置风险资产的具体业务类型，多数受访者认为是集合资金信托、房地产信托、资产管理信托。

第五部分

中介机构（含投资人）观点

2022年，在经济下行压力加大、新冠肺炎疫情多点散发及部分领域风险加速暴露的背景下，不良资产规模持续多增，处置难度进一步上升，风险防控形势更加复杂严峻。律师事务所、资产评估事务所和不良资产服务商（含投资人）等中介机构凭借专业优势，积极开展不良资产风险识别、价值评估、信息沟通、销售渠道拓展等业务，在资产管理公司发挥金融体系“稳定器”功能的过程中，提供了不可或缺的专业服务，是不良资产市场的重要参与主体。2023年，我国经济发展面临的困难挑战很多，金融市场环境更为错综复杂，金融严监管、防风险的趋势将延续，不良资产规模仍有可能持续扩大。本部分通过对中介机构从业人员进行问卷调查，从第三方视角对不良资产市场的发展现状及前景进行研判，为资产管理行业实现高质量发展提供相应参考。

一、受访者概况

本次调查共回收有效问卷122份，受访者主要是律师事务所、资产评估事务所和不良资产服务商（含投资人）中具有较长时间相关工作经验的业务骨干，他们的判断能够客观真实地反映我国不良资产市场第三方服务机构的业务开展情况，并提供相对独立的观点及市场预测。从受访者所在的机构类型来看，46.72%的受访者来自律师事务所，25.41%的受访者来自资产评估事务所，27.87%的受访者来自不良资产服务商（含投资人）（见图5-1）。

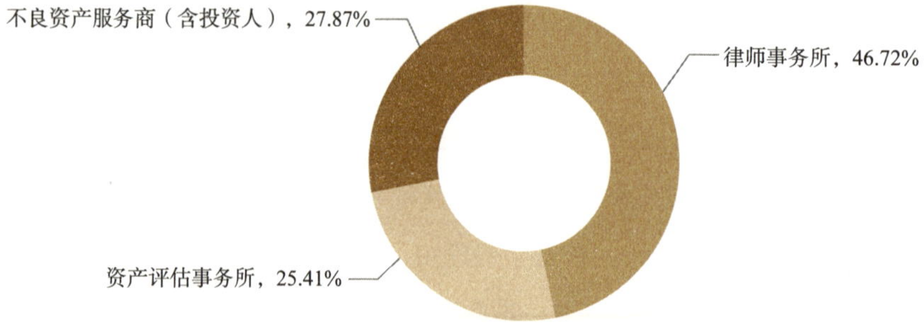

图 5-1　受访者所在机构类型

从受访者工作地点所在区域来看，华东地区和西南地区的受访者居多，两地受访者合计占比为46.72%；其次为华北地区和华南地区，受访者占比均为15.57%；华中地区、西北地区、东北地区的受访者占比分别为9.84%、6.56%和5.74%（见图5-2）。

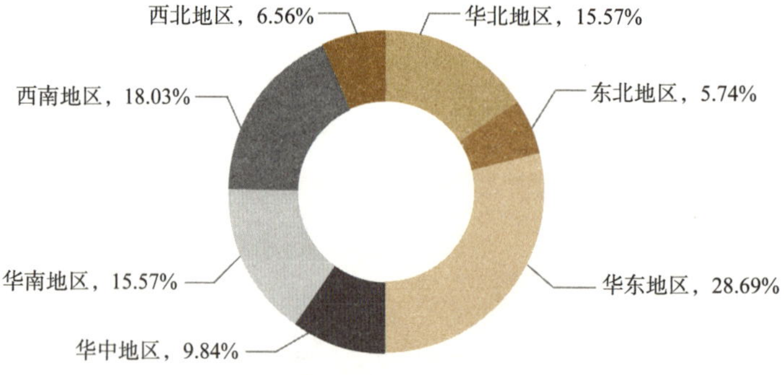

图 5-2　受访者工作地点所在区域分布

二、中介机构（含投资人）参与不良资产市场情况

在不良资产市场中，律师事务所、资产评估事务所及不良资产服务商（含投资人）等各类中介机构，通过充分发挥专业优势积极展业，对于畅通信息、提高资源配置效率、推动交易流程顺利进行等起到了重要作用。

（一）与2021年相比，受访者所在机构2022年从事不良资产中介服务的业务规模：小幅扩张

调查结果显示，31.97%的受访者认为所在机构2022年从事不良资产中介服务的业务规模小幅扩张，27.05%的受访者认为小幅收缩，24.59%的受访者认为无明显变化，还有13.11%的受访者认为业务规模大幅收缩，3.28%的受访者认为大幅扩张。其中，律师事务所的受访者倾向于业务规模小幅扩张（45.61%），而资产评估事务所和服务商（含投资人）的受访者认为业务规模小幅收缩的占比相对较高，分别为45.16%和29.41%，在服务商（含投资人）的受访者中，有26.47%的受访者认为业务规模大幅收缩，显著高于其他两类受访者（见图5-3）。

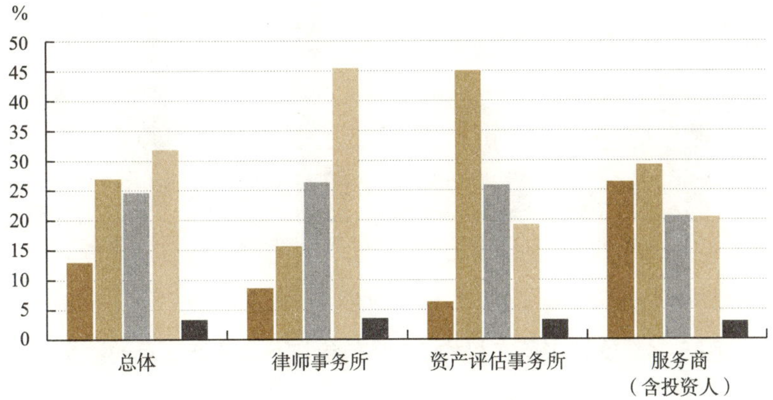

图 5-3　受访者所在机构 2022 年从事不良资产中介服务的业务规模

2022年，资产管理公司积极联合各方力量加快市场风险化解，在纾困房地产企业、参与中小金融机构改革化险、助力中央企业和国有企业主辅剥离、化解债券违约风险等方面积极作为，推动存量资产盘活，促进投融资良性循环，客观上也增加了对不良资产中介服务的市场需求。2022年前三个季度，银行业金融机构共处置不良资产2.14万亿元，同比多处置1929亿元。总体来看，2022年银行业不良资产处置稳步推进，金融领域一批突出的风险点得到有效化解，不良资产中介服务业务规模小幅扩张。

（二）与2021年相比，受访者所在机构2022年参与不良资产项目的数量：小幅增多

调查结果显示，33.61%的受访者认为所在机构2022年参与不良资产项目的数量小幅增多，26.23%的受访者认为小幅减少，18.85%的受访者认为无明显变化，另有16.39%和4.92%的受访者认为大幅减少和大幅增多。其中，三类受访者的观点出现一定分歧，律师事务所的受访者倾向于项目数量小幅增多（43.86%），资产评估事务所的受访者倾向于小幅减少（45.16%），服务商（含投资人）的受访者倾向于大幅减少（35.29%）（见图5-4）。

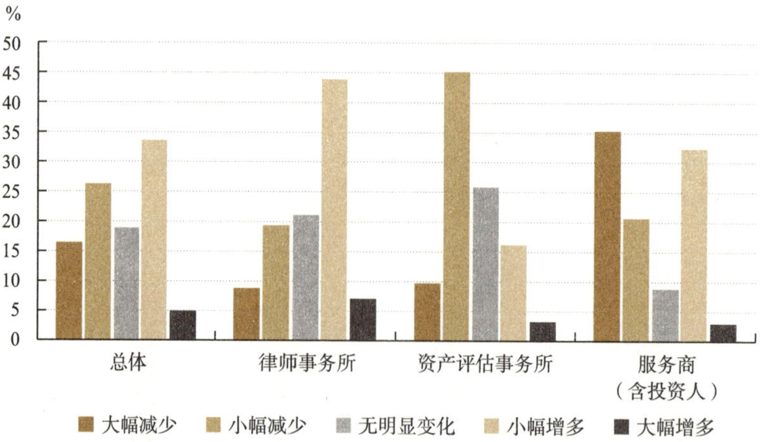

图 5-4　受访者所在机构 2022 年参与不良资产项目的数量

分地区来看，华南地区和西南地区有近50%的受访者认为所在机构参与不良资产项目的数量有所增多，而华东地区和西北地区有近50%的受访者认为项

目数量有所减少。造成上述分化现象与各地区的市场特征存在一定联系。2022年前三个季度，华南地区银行业金融机构不良资产处置压力有所提升，西南地区一级市场资产包呈现零散化、碎片化的特点，随着东部沿海地区投资主体开始进入，二级市场开始形成规模。华东地区一级市场推包规模总体保持相对平稳，但国有大型商业银行推包规模持续减少，西北地区不良资产市场规模总体偏小，金融机构及实体企业处置不良资产的意愿不强。整体来看，2022年监管机构要求商业银行前瞻性应对信贷资产质量劣变风险，鼓励银行机构加大不良资产处置力度，加快推进中小金融机构改革化险工作。不良资产市场供给总量延续增多趋势，但结构上有所变化，国有大型商业银行、股份制银行不良资产出包量的占比呈下降趋势，城市商业银行、农村商业银行不良资产出包量呈上升趋势，后者更倾向于出让小型资产包，带动中介机构业务项目数量小幅增多。

（三）与2021年相比，受访者所在机构2022年参与不良资产业务的市场竞争局面：小幅加剧

调查结果显示，52.46%的受访者认为所在机构2022年参与不良资产业务的市场竞争局面有所加剧，其中41.80%的受访者认为是小幅加剧，10.66%的受访者认为是大幅加剧；32.79%的受访者认为无明显变化；14.76%的受访者认为有所减弱。三类受访者的观点分布大体一致（见图5-5）。

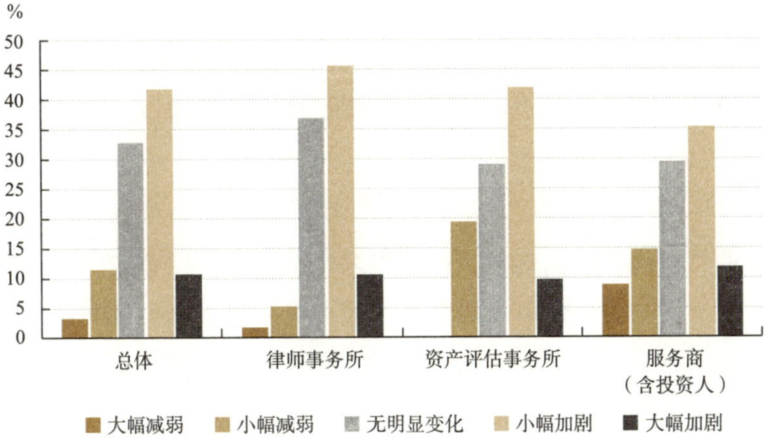

图5-5 受访者所在机构2022年参与不良资产业务的市场竞争局面

与上一年调查结果相比，持“无明显变化”观点的受访者占比从36.22%降至32.79%，持“小幅加剧”观点的受访者占比从33.86%升至41.80%。分地区来看，西南地区和华东地区超过五成的受访者均认为竞争有所加剧，各地区认为竞争有所减弱的受访者占比均不足三成。中介机构提供的服务具有一定同质性，近年来随着机构数量增多和中介服务技术手段的更新迭代，市场竞争日趋激烈。但是，目前很多中介机构之间的竞争不是执业质量的竞争，而是集中在价格方面，竞相压价、恶性竞争给中介机构带来很大的风险隐患。未来，随着不良资产市场的创新发展，企业信誉、高素质人才及综合业务能力欠缺的中介机构或将面临严峻的经营挑战。

（四）受访者所在机构2022年提供不良资产中介服务最大的困难：行政司法环境有待进一步改善、项目情况复杂难以实现充分尽调、债务人配合度不够

调查结果显示，受访者普遍认为所在机构2022年提供不良资产中介服务面临的最大困难是行政司法环境有待进一步改善、项目情况复杂难以实现充分尽调、债务人配合度不够（占比分别为68.03%、68.03%和62.30%），18.03%的受访者认为是监管环境趋严，16.39%的受访者认为是投资人配合度不够，12.30%的受访者认为是团队专业化程度有待提升，另有7.38%的受访者选择了其他因素。其中，律师事务所和服务商（含投资人）的受访者更倾向于行政司法环境有待进一步改善（占比分别为82.46%和79.41%），而资产评估事务所的受访者的观点主要集中于项目情况复杂难以实现充分尽调（占比高达96.77%）（见图5-6）。

与上一年调查结果相比，受访者认为项目情况复杂难以实现充分尽调仍然是其业务开展过程中面临的主要困难之一。疫情管控叠加债务人配合度较低、抵（质）押物价值难以准确测算、债权债务纠纷复杂等因素一直是困扰中介机构业务顺利开展的主要因素。同时，受访者对行政司法环境有待进一步改善的认可度较上年明显提升，一方面目前各地司法处置效率参差不齐，部分法律法规有待进一步完善；另一方面由于疫情后市场环境相对低迷，不

良资产存在总量多、增量多等情况，依靠法律手段是处置不良资产的重要方法，但司法资源有限导致的立案时间较长、诉讼成本较高等问题，客观上提高了律师等中介机构业务开展的难度。

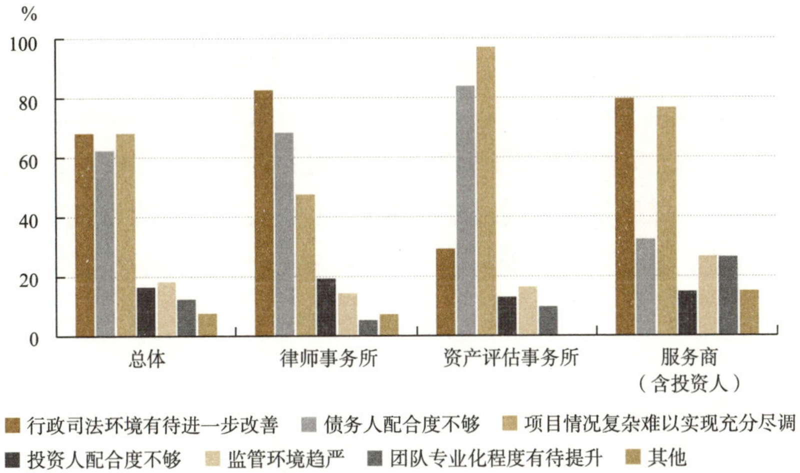

图 5-6　受访者所在机构 2022 年提供不良资产中介服务最大的困难

（五）受访者所在机构2022年参与不良资产项目的失信主体主要集中的行业：房地产业、制造业

调查结果显示，72.13%的受访者认为所在机构2022年参与不良资产项目的失信主体主要集中于房地产业，57.38%的受访者认为是制造业，31.15%的受访者认为是批发零售业，28.69%的受访者认为是建筑业，19.67%的受访者认为是租赁和商务服务业，认为是采矿冶炼业、农林牧渔业、文化旅游服务业和金融业的受访者占比分别为14.75%、13.11%、10.66%和6.56%。其中，律师事务所和资产评估事务所的受访者更倾向于房地产业，而服务商（含投资人）的受访者相对集中于制造业（见图5-7）。

随着我国人口规模、城市化率到达拐点，叠加人口老龄化加速、棚改任务基本完成等因素，我国新建住房闲置率上升，在监管趋严、评级下调及再融资受困的背景下，房地产企业原有的高杠杆经营模式难以为继，出现流动性困难、债务违约等成为普遍现象。2022年，房地产业多项指标都呈下滑趋势，全国商品住宅销售面积为13.58亿平方米，同比下降24.3%；销售金额为13.33万亿元，同比下降26.7%；新开工面积为12.06亿平方米，同比下降39.4%。2022年，外部需求走弱、国内疫情反复等多重因素对我国制造业造成了较大的负面影响，制造业需求端和生产端同时受到冲击，全年PMI指数震荡下行，多次位于荣枯线之下，制造业企业面临收缩压力。2022年7月，中国银保监会发布《关于进一步推动金融服务制造业高质量发展的通知》（银保监办发〔2022〕70号），要求银行保险机构要进一步加强内控合规建设和全面风险管理，鼓励依法合规通过核销、转让等方式，加大制造业企业不良贷款处置力度，有序退出“僵尸企业”。未来，制造业落后产能还将进一步出清。

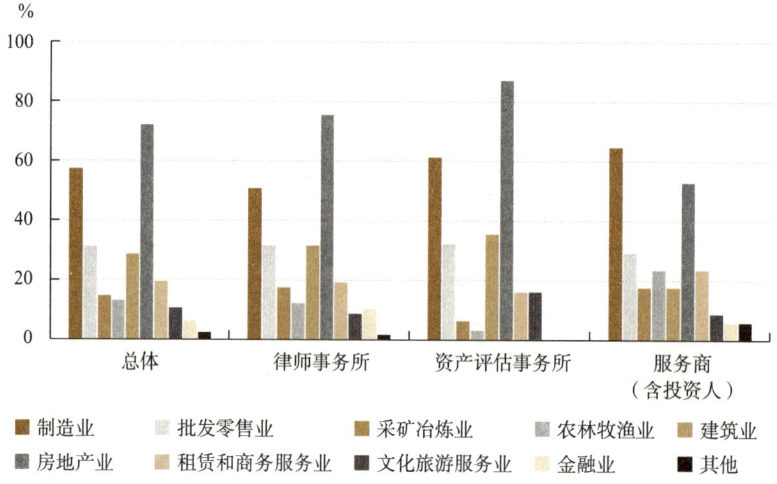

图 5-7　受访者所在机构 2022 年参与不良资产项目的失信主体主要集中的行业

（六）受访者所在机构2022年参与中小金融机构风险资产项目主要集中的类型：本金或利息等权益已逾期90天以上的资产

调查结果显示，44.26%的受访者认为所在机构2022年参与中小金融机构风险资产的项目类型主要是本金或利息等权益已逾期90天以上的资产，20.49%的受访者认为是债务人已进入破产程序的项目，13.11%的受访者认为是因疫情影响延期还本付息后再次出现逾期的资产或相关抵债资产，3.28%

的受访者认为是债务人在公开市场发债已出现违约的资产，2.46%的受访者认为是债委会项目，另有16.39%的受访者尚未参与相关项目。其中，服务商（含投资人）的受访者观点相对集中，参与本金或利息等权益已逾期90天以上的资产项目的受访者占比超过50%（见图5-8）。

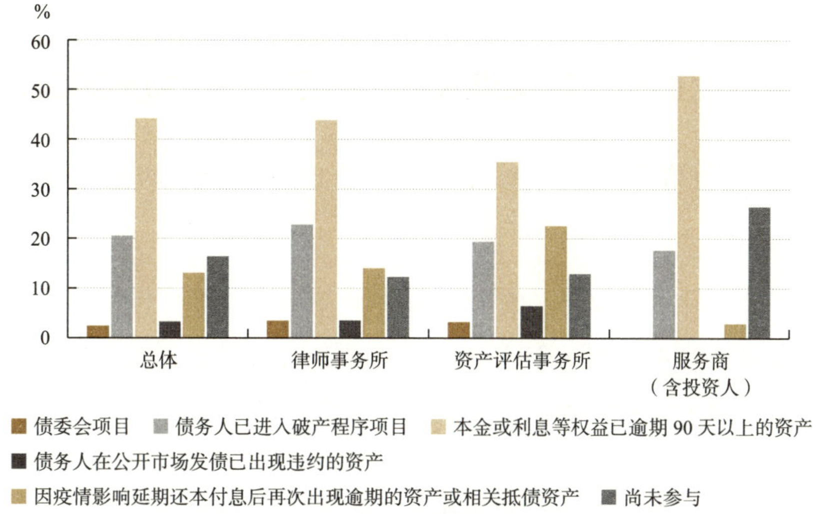

图 5-8　受访者所在机构 2022 年参与中小金融机构风险资产项目主要集中的类型

2022年6月，中国银保监会发布《关于引导金融资产管理公司聚焦主业积极参与中小金融机构改革化险的指导意见》（银保监办发〔2022〕62号），将五类风险资产纳入资产管理公司收购范围。资产管理公司收购范围扩充对中小银行等金融机构而言，有助于其释放更大的信贷空间；对资产管理公司而言，有利于其调节存量资产结构，平衡自身经营风险，同时提高其化解金融风险的能力和效率；对整个金融市场而言，可以增加不良资产市场供给，前置风险化解，防止风险进一步扩散蔓延。

2022年4月30日，中国银保监会发布《商业银行金融资产风险分类暂行办法（征求意见稿）》，明确规定金融资产逾期后应至少归为关注类，逾期90天以上应至少归为次级类，逾期90天以上的债权，即使抵押担保充足，也应归为不良。截至第三季度末，商业银行关注类贷款规模为4.02万亿元，同比增长6%，规模与占比明显上升，目前城市商业银行、农村商业银行等中小银行资产质量承压，预计关注类下迁至次级类的规模较大，潜在不良资产面临较大增长压力。在未来一段时间内，分类趋严倒逼银行提高风险管理的积极性和主动性，本金或利息等权益已逾期90天以上的资产或仍将是资产管理公司参与中小金融机构风险资产项目的主要类型。

三、中介机构（含投资人）对不良资产市场形势的判断

（一）受访者预计2023年金融机构推出不良资产的整体质量：观点分化

调查结果显示，32.79%的受访者预计2023年金融机构推出不良资产的整体质量将小幅上升，31.15%的受访者预计整体质量与2022年相比无明显变化，30.33%的受访者预计整体质量将小幅下降，4.10%的受访者预计整体质量将大幅上升，还有1.64%的受访者预计整体质量将大幅下降。三类受访者观点有所分化，律师事务所的受访者更倾向于预计小幅上升（47.37%），资产评估师事务所的受访者更倾向于预计小幅下降（38.71%），而服务商（含投资人）的受访者则更倾向于预计无明显变化（47.06%）（见图5-9）。

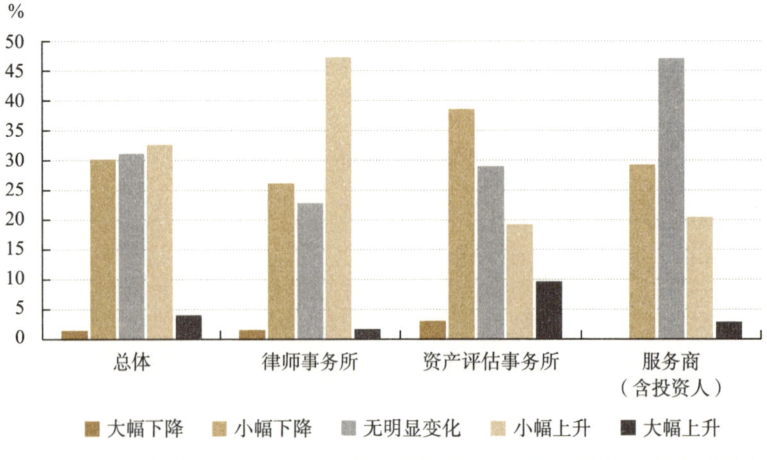

图 5-9　受访者对 2023 年金融机构推出不良资产整体质量的判断

分地区来看，华北地区、华中地区、西南地区和西北地区的受访者认为2023年金融机构推出不良资产的整体质量将有所改善，东北地区的受访者倾向于资产质量有所下降，华东地区的受访者认为与2022年相比无明显变化，华南地区预计有所改善的受访者占比和有所下降的受访者占比相持平。近年来，受新冠肺炎疫情和经济下行压力的影响，银行业经营环境复杂严峻，但得益于不良资产处置力度的加大和手段的丰富，2022年银行资产质量总体保持稳健态势，信贷结构显著改善，拨备覆盖率环比上升，风险抵补能力有所增强。截至第三季度末，42家上市银行中有15家不良贷款率降至1%以内，31家银行不良贷款率较2021年末有所下降。随着疫情防控调整及经济复苏，预计2023年商业银行等金融机构的资产质量整体可控，但同时，不同区域及机构间的资产质量分化现象仍将持续存在，经济发达地区的商业银行资产质量依旧延续总体向好态势，而部分经济承压、存量风险较高地区内尾部金融机构资产质量劣变的风险需加以关注。

（二）受访者预计2023年信用风险暴露较为突出的行业：房地产业、制造业、建筑业

调查结果显示，80.33%的受访者预计2023年信用风险暴露较为突出的行业将是房地产业，42.62%的受访者预计是制造业，40.98%的受访者预计是建筑业，25.41%的受访者预计是文化旅游服务业，23.77%的受访者预计是租赁和商务服务业，22.95%的受访者预计是批发零售业，还有13.93%、9.84%和4.92%的受访者预计是金融业、采矿冶炼业和农林牧渔业。三类受访者的观点都较为集中，选择房地产业的受访者占比均超过70%（见图5-10）。

截至2022年第三季度末，全国主要金融机构（含外资）房地产贷款余额为53.3万亿元，占金融机构本外币贷款总量的24.61%，国有大型商业银行和股份制商业银行房地产贷款不良率显著高于我国商业银行平均不良贷款率1.66%的水平。房地产业面临长期趋势调整和短期流动性困境的双重挑战，加之行业链条长、涉及面广，行业风险对上下游行业经营和就业都造成了严重冲击，相关风险仍有待进一步出清。

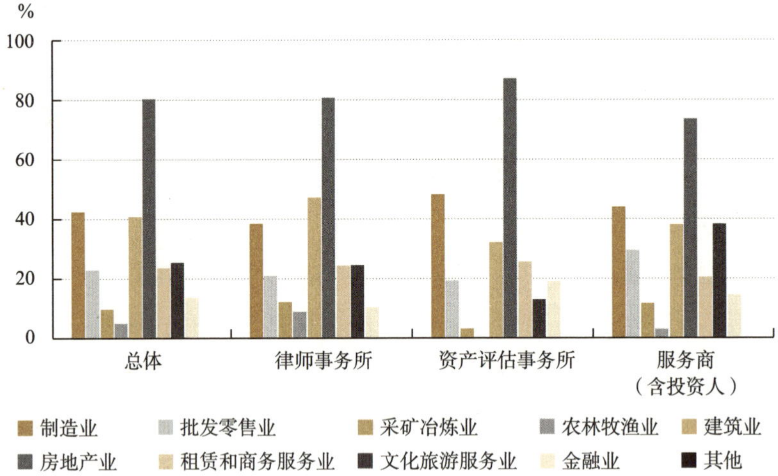

图 5-10 受访者对 2023 年信用风险暴露较为突出行业的判断

制造业细分行业较多，近年来受国际贸易环境不确定性增强、国内经济下行压力加大等因素的影响，制造业整体增速放缓，企业经营状况有所承压，尤其是规模较小、担保物较少、稳定性和抗风险能力较弱的制造型企业，经营风险有所上升。尽管《国务院关于印发扎实稳住经济一揽子政策措施的通知》（国发〔2022〕12号）、《中国银保监会办公厅关于进一步推动金融服务制造业高质量发展的通知》（银保监办发〔2022〕70号）等政策均鼓励商业银行等金融机构继续按市场化原则对中小微企业实施延期还本付息，但本轮延期还本付息日期原则上不超过2022年末。随着疫情管控放开及延期政策到期，加之全球产业链调整，部分行业或企业的信用风险仍需重视。

（三）受访者预计2023年零售类批量转让资产包折扣率水平：稳中趋降

调查结果显示，38.52%的受访者预计2023年零售类批量转让资产包折扣率水平将无明显变化，31.15%的受访者预计将总体下行，10.66%的受访者预计将总体上行，还有19.67%的受访者预计将分化加剧。其中，律师事务所和服务商（含投资人）的受访者的观点分布大体一致，持无明显变化观点的受访者相对较多（42.11%和38.24%），而在资产评估事务所的受访者中，预计折扣率水平将总体下行的占比超过五成（见图5-11）。

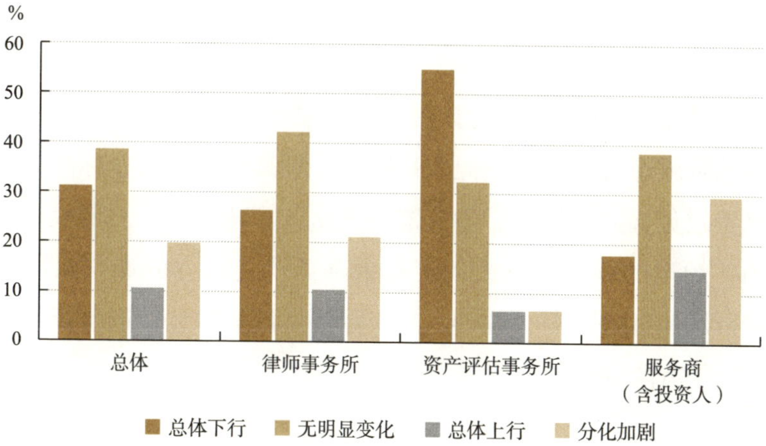

图 5-11　受访者对 2023 年零售类批量转让资产包折扣率水平的判断

2021年初，中国银保监会印发《中国银保监会办公厅关于开展不良贷款转让试点工作的通知》（银保监办便函〔2021〕26号），准予18家全国性商业银行试点开展零售不良贷款批量转让业务。试点初期，为响应个人贷款试点政策，快速摸清个人贷款处置流程，个人贷款不良资产市场竞争尤为激烈，部分资产包成交价格溢价过高，交易价格远超市场预期。随着市场供应增多，个贷资产包成交价格逐渐回落。2022年，个人贷款不良资产包挂牌数量较2021年增长近240%，平安银行、光大银行、广发银行等转让主体推包速度也明显提升。在价格方面，2022年第三季度以来，个人贷款资产包价格回落明显，部分资产包以起拍价格成交，资产包流拍现象时有发生，市场逐渐回归理性。

从供给端来看，受宏观经济环境影响，银行个人零售业务受到一定冲击，上市商业银行2022年半年报披露的数据显示，在22家完整收录数据的银行中，20家银行的个人贷款不良率较2021年末均出现上升，其中5家银行上升超过20个基点。2022年12月，中国银保监会印发《关于开展第二批不良贷款转让试点工作的通知》（银保监办便函〔2022〕1191号），将国家开发银行、进出口银行、农业发展银行、信托公司、消费金融公司、汽车金融公司、金融租赁公司纳入试点范围。不良率上升压力叠加试点范围扩大，预计未来个人贷款不良资产的市场供给将持续增加。但从需求端来看，受让方参与积极性有所弱化，一方面，源于本金回收率的高开低走趋势，据银登中心统计，个人贷款资产包本金回收率从2021年第一季度的33%一路下滑至2022年第三季度的8%；另一方面，源于受让后处置面临的多种难题，零售类批量转让资产包内的贷款通常小而分散但数量巨大，且具有一定的非标准化特征，受让方在息费减免、财务核算、债务催收等债务管理方面，需要投入大量的人力、物力，烦琐的程序和巨大的工作量降低了受让方的参与意愿。整体来看，随着市场热度的降温，预计2023年零售类批量转让资产包折扣率水平将继续维持稳中有降的趋势。

（四）受访者预计2023年中小银行股权拍卖的成交价格：小幅下降

调查结果显示，50%的受访者预计2023年中小银行股权拍卖的成交价格将小幅下降，37.70%的受访者预计将与2022年基本持平，7.38%的受访者预计将大幅下降，另有4.92%的受访者预计将小幅上升。其中，律师事务所的受访者持小幅下降观点的占比（52.63%）略高于其他两类受访者（51.61%和44.12%）（见图5-12）。

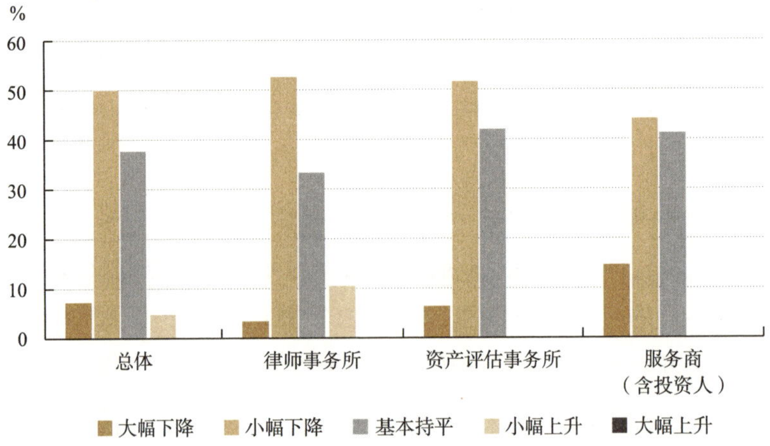

图 5-12　受访者对 2023 年中小银行股权拍卖成交价格的判断

自2022年以来，中小银行股权拍卖屡次出现流拍现象，转让进度不及预期，平均成交价格偏低，主要源于市场供过于求，且受让方对中小银行整体收益前景的预期有所降低。一方面，部分中小银行内部治理不够完善，债权债务关系较为复杂，近年来受宏观经济波动影响，部分民营企业经营压力上升，客观上推动股权供给增加；另一方面，随着金融科技的进步，国有大型商业银行业务下沉，中小银行竞争加剧，叠加疫情影响，部分中小银行资产质量承压，经营与转型压力较大，投资者对股权的认可度降低。中小银行走出股权流拍之困需要完善公司治理，同时应积极提高风险防御能力，结合属地特点寻求自身独特的经营优势，保持良好的发展前景，但短期内这些改变均较难实现，预计2023年中小银行股权拍卖成交价格将延续小幅下降趋势。

（五）受访者预计2023年房地产企业经营的景气程度：总体下行

调查结果显示，37.70%的受访者预计2023年我国房地产企业经营的景气程度将总体下行，30.33%的受访者预计将分化加剧，20.49%的受访者预计与2022年相比无明显变化，另有11.48%的受访者预计将总体上行。其中，40.35%的律师事务所的受访者预计2023年房地产企业经营景气程度总体下行，在服务商（含投资人）的受访者中，预计景气程度总体下行和分化加剧的占比均为35.29%（见图5-13）。

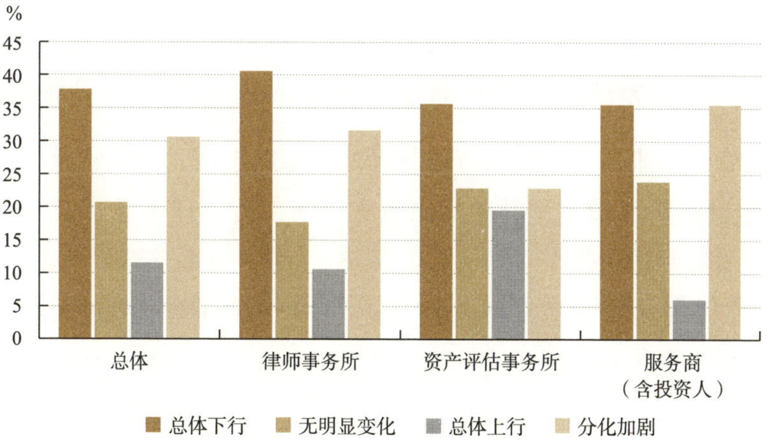

图5-13　受访者对2023年房地产企业经营景气程度的判断

2022年，受经济下行、疫情反复等因素的影响，房地产市场景气度持续下行，叠加融资端受阻，问题房地产企业成为影响经济运行的一个重大风险因素。2022年房地产开发投资完成额同比收缩9.8%，商品房销售面积和销售额同比降幅超过20%。据克尔瑞统计，100家典型房地产企业2022年新增融资总额为7750亿元，仅为2021年全年融资总量的58%，同比下降42%，全年融资总额自2016年以来首次跌落1万亿元以下。

在信用风险持续暴露的背景下，房地产行业调控政策基调呈现结构性宽松，引导市场预期和信心回暖。2022年11月11日，中国人民银行、中国银保监会发布“金融16条”，要求做好金融支持房地产市场平稳健康发展工作，从供需两端提振房地产市场信心。2022年11月，“债券融资支持”“万亿授信额度”“股权融资支持”政策相继落地，监管部门“三箭齐发”改善房地产企业融资环境。中央经济工作会议要求要确保房地产市场平稳发展，扎实做好保交楼、保民生、保稳定各项工作，满足行业合理融资需求，这将在有效防范化解优质头部房地产企业风险、改善房地产企业资产负债状况、推动房地产业向新发展模式平稳过渡等方面发挥积极作用。预计2023年金融支持力度将继续升级，但在居民购房意愿偏低、房地产企业到期债务压力较大的背景下，政策见效、市场企稳仍需时日，房地产企业开工、投资等仍将面临一定压力。此外，随着行业优胜劣汰进程提速，不同房地产企业之间经营分化的特征将越发明显。

（六）受访者预计2023年部分区域的不良资产供给量将明显增多

从调查结果来看，受访者普遍预计2023年广东省、浙江省及江苏省不良资产供给量将明显增多，其次为山东省、河南省、辽宁省、四川省、上海市、河北省和甘肃省等。

根据部分地方银保监局披露的当地银行业2022年第三季度末的不良贷款数据，各省市的不良贷款规模和不良贷款率存在一定差异。从不良贷款余额的地区分布来看，东部地区经济总量较大，信贷投放规模和不良贷款余额较多。东部地区的广东、深圳、江苏及浙江的银行业不良贷款余额均超过1000

亿元，在全国各地区不良贷款余额排名中靠前。中西部地区不良贷款余额整体来看少于东部地区。从不良贷款率水平来看，天津、山西、山东、贵州、广西、湖南、重庆、广东等地区维持在1%~2%，北京、上海、江苏、浙江等经济发达地区不良贷款率处于1%以内。四家国有大型商业银行2022年半年报数据显示，东北地区不良贷款率水平最高，环渤海地区次之，中部地区和西部地区不良贷款率较接近，珠三角和长三角的不良贷款率较低。

长三角和珠三角经济较为发达，随着疫情冲击减弱，不良资产核销力度逐步减小，金融机构不良资产处置意愿或将有所提升，预计2023年这两个区域的不良资产将继续出清；环渤海地区和中部地区经济实力稍弱，银行业金融机构资产质量下迁压力较大，法人机构风险暴露较为明显，预计2023年不良资产供给将小幅增多；西北地区不良资产市场总体偏小，农村金融机构不良资产处置压力较大，但由于损失承受能力较弱，处置意愿不强，一级市场推出不良资产包主要仍将集中在甘肃地区；西南地区不良资产一级市场供应规模近年来保持低位，预计2023年不会出现明显变化；东北地区区域金融条件不佳，社会融资规模增量较低，地方资金来源不足，随着中小银行风险化解的提速，地方城市商业银行不良资产的加速处置或将增加不良资产一级市场供给规模。

四、中介机构（含投资人）对资产管理公司发展情况的判断

（一）受访者所在机构2022年业务覆盖区域内资产管理公司转让的不良资产包规模：以1亿～3亿元为主

调查结果显示，48.36%的受访者认为所在机构2022年业务覆盖区域内的资产管理公司在二级市场上转让的不良资产包规模以1亿~3亿元为主，35.25%的受访者认为以1亿元以下为主，13.93%的受访者认为以3亿~10亿元为主，另有2.46%的受访者认为以10亿元以上为主。其中，服务商（含投资人）的受访者与其他两类受访者观点出现一定分歧，认为1亿元以下的受访者占比为47.06%，相对高于1亿~3亿元的受访者占比（41.18%）（见图5-14）。

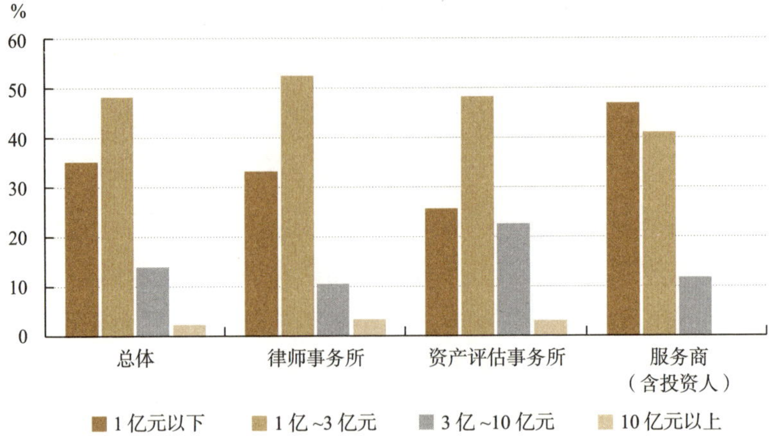

图 5-14　受访者对 2022 年资产管理公司转让不良资产包主要规模的判断

与上一年调查结果相比，受访者选择1亿~3亿元不良资产包规模的比例明显提高，选择3亿~10亿元的受访者占比从25.98%降至13.93%，一方面反映出在经济下行压力下投资人流动性压力上升、投资行为更加谨慎，另一方面侧面反映出资产管理公司在二级市场转让不良资产包的小型化趋势。目前，中小银行和非银行金融机构更多地通过单户不良资产转让的形式进行处置，中小银行盈利能力较弱，实际拨备覆盖率偏低，不良资产处置损失承受能力不强，在处置不良资产时，为减少损失更加倾向于出让小型资产包。一级市场供给端的改变间接导致资产管理公司在二级市场转让资产包规模的小型化趋势。

（二）当前资产管理公司参与中小金融机构风险化解工作的主要难点：中小金融机构存在较高复杂性、差异性，处置成本及风险较高

调查结果显示，对于当前资产管理公司参与中小金融机构风险化解工作的主要难点，84.43%的受访者认为是中小金融机构存在较高复杂性、差异性，处置成本及风险较高；49.18%的受访者认为是资产管理公司风险化解的手段与模式有待进一步创新；42.62%的受访者认为是配套政策有待进一步完善；38.52%的受访者认为是中小金融机构扎根基层，业务高度分散；31.97%的受访者认为是资产管理公司人力有限；另有2.46%的受访者认为是其他方面。其中，律师事务所的受访者观点集中度相对较高（见图5-15）。

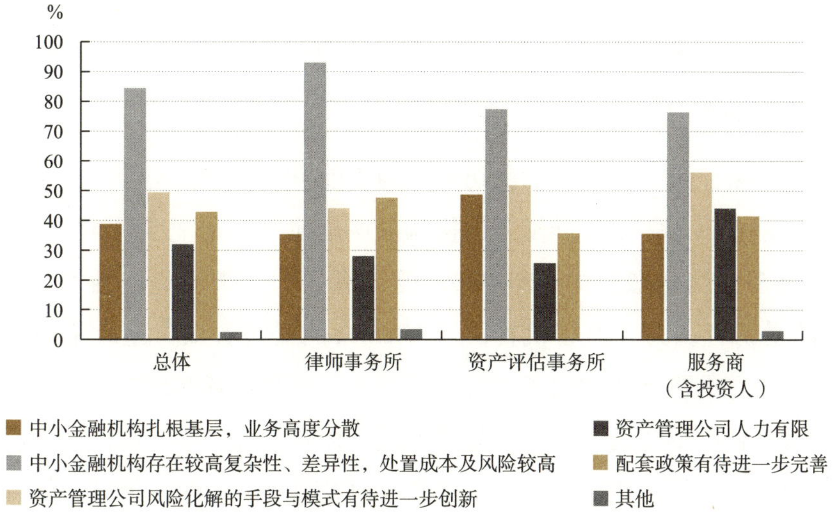

图 5-15　受访者对当前资产管理公司参与中小金融机构风险化解工作主要难点的判断

中小金融机构包括中小银行、信托公司、财务公司、金融租赁公司、汽车金融公司、消费金融公司及其他金融机构等类型。从资产规模来看，中小银行在中小金融机构中占绝大部分比例。受前期金融监管政策和宏观经济形势影响，部分中小银行同时面临信用风险持续累积、风险抵补能力不足、经营挑战持续加大等多方面困境，不良资产率高企，对区域金融稳定形成挑战。

中国银保监会披露，2022年上半年，全国中小银行共处置不良资产6700亿元，同比多处置1640亿元。资产管理公司参与中小金融机构改革化险是回归本源、聚焦主责主业的直接体现。但由于中小银行法人主体多、网点分布广、股权结构分散、股东数量多且资质差异大，资产规模、资产质量等经营指标也存在较大差异，且部分中小银行资本实力较弱，需要综合运用各类处置手段才能有效化解风险，这些典型特征客观上提高了资产管理公司化解风险的难度。未来，资产管理公司参与中小金融机构改革化险需要遵循市场化、法制化、专业化、协同化的原则，分类施策、兼并重组，推动高风险中小金融机构有序出清，优化区域性金融布局，提高金融有效供给。

（三）当前资产管理公司参与中小金融机构改革化险项目最需要协同配合的机构类型：地方政府

调查结果显示，39.34%的受访者认为当前资产管理公司参与中小金融机构改革化险项目最需要协同配合的机构应该是地方政府，25.41%的受访者认为应该是多元化金融机构，20.49%的受访者认为是市场化金融中介机构，8.20%的受访者认为是监管机构，还有6.56%的受访者认为是政策性金融机构。其中，律师事务所和服务商（含投资人）的受访者对地方政府的认可度较高，选择此项的受访者占比均超过四成，而资产评估事务所的受访者选择多元化金融机构的占比（32.26%）略高于地方政府（29.03%）（见图5-16）。

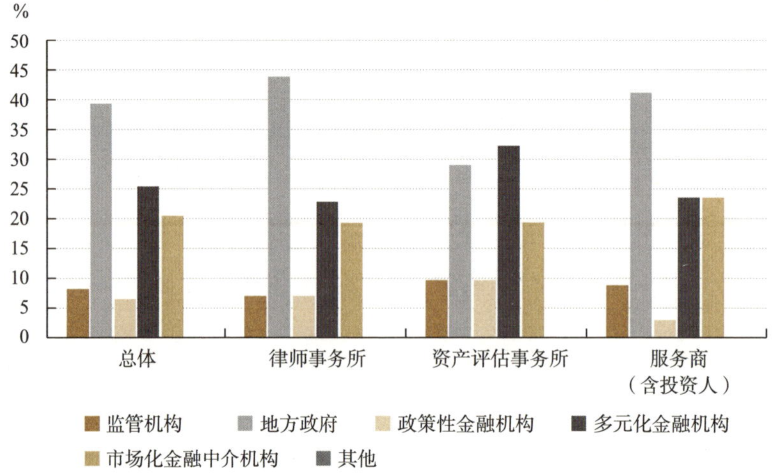

图 5-16 受访者对资产管理公司参与中小金融机构改革化险项目最需要协同配合的机构类型的判断

中小金融机构主要服务于地方经济发展，与地方政府关系密切。资产管理公司在参与中小金融机构改革化险的过程中，需要主动加强与地方政府的沟通，在明确风险化解责任的前提下，调动地方政府处置积极性，推动辖内中小金融机构改革化险。在参与方式上，可以考虑以下三个方面：一是通过联合中小金融机构主要股东、地方政府及其他市场化机构设立不良资产处置基金；二是加强与地方政府的沟通协调，加大对中小金融机构不良资产收购、管理和处置的力度；三是发挥自身知识、技术、法律等优势，对于风险较为突出和中小金融机构较多的区域，支持地方政府加快推进兼并重组或引入符合条件的境内外投资者。此外，资产管理公司还可以考虑通过提供受托处置、托管救助及咨询顾问等服务发挥风险处置功能。

（四）当前资产管理公司在房地产纾困业务中发挥的主要作用：为项目提供纾困资金、整合产业链上下游资源

调查结果显示，86.07%的受访者认为当前资产管理公司在房地产纾困业务中发挥的主要作用是为项目提供纾困资金；60.66%的受访者认为是整合产业链上下游资源；45.08%的受访者认为是具备丰富的房地产行业经验，提供重组、重整、重构方案；36.07%的受访者认为是协调政府资源，36.07%的受访者认为是发挥积极社会效应，稳定购房信心；另有0.82%的受访者认为是其他作用。三类受访者的观点分布大体一致，资产评估事务所的受访者中持整合产业链上下游资源观点的受访者占比相对高于其他两类受访者（见图5–17）。

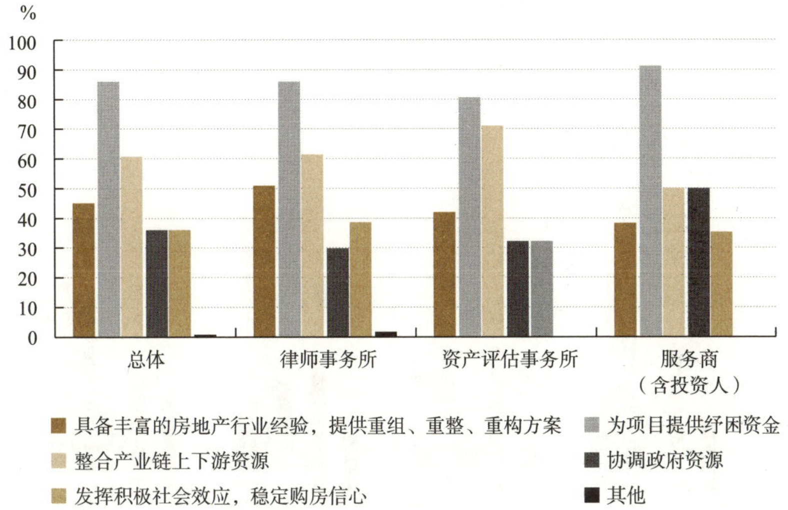

图 5–17　受访者对当前资产管理公司在房地产纾困业务中发挥的主要作用的判断

资产管理公司拥有丰富的房地产项目经验，参与房地产纾困业务能够有效化解房地产企业风险、推进房地产市场的平稳健康发展，对于维护社会稳

定发挥积极效应。短期内，资产管理公司介入的业务主要致力于解决企业面临的流动性困境，且聚焦在项目层面的纾困。2022年，四家全国性金融资产管理公司连续发行百亿金融债，募集资金用于重点房地产企业优质项目的风险化解及处置、房地产行业不良资产纾困、房地产金融风险化解等。从长期来看，我国房地产行业还面临趋势调整的挑战，化解房地产行业风险也是一个系统性工程。在政策的鼓励下，资产管理公司参与纾困业务将逐渐进入“深水区”，不再是简单地提供资金解决企业流动性问题，而是需要联合律师事务所、会计师事务所等第三方机构，与地方政府、商业银行、房地产企业等共同合作，协调市场资源，整合产业链和供应链，真正盘活资产，加速风险出清。

（五）受访者预计未来三年所在机构参与存量资产盘活项目业务机会聚焦的领域：房地产、园区及物流

调查结果显示，70.49%的受访者预计未来三年所在机构参与存量资产盘活项目的业务机会主要将聚焦在房地产领域，45.08%的受访者预计是园区及物流领域，40.16%的受访者预计是能源领域，33.61%的受访者预计是土地资源领域，预计是市政设施、环境基础设施、交通运输、农林水利设施的受访者占比分别为27.05%、26.23%、19.67%和9.84%。三类受访者中选择房地产领域的受访者占比均超过65%（见图5-18）。

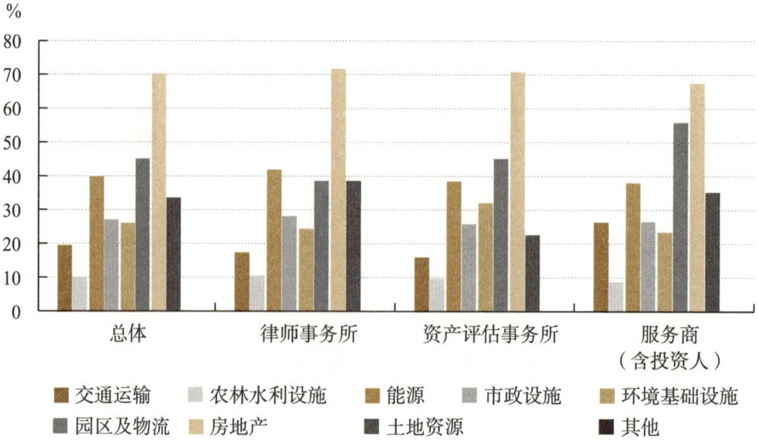

图 5-18　受访者对未来三年所在机构参与存量资产盘活项目业务机会聚焦领域的判断

我国经济已由高速增长阶段转向高质量发展阶段，有效盘活存量资产，形成存量资产和新增投资的良性循环，对于提升基础设施运营管理水平、拓宽社会投资渠道、合理扩大有效投资及降低政府债务风险、降低企业负债水平等具有重要意义。2022年5月，国务院办公厅发布《关于进一步盘活存量资产扩大有效投资的意见》（国办发〔2022〕19号），指出要重点盘活存量规模较大、当前收益较好或增长潜力较大的基础设施项目资产，统筹盘活存量和改扩建有机结合的项目资产，有序盘活长期闲置但具有较大开发利用价值的项目资产。之后，《国家发展改革委办公厅关于做好盘活存量资产扩大有效投资有关工作的通知》（发改办投资〔2022〕561号）、《关于盘活行政事业单位国有资产的指导意见》（财资〔2022〕124号）、《自然资源部　国务院国资委关于推进国有企业盘活利用存量土地有关问题的通知》（自然资发〔2022〕205号）等多个国家层面盘活存量资产的相关政策相继出台。

作为国民经济的支柱产业，房地产业规模大、链条长、牵涉面广，对上下游相关产业带动效应强。2021年，房地产业对GDP的贡献率仅为6.78%，但如果延伸到产业链上下游的钢筋水泥、建筑装饰、家具家电等板块，其对GDP的贡献率将达到20%~30%，且房地产行业是地方政府财政收入的重要来源。该行业的健康发展对于维护经济稳定和防范金融风险具有重要的系统性影响。结合前述政策中关于盘活重点领域清单的列举，预计未来保障性租赁住房、产业园区、仓储物流、老旧厂房、闲置土地等存量资产的盘活会成为工作的重点，配套政策和改革措施也会随之推出。此外，清洁能源产业具有较好的增长潜力和发展前景，且涉及钢铁、电力、石化化工、有色金属、建材等存量规模较大的实体行业，预计也将会成为存量资产盘活的重点方向，为不良资产市场各类参与机构创造较多业务机会。

（六）全国性金融资产管理公司在现阶段金融风险化解工作中表现较为突出的方面：房地产企业纾困、地方融资平台风险化解

调查结果显示，82.79%的受访者认为全国性金融资产管理公司在现阶段金融风险化解工作中表现较为突出的方面是房地产企业纾困，56.56%的受访

者认为是地方融资平台风险化解，43.44%的受访者认为是中小金融机构改革化险，41.80%的受访者认为是信托风险资产处置，17.21%的受访者认为是上市公司股权质押爆仓、债券违约等风险化解，13.11%的受访者认为是中央企业和国有企业主辅业分离，另有2.46%的受访者认为是其他方面。其中，资产评估事务所受访者中持信托风险资产处置和地方融资平台风险化解观点的占比相对高于其他两类受访者（见图5-19）。

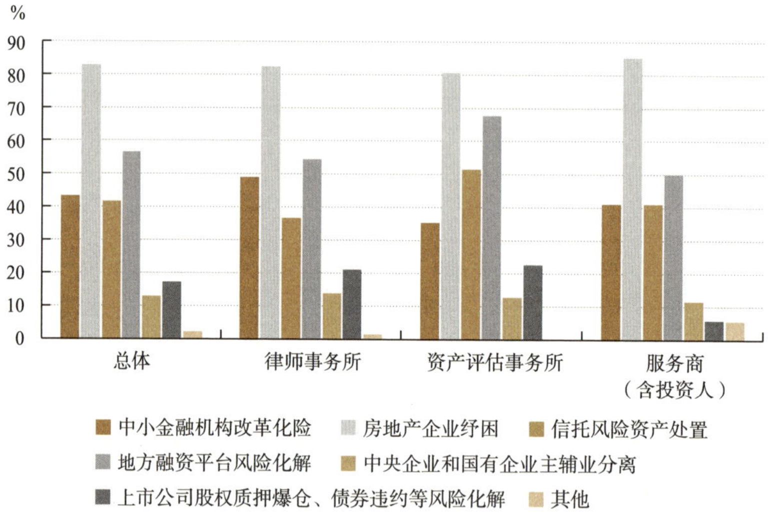

图 5-19　受访者对全国性金融资产管理公司在现阶段金融风险化解工作中表现较为突出方面的判断

2022年初，中国人民银行、中国银保监会召开专题座谈会，研究金融资产管理公司聚焦不良资产处置主业、发挥独特功能优势、助力化解金融风险的相关政策措施。会议要求金融资产管理公司要加强与其他企业的协同配合，坚守正确定位，为金融业转型和金融市场发展作出新的积极贡献。金融资产管理公司多年来在房地产领域积累了丰富的资产处置经验，可以针对不同问题设计不同的纾困方案，综合运用多种产品工具，提供综合性金融服务，主动介入受困房企的风险化解，叠加房地产业务本身就是资产管理公司主营业务的重要构成部分，因此，金融资产管理公司深入参与房地产企业纾困工作，能够结合各方优势资源，加速推进保交楼进程，同时也有助于自身业务结构的优化和升级。据统计，2022年四家全国性金融资产管理公司累计推动及已落地的房地产企业纾困项目超过60个，带动复工复产项目规模超过1500亿元，是此次房地产企业纾困的中坚力量。地方融资平台风险化解涉及的主体较多、覆盖范围广、利益冲突大、协调难度高，但同时为资产管理公司发挥专业优势和独特功能提供了业务机会。通过不良资产收购、化债基金、并购重组等业务方式，资产管理公司可以助力实现盘活存量资产、优化资源配置、化解地方政府债务风险的目的，对于重塑地方政府债务结构、防范化解系统性金融风险等具有非常重要的意义。

（七）受访者根据业务经验对全国性金融资产管理公司实现高质量转型发展，利用自身逆周期投资特性支持国家战略新兴产业发展的意见建议

从本次调查结果来看，受访者对资产管理公司支持国家战略新兴产业发展表示充分认同，具体的建议主要集中于以下几个方面：一是建议资产管理公司密切关注国家金融及产业政策调整，并对宏观周期、行业周期和企业周期等进行前瞻性研判，选择周期性低点但具有良好发展前景的行业、企业介入，发挥资金、资源、技术、人才、品牌优势，通过协调政府部门，整合产业链上下游资源，帮助企业渡过阶段性困难，助力国家战略新兴产业科技成果的转化。二是资产管理公司应平衡好业务创新与风险管理之间的关系，通过业务流程和组织再造，完善服务战略性新兴产业的体制机制，同时还要以强有力的科技支撑加强风险管理，确保安全边际。三是建议资产管理公司加强与行业龙头、社会服务方、第三方机构、民间资本等各类市场主体的协同配合，充分发挥各自优势，深度激活、高效用好不良资产资源，开拓创新、科学优化不良资产处置流程，提高处置效能，形成互助互惠风险资产处置生态的同时，也有利于资产管理公司尽快甩掉存量包袱，轻装前行。四是在业务模式选择上，资产管理公司可以考虑市场化债转股、多元化纾困、存量不良资产收购、并购重组、破产重整、国有企业主辅分离等方式，帮助企业盘活存量资产、缓解偿债压力、优化资本结构。

五、服务商（含投资人）业务开展情况

近年来，不良资产二级市场投资机构种类日益丰富，服务商也大多会选择与投资人合作，共同参与投资业务。不良资产二级市场专业的投资机构一般具有完善的项目开发、风险管理及项目处置能力，并且具有稳定的资金来源和资金募集管理能力，叠加明显的地域、信息和资源等优势，它们在实践中积累了丰富的投资、营销和处置经验，深耕于自身的优势领域，对不良资产二级市场的变化具有最真实的感受。本部分通过结合对服务商（含投资人）定向发放问卷的受访结果，分析了解不良资产二级市场的业务开展情况。

（一）与2021年相比，二级市场投资机构2022年收购不良资产的价格：小幅下降，地区间存在一定差异

调查结果显示，38.24%的受访者认为不良资产二级市场投资机构2022年收购不良资产的价格小幅下降，29.41%的受访者认为基本持平，23.53%的受访者认为小幅上升，5.88%的受访者认为分化加剧，另有2.94%的受访者认为大幅下降，没有受访者认为大幅上升（见图5-20）。

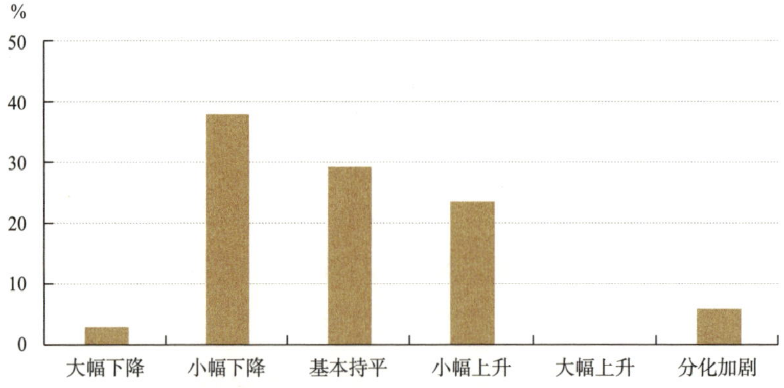

图 5-20　受访者对二级市场投资机构 2022 年收购不良资产价格的判断

2022年，在不良资产二级市场供给端方面，资产管理公司积极参与存量资产盘活、机构风险化解，在夯实分类管理的基础上，加强推介营销，提升

不良资产处置效率。在需求端方面，投资机构受处置周期延长、处置难度上升、处置回收率平均水平下降的影响，市场活跃度有所下降。叠加一级市场价格的下行趋势对二级市场具有一定传导作用。总体来看，2022年不良资产二级市场投资机构收购不良资产包的价格稳中趋降，与课题组2021年的调查预测结果相符。但同时，地区间的分化现象依然存在。华北地区50%的受访者认为资产包价格小幅上升，东北地区所有受访者均认为价格小幅下降，华南地区、西北地区超过一半的受访者认为价格基本持平。与上一年调查结果相比，持“基本持平”观点的受访者占比从16.13%大幅上升至29.41%，或侧面反映出二级市场价格的平稳趋势。

（二）除盈利空间外，目前二级市场投资机构参与不良资产收购时考虑的最重要因素：处置难度、行政司法环境

对于目前二级市场投资机构参与不良资产收购时除盈利空间外考虑的最重要因素，85.29%的受访者认为是收购后的处置难度，58.82%的受访者认为是行政司法环境，52.94%的受访者认为是投资机构的资金来源，47.06%的受访者认为是风险控制手段，认为是合作方实力和市场占有率的受访者占比分别为26.47%和5.88%，另有2.94%的受访者认为是其他因素（见图5-21）。

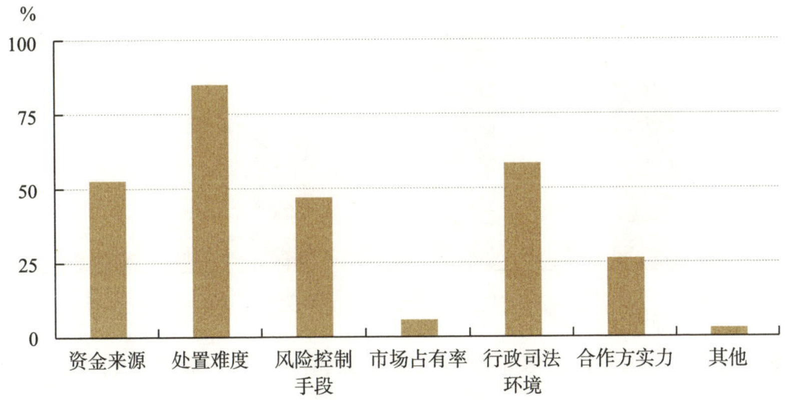

图 5-21　受访者对二级市场投资机构参与不良资产收购时除盈利空间外考虑的最重要因素的判断

与上一年调查结果相比，受访者对“处置难度”的关注度有所上升，对“资金来源”的考虑相对弱化。不良资产行业是重资金、重资产、专业人才高度密集型行业，对二级市场投资机构专业的资源整合能力要求较高。与全国性金融资产管理公司相比，二级市场投资机构处置经验和处置资源相对不足，处置方式相对单一，叠加当前我国经济仍面临下行压力，因疫情出清的不良资产项目复杂程度较之前有所上升，处置成本随之提高，对于没有明确处置方案或渠道的项目，投资机构仍谨慎介入。行政司法环境对不良资产处置全流程具有直接的影响，目前各地司法处置效率参差不齐，部分地区司法资源有限、法律法规尚待完善，因此该因素成为二级市场投资机构介入项目之前需要考量的重要因素。

（三）当前二级市场投资机构处置不良资产的最主要动机：追求更高收益水平

调查结果显示，41.18%的受访者认为当前二级市场各类投资机构处置不良资产最主要的动机是追求更高收益水平，32.35%的受访者认为是降低资金成本和资本占用压力，23.53%的受访者认为是降低风险水平，另有2.94%的受访者认为是其他动机（见图5-22）。

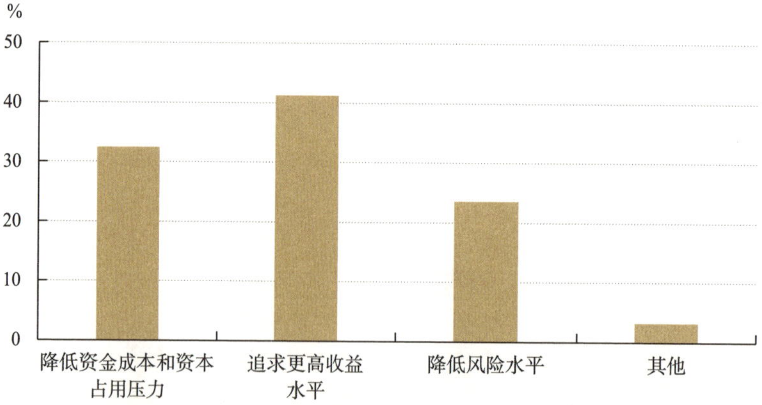

图 5-22　受访者对二级市场投资机构处置不良资产最主要动机的判断

二级市场投资机构融资成本相对较高，且不良资产经营综合性和复杂性均较高，对资本的占用也较多，在当前经济增长承压、市场周转率下降的背景下，其存量资产劣变的风险依然存在。为降低资金成本和资本占用压力，缩小风险敞口，投资机构主动加快存量资产处置速度、缩短处置周期的需求较为迫切。但与前述因素相比，投资机构对高收益水平的追求依然是其开展项目处置工作时最关注的因素，不仅是出于其逐利的本性和综合能力的不断提升，更在于二级市场竞争压力仍然存在，较高的收益水平一方面可以缓解投资机构流动性压力，另一方面也可以为其应对各类不确定风险、实现可持续运营提供基本保障。随着不良资产一级、二级市场之间联动发展的稳步推进，二级市场投资机构的处置经验、处置手段、处置渠道等有望进一步丰富，各类机构仍有机会凭借较强的灵活性及独特优势，盘活存量资产，赚取不良资产价值修复或增值后的收益，同时为维护地区金融稳定、服务实体经济作出积极贡献。

（四）二级市场投资机构2022年处置不良资产最主要的方式：债权转让

调查结果显示，44.12%的受访者认为目前二级市场投资机构2022年处置不良资产最主要的方式是债权转让，32.35%的受访者认为是司法催收，8.82%的受访者认为是债务重组，认为是破产清偿和正常催收的受访者占比分别为5.88%和2.94%，另有5.88%的受访者认为是其他方式（见图5-23）。

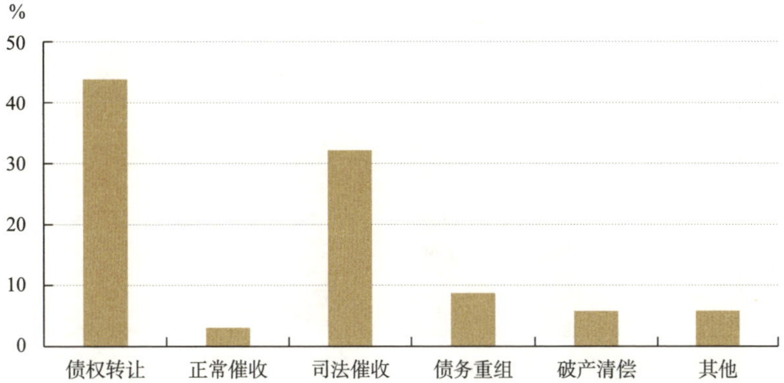

图 5-23　受访者对二级市场投资机构 2022 年处置不良资产最主要方式的判断

目前，二级市场投资机构从全国性金融资产管理公司、地方资产管理公司等出售方购入不良资产后，往往通过债务追偿、债权转让、债务重组等方式清收处置受让债权，获取投资收益。调查结果显示，债权转让仍是投资机构目前最青睐的处置方式。一方面，与传统的正常催收、司法催收等不良资产处置方式相比，债权转让模式最明显的优势就是处置时效性较高，能够在较短的时间内实现债权回收，从而降低资金占用成本及管理成本。在当前司法裁判耗时较长、强制执行效果欠佳、部分创新处置模式又不具备大范围推广条件等现实情况下，债权转让方式的时效优势更为凸显。另一方面，目前我国经济仍面临内外部环境的多重考验，房地产、中小金融机构、信托、互联网贷款、地方政府融资平台等突出领域的风险或将进一步释放。同时，二级市场投资机构还面临着存量资产质量进一步下迁的挑战，经营压力上升，仅凭自身资源处置不良资产渐显乏力，因此更多地选择债权转让方式加速不良资产出清，缓解经营压力。

（五）受访者预计2023年二级市场投资机构收购不良资产的价格：基本持平

调查结果显示，41.18%的受访者预计2023年二级市场投资机构收购不良资产的价格与2022年基本持平，32.35%的受访者预计将小幅上升，23.53%的受访者预计将小幅下降，另有2.94%的受访者预计将分化加剧（见图5-24）。

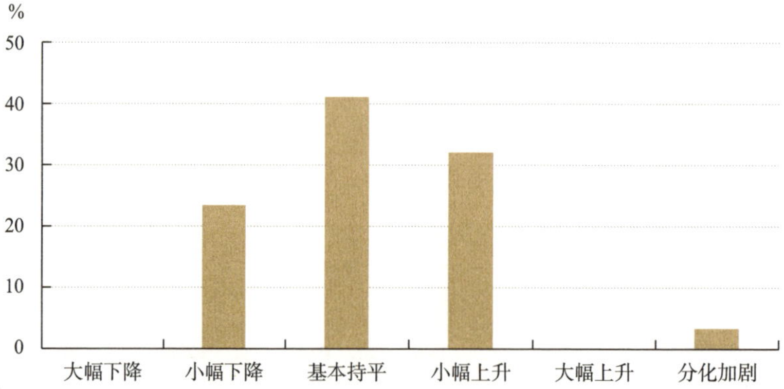

图 5-24　受访者对 2023 年二级市场投资机构收购不良资产价格的判断

2023年，从二级市场供给端来看，我国经济发展面临的内外部环境依然复杂严峻，经济发展将更加注重质的有效提升和量的合理增长，潜在不良资产或将延续多增趋势，资产管理公司也将继续在回归不良主业的要求下，加大收储规模，并向二级市场各类投资主体转让不良资产。从需求端来看，受到近年经济环境及新冠肺炎疫情的影响，二级市场投资机构存量不良资产处置缓慢，运营成本有所多增，收购环节更加理性。随着疫情管控影响逐步减弱及不良资产处置政策日益完善，二级市场活跃度有望逐渐回温。整体来看，未来经济走势的不确定性导致供需双方对不良资产未来潜在价值判断的分歧仍将继续存在，2023年不良资产二级市场买卖双方市场地位将维持在大致均衡的水平，2022年的价格下降行情或将有所缓和，成交价格总体有望保持基本稳定状态，但不排除竞争相对激烈地区的价格仍可能出现阶段性上涨。

（六）受访者预计2023年二级市场投资机构收购不良资产的规模：有所扩张

调查结果显示，47.06%的受访者预计2023年二级市场投资机构收购不良资产的规模将有所扩张，其中41.18%的受访者预计将小幅扩张，5.88%的受访者预计将大幅扩张；35.29%的受访者预计无明显变化；另有17.65%的受访者预计将小幅收缩（见图5–25）。

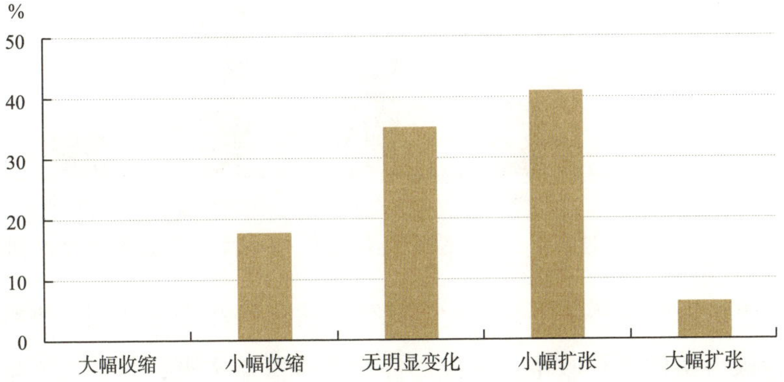

图 5–25　受访者对 2023 年二级市场投资机构收购不良资产规模的判断

截至2022年第三季度末，商业银行不良贷款余额为3万亿元，较2022年初增加1442亿元，关注类贷款连续两个季度超过4万亿元，接近2020年第一季度的高点。为前瞻性应对信贷资产质量劣变风险，监管机构密集出台多个规范文件，持续疏通、拓宽不良资产处置渠道，指导银行加大不良资产处置力度。2023年，我国经济运行仍面临一定的不确定性和不稳定性，市场对信用风险的担忧情绪有可能进一步蔓延，叠加金融严监管趋势的延续，不良资产规模仍有可能持续扩大。一级市场放量将传导至二级市场，为二级市场各类投资机构创造更多业务机会。此外，随着经济运行逐步正常化，存量不良资产的陆续出清也将为投资机构主动展业腾挪出更多空间。

（七）受访者预计2023年二级市场投资机构不良资产处置难度：有所增加

调查结果显示，58.82%的受访者预计2023年二级市场投资机构不良资产项目的处置难度与2022年相比将有所增加，其中50%的受访者预计是小幅增加，8.82%的受访者预计是大幅增加；26.47%的受访者预计与2022年基本持平；14.71%的受访者预计将小幅降低（见图5–26）。

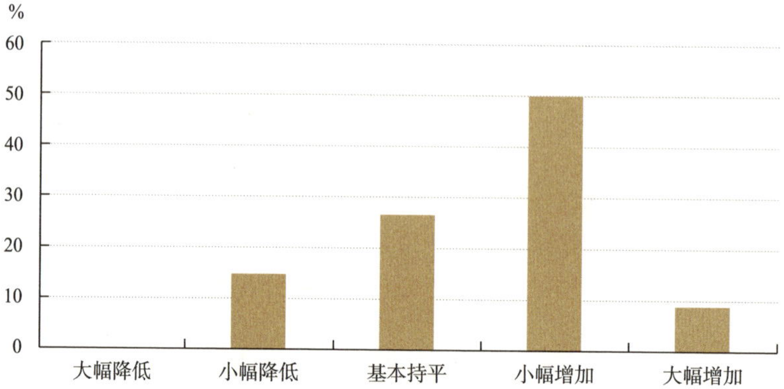

图 5–26　受访者对 2023 年二级市场投资机构不良资产处置难度的判断

2022年，为应对经济下行压力，确保经济运行在合理区间，银行业等金融机构积极落实稳增长政策，一方面提高拨备覆盖水平，另一方面增加了自主核销力度，导致推出的资产包质量下降，提高了不良资产的处置难度。同时，由于对经济增长前景不确定性预期担忧加剧，二级市场活跃度近年来有所下降。2023年，我国经济发展面临的困难挑战很多，预计前述趋势不会出现明显反转，叠加疫情期间出清的不良资产项目通常较为复杂，问题企业大多存在重复抵押、轮候查封、资产冻结等情况，依靠传统的收购转让、催收、诉讼等方式已不能满足不良资产处置的现实需求，而债务重组、破产重整、不良资产证券化等业务模式则需要更专业的金融资源整合能力。但目前二级市场上拥有这些专业能力的投资机构较少，叠加司法程序的进一步规范，部分消化能力较弱、业务资源受限、专业人才紧缺的二级市场投资机构在处置不良资产时，或将继续面临处置方式单一、诉讼案件处置难、催收效率较低等问题，处置难度将有所上升。

（八）受访者预计2023年二级市场投资机构不良资产平均处置周期：有所延长

调查结果显示，52.94%的受访者预计2023年二级市场投资机构不良资产项目的平均处置周期与2022年相比将有所延长，其中44.12%的受访者预计是小幅延长，8.82%的受访者预计是大幅延长；预计处置周期将无明显变化和小幅缩短的受访者占比均为23.53%；没有受访者预计将大幅缩短（见图5-27）。

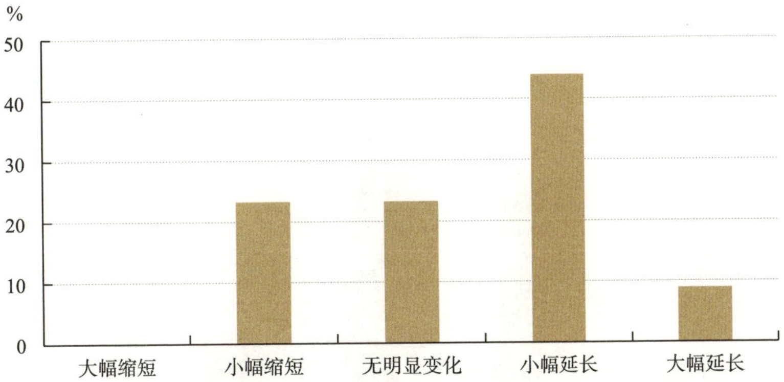

图 5-27　受访者对 2023 年二级市场投资机构不良资产平均处置周期的判断

近年来，不良资产处置普遍表现出难度上升、周期延长、回收率下降等特点，也推高了不良资产的流转诉求。但在市场竞争加剧、融资渠道受限、流动性不足的背景下，不良资产二级市场投资机构预期收益水平下降，投资行为越发谨慎，市场活跃度有所降低，在一定程度上制约了不良资产的交易流转，延长了不良资产终端去化周期。但与上一年调查结果相比，选择“小幅缩短”的受访者占比从3.23%显著上升至23.53%，或源于2022年不良资产处置相关政策法规进一步完善，以及受访者对疫情管控放开后经济增长的积极预期。总体来看，未来不良资产来源将从传统行业扩展至更多样、更分散的领域，除项目本身复杂程度有可能上升外，为平衡各方利益，交易结构也可能更加复杂，处置周期或将进一步延长，但随着我国经济逐步企稳回升，宏观政策将维持稳增长持续发力，不良资产的处置环境有望回暖，平均处置速度有望逐步加快。

（九）受访者预计2023年二级市场投资机构融资成本的变化趋势：稳中趋降

调查结果显示，44.12%的受访者预计2023年二级市场投资机构融资成本与2022年基本持平；41.18%的受访者预计将有所下降，其中38.24%的受访者预计是小幅下降，2.94%的受访者预计是大幅下降；14.70%的受访者预计将有所上升，其中11.76%的受访者预计是小幅上升，2.94%的受访者预计是大幅上升（见图5-28）。

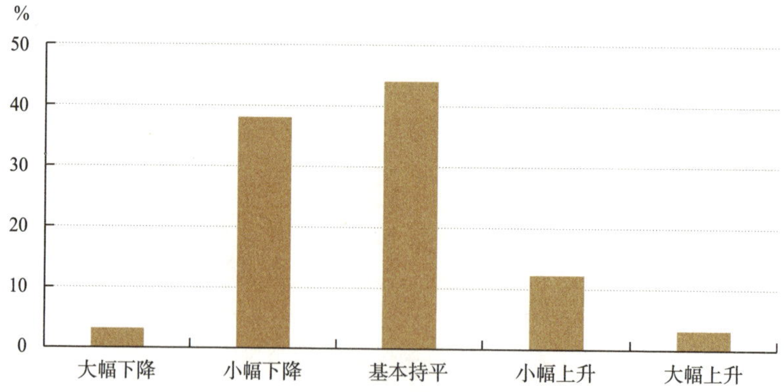

图 5-28　受访者对 2023 年二级市场投资机构融资成本变化趋势的判断

2022年，中国人民银行两次调降存款准备金率，还运用贷款再贴现、中期借贷便利、公开市场操作等多种方式投放流动性，前三个季度社会融资规模同比多增加3.01万亿元，全年1年期贷款市场报价利率（LPR）和5年期LPR

分别下降15个基点和35个基点。2022年中央经济工作会议要求，2023年要坚持稳字当头、稳中求进，继续实施积极的财政政策和稳健的货币政策。积极的财政政策要加力提效，保持必要的财政支出强度，优化组合赤字、专项债、贴息等工具。稳健的货币政策要精准有力，保持流动性合理充裕，引导金融机构加大对小微企业，以及科技创新、绿色发展等领域的支持力度。整体来看，为统筹做好经济发展和风险防范工作，短期内我国货币政策将延续稳增长取向，融资环境将维持稳健略宽松状态，这将有利于投资机构融资成本稳中趋降。与上一年调查结果相比，认为融资成本有所下降的受访者占比从32.26%上升至41.18%。

（十）受访者预计2023年二级市场投资机构在不良资产业务方面的经营重点：加速处置不良资产

调查结果显示，61.76%的受访者预计2023年二级市场投资机构不良资产业务的经营重点将是加速处置不良资产，20.59%的受访者预计将是积极收购不良资产，持提供居间转让服务和提供资金拆借服务观点的受访者占比均为8.82%（见图5–29）。

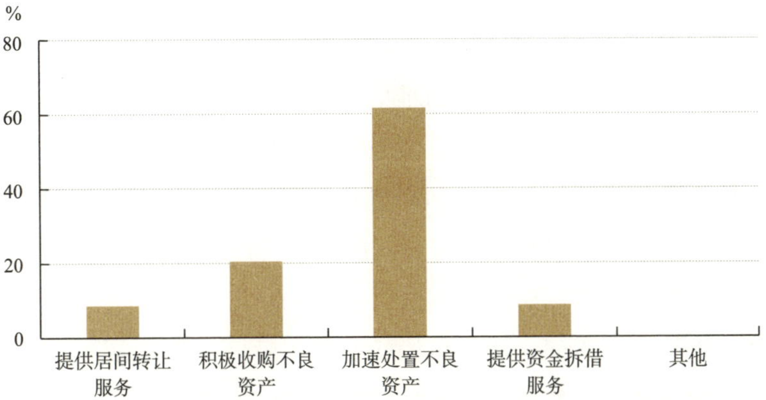

图 5–29　受访者对 2023 年二级市场投资机构不良资产业务经营重点的判断

与上一年调查结果相比，选择“处置不良资产”的受访者占比从54.84%上升至61.76%，反映出2023年二级市场投资机构处置意愿更为强烈，将在处置环节上更加发力。这主要源于以下两个方面：一是当前我国经济发展进入了新常态，经济结构调整和产业转型升级等都将为不良资产行业带来新的机遇。随着市场规模不断扩大，二级市场投资机构业务机会有望多增，故其对于加快存量资产周转、降低存量资产对资金成本和资本占用的压力的需求较为迫切。二是近年来受经济环境和新冠肺炎疫情的影响，金融风险和非金融风险相互交织，二级市场投资机构存量资产质量下迁压力加大，机构风险暴露水平有所提升，故其需要在2023年继续通过多元化渠道加速推进处置工作，在降低自身风险水平的同时，真正发挥化解风险的功能，服务实体经济发展。

六、小结

结合调查问卷的统计数据，课题组归纳了律师事务所、资产评估事务所、服务商（含投资人）的受访者对2022年业务开展情况的总结及对2023年不良资产市场形势的判断，分析得出如下结论：

关于服务不良资产市场的情况，2022年随着银行业不良资产处置稳步推进，金融领域一批突出的风险点得到有效化解，不良资产中介机构的业务规模小幅扩张，项目数量小幅增多，市场竞争激烈程度有所加剧。中介机构2022年提供不良资产服务的最大困难集中在行政司法环境有待进一步改善、项目情况复杂难以实现充分尽调、债务人配合度不够等；参与不良资产项目的失信主体主要集中于房地产业和制造业；参与中小金融机构风险资产项目主要集中的类型是本金或利息等权益已逾期90天以上的资产。

关于对不良资产市场形势的判断，预计2023年商业银行等金融机构的资产质量整体可控，但不同区域及机构间的资产质量分化现象仍将持续存在，房地产业、制造业和建筑业或将是2023年信用风险暴露较为突出的行业。随着市场回归理性，预计2023年零售类批量转让资产包折扣率水平将继续维持稳中有降的趋势。自2022年以来，中小银行股权拍卖屡次出现流拍现象，转让进度不及预期，预计2023年中小银行股权拍卖成交价格将延续小幅下降趋势。预计2023年金融支持“稳地产”的力度将继续升级，但政策见效、市场企稳仍需时日，房地产企业经营景气度仍存在下行压力，同时随着行业优胜劣汰进程提速，不同房地产企业之间经营分化的特征将越发明显。关于不良资产供给量增多的省份，受访者对广东省、浙江省及江苏省的关注度较高，其次为山东省、河南省、辽宁省、四川省、上海市、河北省和甘肃省等。

关于对资产管理公司发展情况的判断，2022年资产管理公司转让的不良资产包规模以1亿~3亿元为主，但选择3亿~10亿元的受访者占比较上年有所下降，侧面反映出二级市场转让不良资产包的小型化趋势。资产管理公司参与中小金融机构改革化险是回归本源、聚焦主责主业的直接体现，但由于此类机构存在较高的复杂性、差异性，处置成本及风险较高，客观上提高了化解风险的难度，资产管理公司在参与过程中需要主动加强与地方政府的沟通，在明确风险化解责任的前提下，调动地方政府处置积极性，推动辖内中小金融机构改革化险。短期内，资产管理公司开展房地产纾困业务的主要作用在于解决企业面临的流动性困境，其次是整合产业链上下游资源。当前我国金融风险化解工作中，资产管理公司在房地产企业纾困、地方融资平台风险化解两个方面的表现较为突出。受访者预计未来三年房地产、园区及物流等领域的存量资产盘活项目将为不良资产市场各类参与机构创造较多业务机会。受访者对资产管理公司支持国家战略新兴产业发展表示充分认同，建议资产管理公司密切关注国家金融及产业政策调整，平衡好业务创新与风险管理之间的关系，加强与行业龙头、社会服务方、第三方机构、民间资本等各类市场主体的协同配合，综合运用多种业务模式，帮助企业盘活存量资产、缓解偿债压力、优化资本结构。

关于二级市场的业务情况，2022年二级市场不良资产价格总体小幅下降，同时地区间的分化现象仍然存在。当前，处置难度和行政司法环境是二级市场投资机构收购不良资产时除盈利空间外考虑的最重要因素。较高的收益水平可以缓解投资机构流动性压力，也可以为其应对各类不确定风险、实现可持续运营提供基本保障，因此成为二级市场投资机构处置不良资产时最关注的因素。债权转让仍是投资机构目前最青睐的处置方式。2023年，我国经济发展面临的困难挑战很多，受访者普遍预计2023年二级市场投资机构收购不良资产的价格将基本持平，收购规模将有所扩张，但同时处置难度有所增加，平均处置周期有所延长，加速处置不良资产将是投资机构2023年的业务经营重点。为统筹做好经济发展和风险防范工作，短期内我国货币政策将延续稳增长取向，融资环境将维持稳健略宽松状态，这将有利于投资机构融资成本稳中趋降。

第六部分

不良资产市场分析与预测

自2022年以来，受新冠肺炎疫情冲击及内外部环境等诸多不确定因素影响，我国经济发展面临的“需求收缩、供给冲击、预期转弱”三重压力更加突出，经济下行压力进一步加大，部分领域的风险加速暴露，风险防范化解压力持续上升。

2023年，疫情对于全球经济增长和供应链稳定的冲击或逐渐消退，国内经济运行有望总体回升。经济增速换挡和结构转型调整催生新的业务机会，金融风险呈现新的特征，预计不良资产市场的供给有所增加，处置难度也将同步增加。金融资产管理公司应持续聚焦主责主业，立足存量资产盘活，带动增量有效投放，积极参与中小金融机构风险化解、问题企业重组、房地产企业纾困等重点领域的金融服务，切实提升服务实体经济质效，保障经济和金融体系良性循环。

一、不良资产市场供给端现状分析与预判

2022年我国商业银行资产质量持续改善，其中农村商业银行不良率下降较为明显，国有大型商业银行不良率持续保持低位运行。非银行金融机构风险加速暴露，信托业风险资产进一步增加，实体企业不良资产规模继续扩大。此外，债券违约风险有所缓释但呈现结构性分化，民营企业和房地产企业构成债券违约和展期的主体，地方融资平台债务风险进一步抬升。总体上，不良资产供给预计将有所增加。

（一）不良资产市场供给端现状分析

1．商业银行资产质量持续改善

（1）总体情况分析。我国银行业不良资产处置规模已持续多年增长，2020年和2021年连续两年超过3万亿元。2022年银行不良资产处置力度不减，前三个季度共处置不良资产2.14万亿元，同比多处置1929亿元，商业银行不良贷款余额增长趋缓，不良率继续小幅下降，资产质量持续改善。截至2022年第三季度末，我国商业银行不良贷款余额为2.99万亿元，环比增加373亿元，增速进一步放缓，不良率为1.66%，同比下降0.09个百分点，连续八个季度出现下降（见图6–1）。

（2）各类商业银行不良贷款情况。从不良贷款余额来看，民营银行和外资银行不良贷款余额增速较快，国有大型商业银行、股份制商业银行、城市商业银行和农村商业银行不良贷款余额增幅相对较小（见图6–2）。从不良率来看，2022年第三季度末较2021年同期，国有大型商业银行、股份制商业银行不良率持续改善，总体保持较低水平，城市商业银行和农村商业银行不良率依然较高且存在反复。其中，城市商业银行是第三季度末不良率唯一出现同比攀升的主要银行类别，而农村商业银行第三季度末不良率同比降幅虽然最大，达到30个百分点，但由于历史包袱较重，目前仍然处于3.29%的高

位，显著高于其他类型银行，压降形势依然较为严峻。受经济下行压力和疫情反复冲击等多重因素影响，民营银行和外资银行的资产质量承压，不良率均出现一定反弹（见图6-3）。

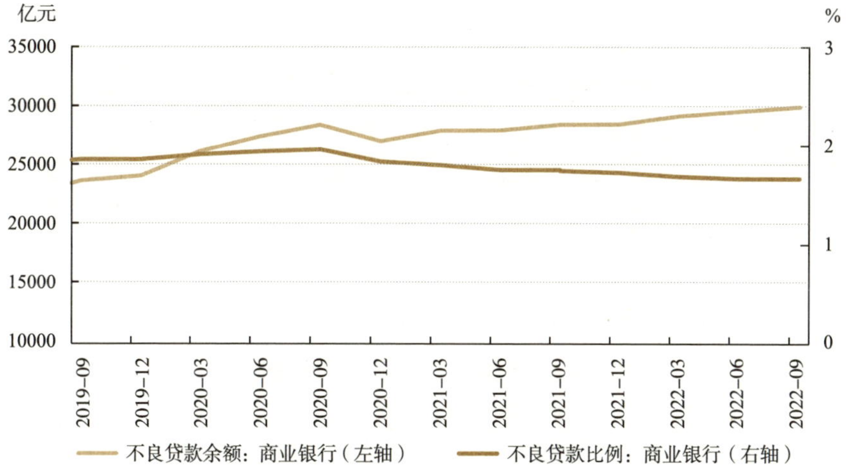

图 6-1　我国商业银行不良贷款总体变动趋势

（资料来源：Wind、本报告课题组）

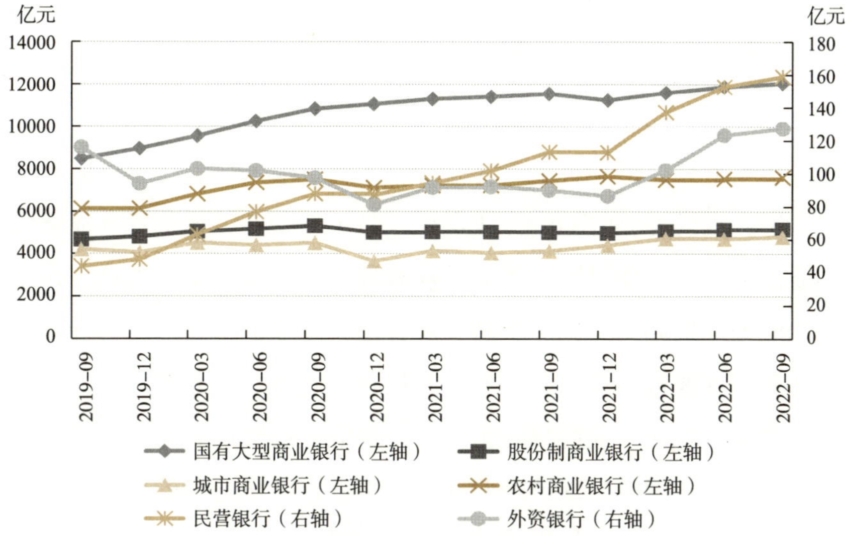

图 6-2　各类型商业银行不良贷款余额

（资料来源：Wind、本报告课题组）

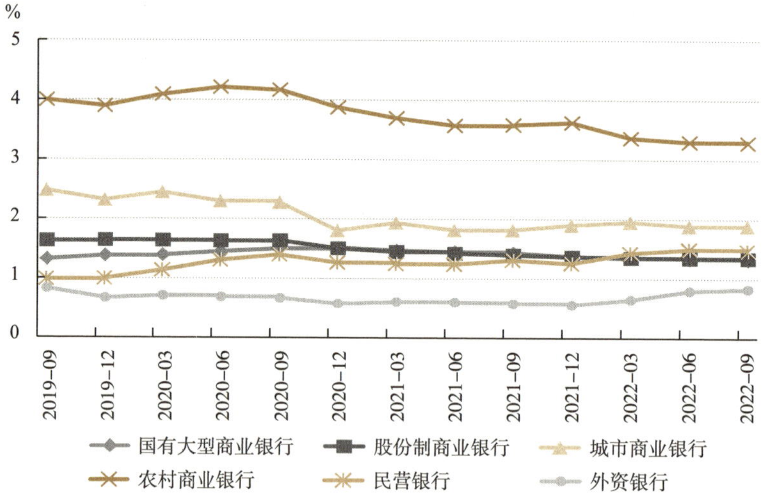

图 6-3 各类型商业银行不良贷款率

（资料来源：Wind、本报告课题组）

2. 非银行金融机构风险加速暴露

受宏观经济下行压力加剧、疫情反复冲击和金融监管收紧影响，非银行金融机构风险加速暴露。此外，伴随“资管新规”的正式落地实施，非标业务集聚的存量风险暴露更加充分。目前，关于非银行金融机构不良资产规模缺乏详细的统计数据，基于现有数据和方法估算其不良资产规模，可得出如下结果。

从信托业来看，自2018年“资管新规”发布以来，信托业务监管高压态势不改，资产规模持续收缩，行业累积风险不断释放，风险资产显著增加。2022年信托监管工作会议明确将信托业务分类改革作为全年重点工作推进，要求信托业务加快回归本源、严格合规管理，并强调严防利用信托机制灵活性变相开展违规业务，加强信托项目和信托公司的风险化解。2022年，信托业资产质量继续承压，老牌信托公司——新华信托股份有限公司进入破产清算，多家信托公司相继出现产品逾期兑付事件，大量逾期的房地产信托被通过多种渠道处置。自2020年第一季度起，信托业协会停止了对信托业资产风险率的披露，据信托公司年报显示，2020年60家信托公司不良率为5.41%，鉴于当前信托业面临的风险形势复杂严峻，房地产行业信托违约规模持续增加，“资管新规”正式落地实施背景下，信托业存量风险加速出清，假定2022年第三季度末信托资产风险率攀升至6%左右，并以第三季度末信托资产余额21.07万亿元为测算基础，可得出信托业潜在不良资产规模约为12642亿元。

从非标债权投资来看，主要考虑因银行理财投资、券商资管业务、基金公司及其子公司专户业务和保险资管计划等产生的不良资产。对于银行理财投资，根据《中国银行业理财业务发展报告暨理财公司年鉴（2022）》，截至2021年末，银行非保本理财产品配置非标债权类资产的比例为8.40%，非保本理财产品存续余额为29万亿元，同比增长12.14%。2022年，银行理财市场监管持续加强和优化，业务转型稳步推进，产品体系进一步丰富，市场规模继续保持稳定增长。《中国银行业理财市场半年报告（2022年上）》显示，截至2022年第二季度末，非保本理财产品存续规模达29.15万亿元。据此，可将第三季度末非保本理财产品存续余额设定为29.20万亿元，假定银行非保本理财产品投资非标债权资产比例为20%，理财资金投资非标债权资产的不良率为2%，按照本报告2021年的估算方法，可得出2022年9月底这部分不良资产规模约为392亿元。从中国证监会体系的资管计划产品来看，截至2022年第三季度末，基金及基金子公司专户业务、证券公司资管业务和私募基金资管业务规模合计约为35.47万亿元。在合理估计其投资非标债权资产比例为35%和假定该部分业务不良率为1.50%的基础上，按照本报告2021年的估算方法，可得到当前中国证监会体系的资管计划潜在不良资产规模约为1035亿元。从保险资管计划产品来看，截至2021年末，保险资管产品余额约为3.20万亿元。假定2022年第三季度末余额为4万亿元，不良率为1%，按照本报告2021年的估算方法，可得到保险资管计划潜在不良资产规模约为78亿元。总体来看，非标债权投资领域的不良资产规模合计约为1505亿元。

从金融租赁行业来看，在宏观经济下行压力加大及监管趋严的大背景下，金融租赁行业规模持续收缩，行业不良率逐年上升，资产质量持续承压。截至2022年第三季度末，金融租赁公司期末合同余额约为2.51万亿元，《2022年中国租赁行业调查报告》显示，2021年末金融租赁行业不良率约为

1.36%。据此，假定 2022年第三季度末金融租赁行业不良率为1.50%，可得到金融租赁行业的不良资产规模约为377亿元。

从P2P行业来看，中国银保监会数据统计，截至2021年末，P2P网贷机构待偿余额已由上年末的8000亿元大幅压降至5000亿元，2022年第一季度末进一步降至4900亿元以内，压降速度略有放缓。随着P2P平台的全部清退，未来待偿余额的还款难度或将大幅提升，不良率也将高于此前15%的行业平均不良率。据此，在假定2022年第三季度末P2P网贷机构待偿余额为4000亿元和不良率为50%的基础上，可得出P2P行业的潜在不良资产规模约为2000亿元（见图6–4）。

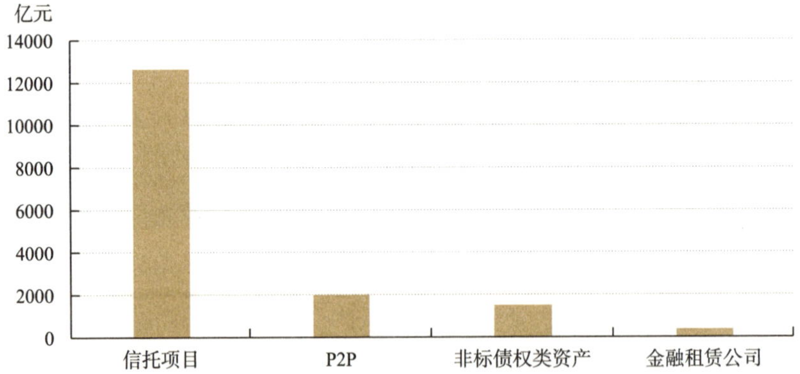

图 6–4　非银行金融机构不良贷款资产规模估算

（资料来源：Wind、本报告课题组）

总体来看，根据估算结果，目前非银行金融机构不良资产规模约为16524亿元，相较于2021年报告的估值15702亿元，规模有所加大。

3．实体企业不良资产规模继续扩大

2022年国内外环境形势复杂多变，疫情扰动持续存在，经济下行压力进一步加大，实体经济风险不断累积，问题企业和问题资产持续暴露，不良资产规模继续扩大。在预期转弱、实体经济低迷的形势下，国内企业尤其中小企业面临的风险和压力显著加剧，盈利能力和偿债能力持续弱化，规模以上工业企业亏损面和亏损额也有所扩大，破产、注销企业数量抬升至历史高位，非金融企业不良资产供给继续增加。从应收账款来看，截至2022年第三季度末，全国工业企业应收账款余额为21.24万亿元。2021年全国工业企业平均不良率为2.4%，根据国家统计局已公布数据和部分券商的估计，各行业应收账款不良率为2%~9%，考虑到疫情持续影响下，工业企业资产质量逐步承压、存量风险不断释放的趋势，本报告以5%的不良率进行估算，可得出应收账款的不良资产规模约为10620亿元。从委托贷款来看，截至2022年第三季度末，我国社融存量中委托贷款为11.21万亿元。同样，假定工业企业不良率为5%，可得出委托贷款潜在不良资产规模约为5605亿元。合计来看，非金融企业领域的不良资产规模约为16225亿元。

4. 债券违约风险有所缓释但呈现结构性分化

近年来，在疫情和房地产两大主要风险因素的扰动下，国内经济下行压力明显加大，企业信用基本面不容乐观，债券市场违约成为常态。但得益于国内稳增长政策密集出台，货币政策宽松带动信用环境改善，企业融资成本持续下降、现金流获得有效改善，2022年债券市场信用风险暴露明显减少，债券违约数量和违约规模均出现逐季回落，违约风险进一步收敛，释放趋缓。为保持数据一致性，本报告以截至2022年第三季度末的数据进行对比分析。截至2022年第三季度末，我国信用债存量规模为44.68万亿元，前三个季度国内债券市场共有56只债券发生违约，同比下降64%；新增违约发行主体8个，较上年同期减少11家；违约债券规模为322亿元（见图6–5），同比下降82%。

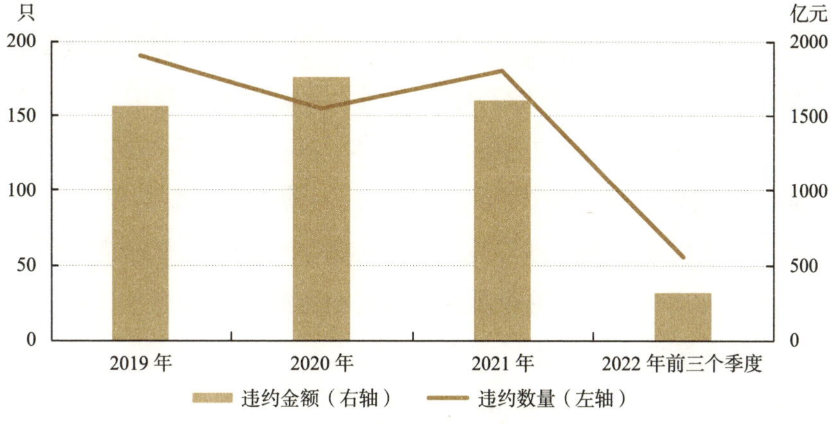

图 6–5 近年来债券违约数量及金额变化趋势
（资料来源：Wind、本报告课题组）

2022年，债券市场违约风险整体有所收敛，但在不同行业、不同领域呈现一些明显的分化。一是民营企业债券违约凸显，国有企业债券违约显著改善。2022年前三个季度共有11家民营企业发生违约，占违约企业总数的65%，其违约债券规模达246亿元，占债券违约总规模的86%。这是由于民营企业主要集中于产业链中下游，抗风险能力和成本转嫁能力相对较弱，近年来受国内经济下行、疫情反复、供应链冲击等因素影响，民营企业生产经营更加困难，盈利空间持续压缩，信用资质显著恶化，债券违约不断攀升。而国有企业多分布于产业链上游，受大宗商品和原材料涨价影响，财务状况有所改善，且地方政府对区域内国有企业债务风险相对更加重视，2022年前三个季度仅有2家国有企业发生债券违约，占违约企业总数的12%，较2021年同期明显改善。二是债券违约向房地产行业集中，行业信用风险持续释放。自2022年以来，房地产政策释放明显宽松信号，但市场复苏缓慢、行业基本面尚未好转，在烂尾楼及断贷风波等事件影响下，房地产企业仍然深陷融资困局，叠加需求端持续萎靡，房地产行业流动性继续承压，债券违约等信用风险事件频发。2022年前三个季度，境内债券市场共有9家房地产企业发生违约，较2021年同期增加2家，占违约企业总数的53%，违约债券规模达222亿元，占违约总规模比提升至78%以上。三是债券展期规模创历史新高，债券展期成为民营企业和房地产企业缓释信用风险的主要方式。尽管2022年境内债券市场违约形势有所缓和，但债券展期企业数量和规模明显增多，前三个季度共有55家企业对债券进行展期，较2021年全年增加25家，展期规模达1483亿元，较2021年全年增加875亿元，创下历史新高。其中，民营企业和房地产企业构成债券展期最主要的发行主体。2022年前三个季度，共有31家民营企业发生展期，涉券规模为1075亿元，占债券展期总规模比高达73%；24家房地产企业发生展期，涉券规模为1193亿元，较2021年全年上升1000亿元，规模占比高达80%。这说明通过债券展期方式缓解发行主体的短期集中兑付压力，已逐渐成为债券市场常态化操作。

5．地方融资平台债务风险进一步抬升

随着近些年积极财政政策的实施，地方融资平台快速扩张，在推高地方政府债务负担的同时，也因自身偿付能力的不足导致债务风险日益凸显，风险化解任务较为迫切。在通常情况下，地方融资平台债务主要依赖预算外的土地开发增值收益或借新还旧方式进行偿还，受宏观经济下行压力、土地市场低迷、税收收入下滑及地方政府债务整顿趋严叠加因素的影响，市场上各类融资渠道日渐收窄，地方融资平台公司偿债能力和流动性显著弱化，信用风险进一步抬升，违约风险加速暴露。

根据财政部统计，2022年前三个季度，政府性基金预算收入为4.59万亿元，同比下降24.8%，其中土地出让收入为3.85万亿元，同比下降28.3%，土地财政承压较大，叠加再融资能力弱化，地方融资平台债务偿债压力显著加剧。以地方融资平台债务最主要的表现形式城投债为例，2022年前三个季度，城投债发行规模和净融资额分别为3.94万亿元和1.17万亿元，分别较2021年同期分别下滑约8%和61%，融资规模收缩明显，而同时2022年城投债到期偿债压力相对较大，前三个季度城投债偿还量为2.77万亿元，较2021年同期提高约12%，显著高于同期城投债发行增长率。由于偿付能力和流动性的显著弱化，地方融资平台负面信用事件频发。自2022年以来，多个经济财政实力相对弱、债务负担较重的地区，出现了融资平台债务违约。

（二）不良资产市场供给端趋势预判

1．商业银行不良贷款短期内或将有所上升

本部分采取模型预测的方法，结合历史数据，对商业银行不良贷款变化趋势进行预测。

（1）各类商业银行不良贷款预测。

假设第i类商业银行t时不良贷款率$R_{i,t}$的变化服从含有周期特征、趋势特征和均值回复特征的Ornstein-Uhlenbeck随机过程（简称O-U过程），具体如下：

$$\mathrm{d}R_{i,t} = \mathrm{d}L_{i,t} - \alpha_i\left(R_{i,t} - L_{i,t}\right)\mathrm{d}t + R_{i,t}\sigma_i \mathrm{d}W_t \qquad (6\text{-}1)$$

其中，$\mathrm{d}R_{i,t}$为t时刻不良贷款率$R_{i,t}$的瞬时变化量；$\mathrm{d}L_{i,t}$为周期项，刻画不良贷款率$R_{i,t}$的周期及趋势特征导致$R_{i,t}$瞬时变化量；$\alpha_i(R_{i,t}-L_{i,t})\mathrm{d}t$为均值回复

特征导致的$R_{i,t}$瞬时变化量，α_i为均值回复速度，$R_{i,t}-L_{i,t}$为t时刻$R_{i,t}$偏离均值水平的大小；$R_{i,t}\sigma_i dW_t$为波动项，刻画$R_{i,t}$随机波动导致$R_{i,t}$的瞬时变化量。具体地，$L_{i,t}$用于刻画$R_{i,t}$中所包含的周期特征和趋势特征的变化规律；α_i用于刻画t时刻$R_{i,t}$偏离趋势性的均值回复速度大小；σ_i用于刻画不良贷款率$R_{i,t}$的波动率，W_t为标准布朗运动。

在公式（6–1）基础上，结合Fourier级数对周期衡量效果较好的特征，使用下式（6–2）逼近$L_{i,t}$：

$$L_{i,t} = \left(a_i + b_i t\right) + \left(\sum_{m=1}^{N} a_{i,m} \sin \left(b_{i,m} t + c_{i,m}\right)\right) \tag{6–2}$$

其中，a_i，b_i表示不良贷款率$R_{i,t}$的长期趋势性待估参数，N表示不良贷款率$R_{i,t}$的Fourier级数展开项数，$a_{i,m}$，$b_{i,m}$，$c_{i,m}$分别表示Fourier级数展开项待估参数。进而，结合不良贷款率$R_{i,t}$的季度历史数据，进行参数拟合，并使用蒙特卡洛方法对随机波动情况进行模拟，逐步得到各类型商业银行的不良贷款率预测值。结果如图6–6所示。

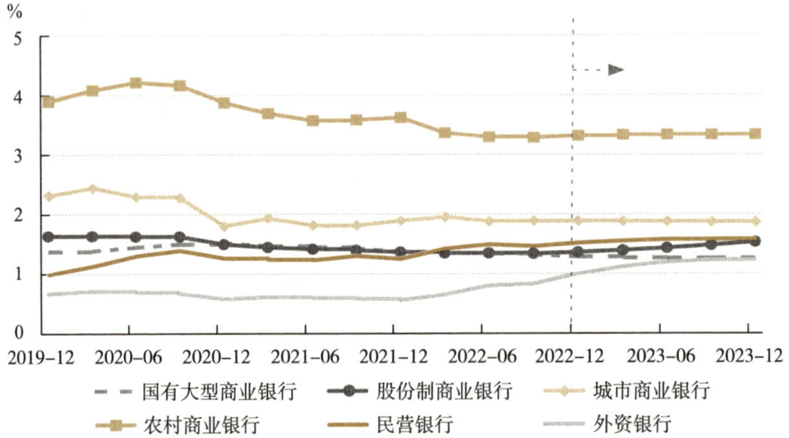

图 6–6　各类型商业银行不良贷款率预测

（资料来源：Wind、本报告课题组）

接下来，使用ARIMA模型对各类型商业银行信贷规模进行预测，具体公式如下（6–3）：

$$\Delta^d Y_{i,t} = \theta_0 + \sum_{p=1}^{n} \phi_p \Delta^d Y_{i,t-p} + \sum_{q=1}^{m} \theta_q \varepsilon_{i,q} \tag{6–3}$$

其中，$Y_{i,t}$为t时刻第i类商业银行信贷规模，通过历史数据（2009年3月至2021年9月）拟合公式（6–3）参数。使用一阶线性自回归模型拟合第i类商业银行信贷规模$Y_{i,t}$变化情况，结合$Y_{i,t}$即可得到t+1时刻商业银行信贷规模$\widetilde{Y}_{i,t+1}$预测值，然后可预测第i类商业银行不良贷款余额$\widetilde{S}_{i,t+1}$：

$$\widetilde{S}_{i,t+1}=\widetilde{R}_{i,t+1}\widetilde{Y}_{i,t+1} \quad (6\text{–}4)$$

基于上述结果，我们计算得到各类型商业银行不良贷款余额，其走势如图6–7所示。

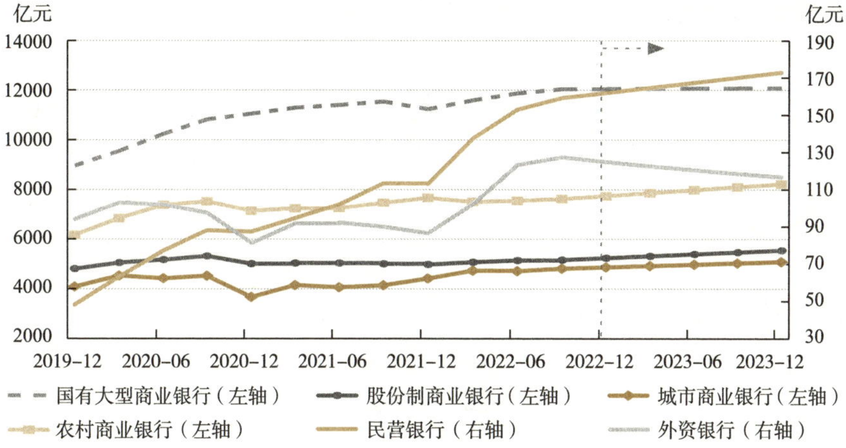

图 6–7　各类商业银行不良贷款余额预测

（资料来源：Wind、本报告课题组）

从各类商业银行的不良贷款率和不良贷款余额的预测结果来看（图6–6和图6–7），2023年商业银行不良贷款余额或将继续维持上涨趋势，不良贷款率可能出现小幅上升，但整体态势较为平缓。其中，国有大型商业银行的不良贷款余额基本稳定，或有小幅上涨，不良贷款率仍将继续保持低位平稳运行。受疫情冲击和经济下行压力因素的影响，股份制商业银行不良贷款余额和不良贷款率虽有可能小幅上涨，但整体将趋于平稳。农村商业银行和城市商业银行的不良贷款余额体量较大，由于其资本充足率逐年下滑，经营持续承压，短期内农村商业银行和城市商业银行的不良贷款余额和不良贷款率仍将有所上涨。民营银行以服务小微企业为主，体量相对较小，经济下行压力、疫情冲击给小微企业带来的负面影响相对更大、持续性更强，民营银行资产质量仍将承压，风险或将进一步暴露。预测结果显示，未来民营银行不良贷款余额和不良贷款率均将小幅上升。

（2）商业银行不良贷款整体预测。

基于上述预测结果，将各类型商业银行信贷规模、不良贷款余额分别加总，得到商业银行总信贷规模、总不良贷款余额预测值，再使用总不良贷款余额除以商业银行总信贷规模，可得到商业银行总体不良贷款率。具体为，记第i类银行不良贷款余额预测值为$\tilde{S}_i$，信贷规模预测值为$\tilde{Y}_i$。则商业银行不良贷款余额预测值$\tilde{S}$、信贷规模预测值$\tilde{Y}$分别为

$$\tilde{S}_{t+1}=\sum_{j=1}^{M}\tilde{S}_{i,t+1} \tag{6-5}$$

$$\tilde{Y}_{t+1}=\sum_{j=1}^{M}\tilde{Y}_{i,t+1} \tag{6-6}$$

商业银行总体不良贷款率预测值$\tilde{R}_{t+1}$为

$$\tilde{R}_{t+1}=\sum_{j=1}^{M}\tilde{S}_{i,t+1}\Big/\sum_{j=1}^{M}\tilde{Y}_{i,t+1} \tag{6-7}$$

具体预测结果见图6–8、图6–9所示。

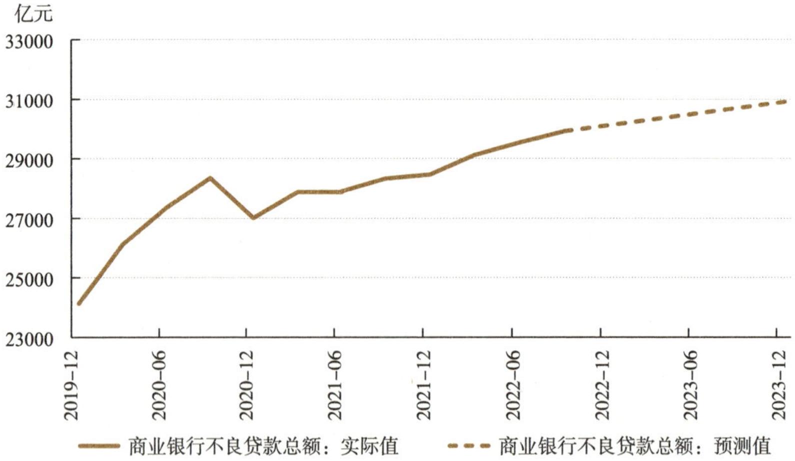

图 6–8 商业银行不良贷款余额及其预测值

（资料来源：Wind、本报告课题组）

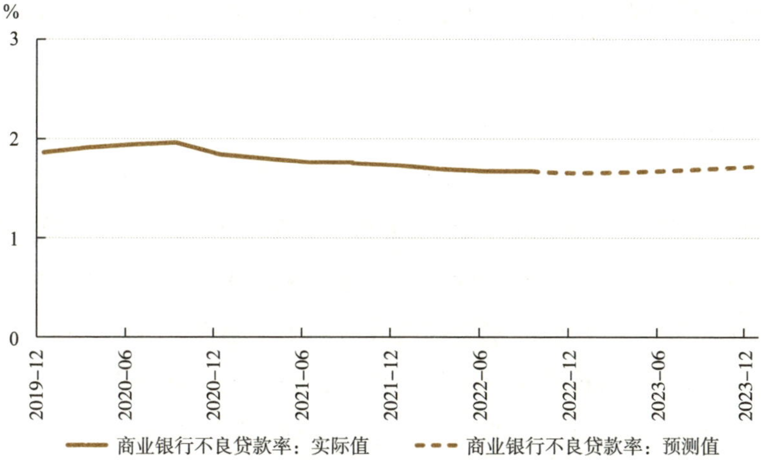

图 6-9　商业银行不良贷款率及其预测值

（资料来源：Wind、本报告课题组）

预测结果显示，短期内商业银行不良贷款余额将维持上涨趋势，但增速缓慢；2023年大部分时期内，不良率或继续保持2022年第三季度末1.66%的低位水平平稳运行，年末或有所缓慢攀升，市场风险整体可控。2022年，疫情反复下国内经济下行压力进一步增大，并逐步传导到金融领域，得益于监管机构对商业银行做实资产质量的持续引导，商业银行不良贷款核销力度持续加强、处置渠道不断拓宽、处置政策持续优化，商业银行不良贷款规模和不良率得以保持在合理区间运行。随着疫情防控政策的不断优化、系列稳增长政策的进一步出台，2023年国内经济有望逐步复苏，但是内外部环境依然严峻，经济基本面修复基础尚不牢固，房地产有望随着宏观经济回升走出低谷，但短期内疫情带来的扰动影响仍将持续。在此形势下，城市商业银行、农村商业银行及民营银行等主要中小商业银行，由于区域集中度高、客户资质偏弱，仍有较大风险资产尚未消化，随着疫情冲击带来的负面影响滞后释放，风险不断暴露，资产质量或继续承压，不良率可能小幅攀升。而国有大型商业银行、股份制商业银行的资产质量和风控能力持续保持良好态势，不良率已有效压降在较低位水平，不良贷款规模基数较大并且长期维持上涨趋势，未来不良率可能相对稳定。因而，整体上2023年商业银行不良率将保持平稳运行，年末或出现小幅攀升，但商业银行抵御风险的能力仍将维持在较高水平。

2．中小银行资产质量仍将承压

自2022年以来，受疫情持续冲击、宏观经济增速放缓及自身经营不善和公司治理不健全等因素影响，中小银行资产质量持续下迁，多地村镇银行出现了存款难以兑付等风险事件，中小银行风险化解形势较为严峻。自2022年下半年以来，一些积极因素短期内或有利于中小银行资产质量的改善和风险收敛。一是疫情防控措施不断优化调整，经济活动逐渐恢复，2023年国内经济有望得到一定修复，企业的经营绩效和信用风险或不断改善，从而对中小银行资产质量形成支撑。二是由于中小银行的信贷资产较多集中配置于房地产领域，资产质量与房地产紧密绑定，随着“金融16条”等系列房地产纾困、融资支持政策的逐步落实，房地产行业或呈现回暖，行业信用状况的恶化区间逐步收窄，中小银行风险也将有所收敛。三是全国性金融资产管理公司作为处置不良资产、化解金融风险的专门机构，在中小银行风险的防范化解中将发挥积极作用。

预计2023年，房地产企业偿债压力仍然不小，根据克而瑞研究中心统计，2023 年境内房地产债券到期偿还量将达3583亿元，房地产企业债务到期的压力未来依然非常巨大，房地产行业的信用风险尚未充分暴露。此外，对于中小银行而言，小微企业贷款业务规模在贷款总额中的占比相对较高，中小银行在疫情期间对小微企业实施的延期还本付息政策和信用贷款支持政策，将于2023年6月底到期，其未来的坏账压力依然较大。在此形势下，中小银行资产质量面临较大下迁压力，未来或将继续承压，风险不断缓慢释放，不良贷款存在逐渐推高趋势。

3．非银行金融机构不良资产供给进一步增加

从信托业来看，2022年作为“资管新规”正式实施的首年，在严监管政策的指引下，信托业向标准化、净值化转型取得一定成效。但是受疫情持续冲击等因素影响，信托公司资产质量进一步下迁，行业风险资产持续暴露。用益信托数据显示，2022年1—11月已披露的信托产品违约规模累计1163.38

亿元，房地产行业依然是违约重灾区，违约金额达865.56亿元，规模占比达74.40%。自2021年以来，监管层陆续发布了多项旨在加快推动信托业风险防范化解、促进信托业转型发展的政策文件。2021年5月，中国银保监会下发《关于推进信托公司与专业机构合作处置风险资产的通知》（银保监办发〔2021〕55号），明确鼓励信托公司与专业机构合作探索其他处置模式，通过多种手段降低行业风险水平。2022年12月，中国银保监会发布《关于规范信托公司信托业务分类有关事项的通知（征求意见稿）》，明确将信托业务分类改革作为全年重点工作推进，要求信托业务加快回归本源、严格合规管理，加强信托项目和信托公司的风险化解。2023年，信托业严监管态势不改，新增信托业务风险或将有所降低，存量风险资产将持续暴露。

此外，就金融租赁行业而言，其资产大都以机械设备、医疗器械、汽车、船舶等动产为主，投资成本较高，资产的专用性和非标性较强，处置难度较大，行业不良率近年来整体呈上升趋势，存量业务风险有可能加速暴露。就P2P行业而言，我国P2P网贷平台在2020年末已全部完成清退，不良资产处置的难度将不断加大，压降速度或持续放缓，风险敞口将充分暴露。

4．非金融企业不良资产业务机会持续增多

受疫情反复、经济增速放缓及供应链阻滞等影响，实体企业经营压力不断加大，盈利能力显著削弱，杠杆率持续攀升。截至2022年第三季度，我国实体经济部门杠杆率接近273.90%，企业面临的债务风险有所加大（见图6-10）。工业企业应收账款规模持续扩大，截至2022年10月底，应收账款余额已经超过21.88万亿元（见图6-11），企业的偿债压力和流动性风险不断加大。

受疫情和经济下行压力的影响，中小企业经营压力急剧上升，尤其是批发零售、住宿餐饮、物流运输等行业企业受到严重冲击，融资能力不断恶化，流动性风险持续抬升，这部分企业对金融支持和风险化解的需求未来或将显著增加，仍需持续关注。同时，在政策严监管和疫情因素冲击下，房地产市场持续低迷，房地产产业链融资规模持续压缩，房地产企业普遍出现流动性不畅、资产负债表恶化，部分头部企业面临重大风险，风险化解形势迫切。2022年下半年，一系列稳增长措施成效显现，经济运行已整体呈现缓慢回升趋势。2023年，宏观经济有望继续回暖，在“金融16条”等系列房地产纾困政策支持下，房地产企业融资困境有望边际改善，债务违约风险或将缓慢下降。资产管理公司可积极把握房地产金融领域风险化解政策的窗口期和市场机遇，充分发挥在房地产风险化解中的专业优势，综合运用多种金融工具为房地产企业提供一揽子解决方案，防范化解房地产领域风险，支持保交楼、防烂尾、稳预期。

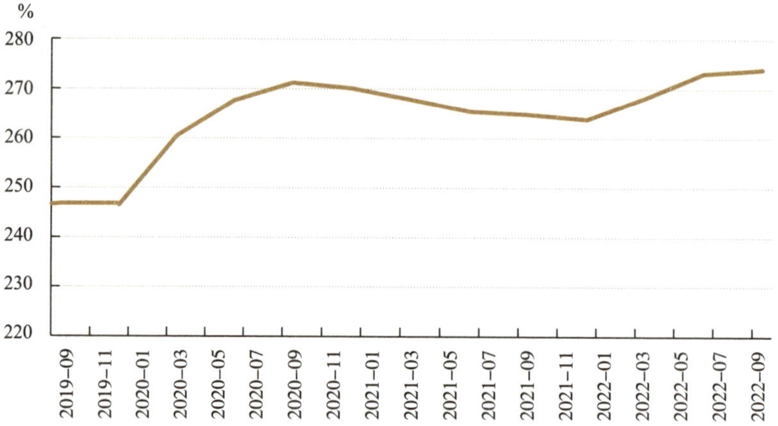

图 6-10　我国实体经济部门杠杆率

（资料来源：Wind、本报告课题组）

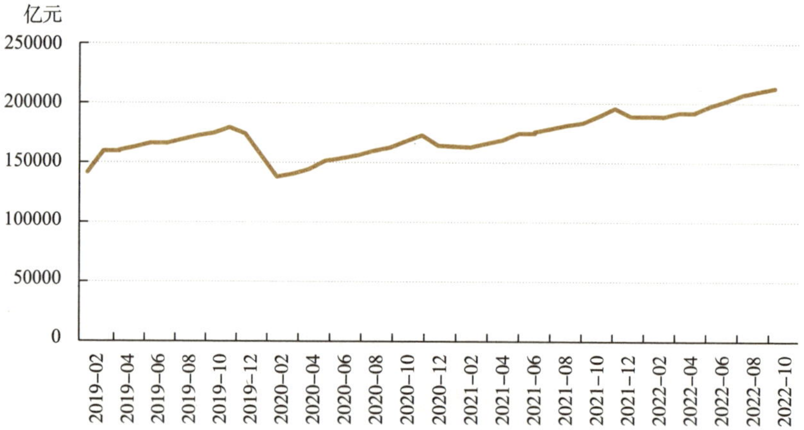

图 6-11　工业企业应收账款

（资料来源：Wind、本报告课题组）

5．地方融资平台债务风险化解需求显著提升

目前，我国地方融资平台公司大多存在过度依赖地方政府信用和财政收入、资金使用效率低、经营可持续性弱等突出问题。叠加隐性债务严监管要求影响，地方融资平台再融资政策或持续偏紧，偿债能力有所恶化，存量债务风险持续暴露，风险化解需求显著提升。截至2021年末，我国地方政府债务余额达30.5万亿元，全国地方政府债务率为106.1%，已触及我国设置的地方政府债务整体风险警戒线100%的水平，其中有20个省（自治区、直辖市）的地方政府债务率超过100%这一风险警戒线。财政部数据显示，截至2022年末，地方政府债务余额进一步攀升至35万亿元，地方政府自身的显性债务风险、债务压力较大。同时，截至2022年7月底，我国共有地方城投融资平台3702家，带息余额超过50万亿元以上，未来偿债压力和流动性风险较大，对于地方政府财政收入的依赖性持续增强。在此形势下，地方融资平台的偿债能力将有所恶化，存量债务风险或不断暴露。

此外，2022年监管层持续释放隐性债务严监管、加强地方融资平台公司治理的强烈信号。2022年《政府工作报告》指出，要有序推进地方政府债务风险防范化解，稳妥处置重大金融风险事件。2022年12月29日，财政部年度工作会议明确要求，积极稳妥防范化解风险隐患，继续抓实化解地方隐性债务风险，加强地方政府融资平台公司治理。在隐性债务严监管要求下，预计地方融资平台，尤其是弱区域、低信用等级的地方融资平台，未来通过“债务滚续”大规模发新债还旧债的主要再融资渠道将持续收缩，地方融资平台偿债能力因此将进一步恶化，存量债务风险或不断释放，风险化解需求显著增加。

二、不良资产市场需求端现状分析与预判

在疫情持续冲击影响下，国内经济修复继续放缓，叠加行业监管趋严，资产管理公司面临的经营压力明显增加。全国性金融资产管理公司不良资产业务经营整体较为稳定，地方资产管理公司严监管逐步加强，统一监管趋势

逐渐明朗，银行系金融资产投资公司资本压力有所缓解，市场化债转股质效持续提升。从不良资产市场需求端的趋势来看，在金融风险化解任务更加艰巨、行业全面回归本源的严监管要求背景下，资产管理公司预计将继续加快回归不良资产主业，此外随着不良资产市场参与主体的不断增多，不良资产行业的内部竞争将进一步加剧，对化解重点领域风险能力的要求也将显著提高。

（一）不良资产市场需求端现状分析

1．资产管理公司经营压力进一步加大

2022年，受疫情持续反复、经济修复放缓及行业监管收紧等因素影响，资产管理公司面临的经营压力明显增加。一是受疫情冲击和宏观经济下行压力影响，资产管理公司资产质量持续承压，资产处置难度也有所加大。房地产业务是资产管理公司的重要业务领域和不良债权的主要抵押资产，在疫情冲击下，经济下行压力和房地产风险不断加大，资产管理公司持有的资产尤其是土地、房产等资产估值有所下滑，存量项目风险不断释放，资产质量进一步恶化、承压严重，对公司利润及资本形成侵蚀。同时，面对疫情冲击和经济下行压力，不良资产二级市场参与者的收购意愿有所下降，市场流动性、活跃度显著不足，资产管理公司不良资产的处置难度因而不断加大，处置周期进一步拉长。二是在行业全面回归本源的严监管要求和趋势下，资产管理公司的资产负债管理压力显著提升。当前，资产管理公司最主要的资金来源依赖于商业银行提供的中短期同业借款，同业借款期限较短而资金利率相对高，而不良资产业务具有经营周期较长、回款不确定性高的特性，这与资产管理公司负债端较短的资金使用周期和较高的资金成本形成明显错配。随着资产管理公司近年来逐步回归本源、专注主业发展，资产负债期限的错配程度进一步凸显，资产负债管理难度显著增加。而且，由于商业银行对资产管理公司的借款业务、市场化债转股业务等重要债权事项，都设定了较高的债权风险权重，而这又将显著加剧资产管理公司的资本占用，抬升其债务资金成本，进一步加大资产管理公司

的资产负债管理压力。

2．全国性金融资产管理公司主业经营总体稳定

2022年，全国性金融资产管理公司积极响应“回归本源、专注主业”的监管政策要求，持续加强对非主业子公司的清理，总资产规模有所下降，但不良资产主业经营总体保持平稳、主业专注度稳中有升，业务结构进一步优化。受疫情冲击、经济下行压力及房地产行业风险危机影响，公司盈利能力有所承压。基于可比口径，本报告主要以中国信达资产管理股份有限公司（以下简称中国信达）和中国华融资产管理股份有限公司（以下简称中国华融）两家上市公司公布的相关数据为基础，分析全国性金融资产管理公司不良资产业务的发展情况。

（1）总资产规模有所下降。根据中国信达和中国华融2022年半年报，中国信达总资产规模为15412.65亿元，较2021年同期下降3.93%；中国华融总资产规模为9783.15亿元，较2021年同期下降39.07%。自2019年以来，全国性金融资产管理公司积极响应“回归本源、专注主业”的监管政策要求，持续加强对非主业子公司的清理及内部机构的整合。其中，中国华融2021年以来连续转出银行、证券、信托等子公司，总资产规模大幅下降近6000亿元至9783.15亿元，加快回归主责主业趋势明显。

（2）不良资产主业专注度稳中有升。根据中国信达和中国华融2022年半年报，中国信达不良资产总额和不良资产收入分别为9458.16亿元、302.99亿元，在集团的占比分别为61.40%、73.44%，同比分别小幅下降4.22个百分点、2.96个百分点；中国华融不良资产总额和不良资产收入分别达7303.62亿元、139.67亿元，在集团的占比分别为51.60%、94.62%，同比分别上升23.04个百分点、35.91个百分点。

（3）不良资产业务结构持续优化，新增非金融机构不良资产收购规模均有下降。由于存量资产规模比较大，资产质量承压，2022年上半年中国信达和中国华融均减少了新增不良债权的收购，将精力主要放在加快盘活、处置存量资产上。根据中国信达和中国华融2022年半年报，中国信达新增收购不良债权资产351.2亿元，较2021年同期的455.89亿元减少104.69亿元。中国华

融新增收购不良债权资产为224.08亿元。其中，新增收购金融类不良债权资产为201.74亿元，同比增长99.6%，占新增收购不良债权资产总额的90%，远高于新增非金融机构不良资产收购规模占比。在疫情影响下，国内经济修复继续放缓，实体企业经营压力不断加大，债务持续高企，资产质量持续下迁，盈利能力不断削弱，企业偿债能力和流动性普遍显著恶化，行业风险逐步暴露。出于风险规避考虑，全国性金融资产管理公司减少了对非金融机构不良资产的收购，业务结构得到优化。

（4）盈利能力承压。根据中国信达和中国华融2022年半年报，中国信达归属于公司股东的净利润为45.08亿元，同比下降32.6%；中国华融实现持续经营活动营业收入为147.42亿元，归属于母公司净利润亏损达188.66亿元，连续两年为负。2022年上半年，中国信达和中国华融盈利能力承压主要有以下两个方面：一是中国信达、中国华融涉房地产业务敞口均较大，其中，中国信达2022年6月底收购重组类不良资产余额中44%与房地产业相关，中国华融收购重组类不良资产余额中46%与房地产业相关，受宏观经济承压及房地产行业下行的影响，相关客户履约能力下降，资产质量下迁，出于审慎考虑，中国信达、中国华融均确认了大额信用减值损失；二是受到资本市场持续波动的影响，中国信达、中国华融持有的部分权益类金融资产公允价值变动出现一定浮亏。

3．地方资产管理公司统一监管趋势逐渐明朗

近年来，地方资产管理公司依托地方金融业态快速发展，在处置盘活存量资产、防范和化解地区金融风险及支持实体经济发展等方面发挥了重要作用。但同时，由于缺乏统一的监管机构及监管制度，部分地方资产管理公司过于追求规模扩张和发展速度，忽视展业合规性和自身资产质量的改善，违规开展通道类、出表类业务，发生溢价收购不良资产、设置显性或隐性的回购条款、变相提供低息融资等处于监管灰色地带的高风险违规经营行为。2022年6月21日，国家审计署发布了《国务院关于2021年度中央预算执行和其他财政收支的审计工作报告》，明确指出多达20家地方资产管理公司偏离主业、违规对外融资，其中151.07亿元形成不良或逾期，充分暴露了地方资

产管理公司展业过程中的规范性隐患。

自2021年以来，地方资产管理公司监管框架逐渐成型，不断向全国性金融资产管理公司的监管框架和监管标准靠拢。2021年8月，中国银保监会就《地方资产管理公司监督管理暂行办法（征求意见稿）》（以下简称《意见》）完成征求意见，《意见》对地方资产管理公司的设立流程、经营范围、禁止性规定等方面作出了清晰严格的要求，初步形成了全国统一的监管框架。2021年12月，中国人民银行发布《地方金融监督管理条例（草案征求意见稿）》，明确按照“中央统一规则、地方实施监管，谁审批、谁监管、谁担责”的原则，将地方各类金融业态纳入统一监管框架，强化地方金融风险防范化解和处置。系列监管文件就地方资产管理公司的发展定位、业务范围、业务开展的资质条件、融资渠道及融资比例等作出了明确规定，同时强调地方资产管理公司全面回归本源、专注不良主责主业，并对地方资产管理公司每年新增不良资产投资规模等提出了要求。2022年3月24日，中国银保监会官网发布“地方资产管理公司名单”，该份名单首次经由中国银保监会官方正式发布，地方资产管理公司严监管逐步加强，统一监管趋势日渐明朗。

4．银行系金融资产投资公司持续提升市场化债转股质效

作为市场化债转股的专业实施机构，银行系金融资产投资公司自2017年成立以来，在降低企业融资杠杆、助力供给侧结构性改革、防范化解金融风险方面持续发挥了重要作用。近年来，金融资产投资公司持续探索业务新模式，积极有序开展债转股业务，行业发展趋势向好，债转股签约金额和落地金额显著扩大。截至2021年末，五家金融资产投资公司债转股项目签约金额已超过2.5万亿元，落地金额约1.03万亿元。

整体来看，五大金融资产投资公司的债转股业务规模持续扩大，其主要业务以优质类资产项目为主，主要面向发展前景良好但短期资产负债水平较高、在国民经济中占有重要地位并具备发展潜力的优质企业，具体包括中央企业、地方国有企业、龙头民营企业、上市公司、拟上市公司五大类客户，其中又以中央企业和地方国有企业为主。主要业务渠道依托于自身强大的对

公客户基础及业务渠道、同业渠道，形成辐射全国的优质项目推荐渠道。主要资金则来源于母公司银行股东的增资、公司投资收益及发行金融债等中长期稳定资金。

2022年6月17日，中国银保监会印发《中国银保监会关于印发金融资产投资公司资本管理办法（试行）的通知》（银保监规〔2022〕12号），明确了金融资产投资公司各级资本充足率的要求，即核心一级资本充足率不得低于5%、一级资本充足率不得低于6%及资本充足率不得低于8%，并规定金融资产投资公司因持有市场化债转股形成的股权投资的风险权重为250%，以上均显著低于对商业银行和全国性资产管理公司的要求。该项资本新规的发布，对于有效缓解金融资产投资公司的资本压力，促进市场化债转股业务的顺利开展，进而对提升其服务实体经济、防范化解金融风险的质效具有积极作用。

（二）不良资产市场需求端发展趋势

1．资产管理公司继续加快回归不良资产主业

自2019年以来，资产管理公司积极响应“回归本源、专注主业”的政策要求，持续退出与主业无关的业务，回归不良资产主业的步伐有所加快。从全国性金融资产管理公司来看，全国性金融资产管理公司持续加强对非主业子公司的清理及内部机构的整合，以集中自身优势力量，加大对不良资产主业的经营力度。2021年，中国长城资产管理股份有限公司在挂牌转让长生人寿保险公司全部70%的股权后，又陆续完成所持有的宁夏金融资产管理有限公司、甘肃长达金融资产管理股份有限公司两家地方资产管理公司的股权转让；同年内，中国东方资产管理股份有限公司（以下简称中国东方）开启对下属公司的“瘦身”整合，统筹完成了上海东兴投资控股发展有限公司与邦信资产管理有限公司的吸收合并事项。2022年，中国东方陆续开始清退所持有的地方资产管理公司股权，其所持有的天津津融资产管理有限公司、宁波金融资产管理股份有限公司等两家地方资产管理公司的股权先后被公开宣告拟清仓转让。2021年9月至2022年8月，中国华融持续推动化险“瘦身”、加

快主业转型，先后转让了华融交易中心、华融消费金融、华融湘江银行、华融证券、华融信托5家子公司的股权，以及已挂牌转让所持有的地方资产管理公司——华融晋商资产管理股份有限公司48.88%的股权，交易涉及消费金融、信托、银行等多张非主业牌照，资产规模缩表近6000多亿元。从地方资产管理公司来看，近年来，面向地方资产管理公司的监管逐渐统一、趋严，回归不良资产主业的政策要求不断明确。2021年8月，中国银保监会出台《地方资产管理公司监督管理暂行办法（征求意见稿）》明确提出，地方资产管理公司每年新增的不良资产规模应占新增投资额的50%，且新增金融机构不良资产投资额不小于新增投资额的25%。此外，截至2022年末，全国已有近10个省（自治区、直辖市）陆续出台了针对地方资产管理公司的监管政策，均强调了依法合规经营、回归不良资产主业的经营要求。据不完全统计，河南等区域部分地方资产管理公司2022年全年新增投资中，不良资产主业投资占比已达70%以上，不良资产主业经营的专注度提升较为明显。由于中国华融、中国长城、中国东方和中国信达四家全国性金融资产管理公司在此前的市场化改革中，均已获得银行、证券、保险、信托等多个金融牌照，并且部分公司目前仍持有地方资产管理公司股权。部分地方资产管理公司依然存在一些偏离不良资产主业的不规范问题，投资业务、类信贷业务占比仍然较高。在金融风险化解任务更加艰巨、行业全面回归本源的严监管要求的背景下，资产管理公司预计仍将继续加快回归不良资产主业，以不断优化自身资源配置，进一步巩固主责主业，有效提升防范和化解金融风险、助力供给侧结构性改革及服务实体经济的能力。

2．不良资产行业内部竞争进一步加剧

经过20多年的发展，我国不良资产行业已逐步形成“5+59+银行系+外资系”的市场格局。随着行业回归本源的监管要求和趋势不断加强，地方资产管理公司未来继续扩容，外资资产管理公司逐步加快入场，不良资产市场参与主体不断增加，不良资产行业的内部竞争将进一步加剧。

一方面，行业全面回归本源的严监管要求将推动资产管理公司全面增加不良资产业务投放，主业竞争将显著加大。自2019年以来，行业监管逐渐趋严，政策引导不良资产管理公司回归本源和主业的趋势不断加强，全国性金融资产管理公司推进机构“瘦身”重组、回归主责主业经营的步伐逐步加快。2021年8月，中国银保监会就《地方资产管理公司监督管理暂行办法》向社会公开征求意见，其中明确要求地方资产管理公司每年新增的不良资产规模应占新增投资额的50%，且新增金融机构不良资产投资额不小于新增投资额的25%，监管标准不断向全国性金融资产管理公司靠拢，资产管理公司回归不良资产主责主业的政策要求不断明确。在回归本源的严监管要求下，全国性金融资产管理公司、地方资产管理公司加快调整业务结构，不断扩大不良资产业务投放规模，在违规业务上“控增量、去存量”，在一定程度上或加剧不良主业的内部竞争。另一方面，在不良资产市场供给持续增加、风险化解任务迫切的背景下，地方资产管理公司有望继续迎来扩容。截至2022年末，全国共有59家地方资产管理公司，其中有18个省（自治区、直辖市）区域内至少已设立2家以上地方资产管理公司，浙江省、山东省、福建省、广东省、辽宁省各有3家地方资产管理公司，在当前不良资产市场供给持续增加、金融风险化解任务更加艰巨的背景下，地方资产管理公司牌照的批复速度有望得到进一步提升，数量或将有所扩容。

此外，随着2020年中美第一阶段经济贸易协议的逐步落地，不良资产行业对外开放程度的不断提高，外资资产管理公司或逐步加快入场，不断提升对中国不良资产市场的参与度。外资资产管理公司在市场品牌、不良资产管理等方面具有相对成熟的经验，或将进一步加剧不良资产市场竞争，对国内资产管理公司的未来生存空间造成一定挤压。

3．对化解重点领域风险能力的要求显著提高

我国经济仍处于增速换挡和结构转型调整期，在疫情持续冲击下，不良资产领域风险逐渐从资产“不良”扩展到机构“不良”或行业“不良”，从大型机构下沉至中小机构，房地产、信托、中小金融机构和个贷不良等重点领域风险及新领域风险加速暴露，成为当前信用风险的主要来源。

自2021年以来，金融监管部门先后印发《关于开展不良贷款转让试点工作的通知》《关于推进信托公司与专业机构合作处置风险资产的通知》

《关于引导金融资产管理公司聚焦主业积极参与中小金融机构改革化险的指导意见》等多项针对性政策文件，加强引导资产管理公司积极参与信托、中小金融机构和个贷不良等重点领域风险、新领域风险的化险。然而这些重点领域、新领域业务的风险成因和背后涉及的债权关系较为复杂，业务普适性较弱，存在显著的地域性和特殊性特点，风险化解任务相对艰巨，对资产管理公司盘活资产、风险化解能力的要求因而显著提高。资产管理公司需要持续聚焦不良资产主责主业，切实发挥风险防范化解功能作用，改变传统模式，充分运用投行化思维，设计完善的综合金融服务方案，综合运行各类处置手段，稳妥参与高风险机构的不良资产处置与化险，真正盘活资产，从而为防范化解金融风险和推动国民经济良性循环作出积极贡献。

三、相关监管政策新动态

2022年不良资产行业的监管政策迎来重大变革。一方面，在新冠肺炎疫情持续冲击经济的背景下，资产管理公司化解风险的职能进一步获得监管政策的重视和有效支持，资产管理公司在内的不良资产市场主体的业务边界不断扩展，业务涉税政策迎来多重优惠利好。另一方面，为应对疫情冲击，有效防范和化解金融风险，维护经济金融的稳定，行业严监管仍在延续，金融机构不良资产的转让处置约束不断得到加强。

（一）国务院办公厅强调进一步盘活存量资产

为深入贯彻习近平新时代中国特色社会主义思想，完整、准确、全面贯彻新发展理念，加快构建新发展格局，推动高质量发展，2022年5月25日，国务院办公厅印发《关于进一步盘活存量资产扩大有效投资的意见》（国办发〔2022〕19号，以下简称《意见》），推动盘活存量资产、扩大有效投资（见表6-1）。

表 6-1 《关于进一步盘活存量资产扩大有效投资的意见》要点

政策要点	主要内容
重点领域	存量规模较大、当前收益较好或增长潜力较大的基础设施项目资产；存量和改扩建有机结合的项目资产；长期闲置但具有较大开发利用价值的项目资产
重点区域	任务重、投资需求强、存量规模大、资产质量好的地区；地方政府债务率较高、财政收支平衡压力较大的地区；京津冀协同发展、长江经济带发展、粤港澳大湾区建设、长三角一体化发展、黄河流域生态保护和高质量发展、海南自由贸易港等区域
重点企业	引导支持基础设施存量资产多、建设任务重、负债率较高的国有企业，选择适合的存量资产，采取多种方式予以盘活；鼓励民营企业根据实际情况，参与盘活国有存量资产
盘活方式	推动基础设施领域不动产投资信托基金（REITs）健康发展；规范有序推进政府和社会资本合作（PPP）；积极推进产权规范交易；发挥国有资本投资、运营公司功能作用；探索促进盘活存量和改扩建有机结合；挖掘闲置低效资产价值；支持兼并重组等其他盘活方式

资料来源：本报告课题组整理。

随着我国经济发展进入新阶段，构建“存量资产和新增投资的良性循环”成为大势所趋，多渠道盘活存量资产对拓宽社会投资渠道、合理扩大有效投资及降低政府债务风险、降低企业负债等具有重要意义。《意见》明确表示，支持银行、信托、保险、金融资产管理、股权投资基金等机构，充分发挥各自优势，按照市场化原则积极参与盘活存量资产；支持全国性金融资产管理公司、金融资产投资公司及国有资本投资、运营公司通过不良资产收购处置、实质性重组、市场化债转股等方式盘活闲置低效资产；此外，还鼓励符合条件的全国性金融资产管理公司、金融资产投资公司通过发行债券融资，解决负债久期与资产久期错配等问题。《意见》为有效盘活存量资产、促进存量资产和新增投资的良性循环给出了明确的政策指向，在一定程度上也确立了资产管理公司在盘活存量资产中的重要作用。

（二）中国银保监会启动第二批不良贷款转让试点

为进一步防范化解不良贷款风险，拓宽不良贷款处置渠道，2022年12月29日，中国银保监会办公厅下发《关于开展第二批不良贷款转让试点工作的通知》，批准新参与试点金融机构开展单户对公不良贷款转让、个人不良贷款批量转让业务（见表6-2）。

表 6-2　《关于开展第二批不良贷款转让试点工作的通知》要点

政策要点	主要内容
转让范围	单户对公不良贷款转让、个人不良贷款批量转让
新增参与机构	在原试点机构范围基础上，将开发银行、进出口银行、农业发展银行及信托公司、消费金融公司、汽车金融公司、金融租赁公司纳入试点机构范围；将注册地位于北京、河北、内蒙古、辽宁、黑龙江、上海、江苏、浙江、河南、广东、甘肃的城市商业银行、农村中小银行机构纳入试点机构范围
转让规定	银行可以向金融资产管理公司和地方资产管理公司转让单户对公不良贷款和批量转让个人不良贷款；地方资产管理公司可以受让本省（自治区、直辖市）区域内的银行单户对公不良贷款，批量受让个人不良贷款不受区域限制；资产管理公司受让个人不良贷款后，可采取诉讼追偿、债务展期、重组等多种方式进行处置，不得再次对外转让
施行期限	2022 年 12 月 29 日至 2025 年 12 月 31 日，《中国银保监会办公厅关于开展不良贷款转让试点工作的通知》施行期限同时延长

资料来源：本报告课题组整理。

2021年1月《中国银保监会办公厅关于开展不良贷款转让试点工作的通知》印发后，各类市场主体积极参与，试点工作平稳有序开展，取得了良好的示范效应，本次下发通知是对上述2021年不良贷款转让试点政策的延续与拓展。该通知明确，在原试点机构范围基础上，将政策性银行、信托公司等非银行金融机构，以及注册于北京等11个省（自治区、直辖市）区域内的城市商业银行、农村中小银行机构等纳入试点机构范围，对参与不良贷款转让试点的主体进行了大幅扩容。这或体现了监管部门对不同区域中小金融机构有采取差异化处理方式，这些区域中小银行机构不良资产处置压力相对较大，且个别借款企业风险突出，涉及金融机构不良资产处置规模较大。扩容通知发布后不久，引发了新参与试点金融机构的广泛关注和积极响应。该通知的落地进一步拓宽了不良贷款处置渠道，有助于加快不良资产处置，缓解银行不良贷款处置压力。

（三）中国银保监会加强引导金融资产管理公司参与中小金融机构化险

为进一步促进金融资产管理公司回归本源、专注主业，在中小金融机构改革化险中发挥积极作用，2022年6月6日，中国银保监会印发《关于引导金融资产管理公司聚焦主业积极参与中小金融机构改革化险的指导意见》(62号文)(见表6–3)。

表 6–3 《关于引导金融资产管理公司聚焦主业积极参与中小金融机构改革化险的指导意见》要点

政策要点	主要内容
基本原则	坚持市场化、法治化原则。资产管理公司要在夯实中小金融机构风险底数的基础上全面评估风险，自主决定是否参与有关中小金融机构风险处置；地方政府和监管部门按职责做好相关工作，不搞“拉郎配”，不摊派任务，不干预不良资产市场定价
参与方式	鼓励资产管理公司接受地方政府和监管部门的委托，以轻资产方式积极参与地方中小金融机构风险化解；鼓励资产管理公司参与高风险中小金融机构兼并重组工作，推动高风险中小金融机构有序出清
拓宽金融资产收购范围	涉及债委会项目、债务人已进入破产程序项目、本金或利息等权益已逾期 90 天以上的资产、债务人在公开市场发债已出现违约的资产，以及因疫情影响延期还本付息后再次出现逾期的资产或相关抵债资产
政策支持	资产管理公司批量收购金融机构不良资产，可按照《关于印发金融企业不良资产批量转让管理办法的通知》（财金〔2012〕6 号）相关规定分期支付收购款；支持资产管理公司适度增加金融债券发行规模，降低融资成本；鼓励商业银行等认购资产管理公司发行的债务融资和资本工具，并降低持有其金融债券的风险权重
业务规范	在真实、洁净出表前提下，资产管理公司可以反向委托相关金融机构进行资产处置，但资产管理公司在此过程中应发挥主导作用；资产管理公司向投资者转让不良资产而确需采取分期收款方式的，首次收款比例不得低于转让价款的 30%；严禁资产管理公司通过结构设计隐匿真实风险和不良资产“假出表”，严防国有资产流失；严禁资产管理公司通过结构化交易方式为银行业金融机构不良资产违规出表提供通道

资料来源：本报告课题组整理。

中小金融机构是我国金融体系的重要组成部分，近年来发展迅速，对促进金融市场竞争和服务实体经济发展发挥了重要作用，但其在发展过程中积累的金融风险也开始集中暴露，发展质量仍需提升。62号文提出，金融资产管理公司要加大对中小金融机构不良资产收购、管理和处置力度，可将违约债券、90天以上逾期资产等五类资产纳入收购范围。金融资产管理公司主业范围大幅拓宽，业务来源更加多元化。此外，62号文明确在债权处置端的付款方式、优化融资来源和结构等方面给予金融资产管理公司一系列的政策支持，有利于增强其参与化解中小金融机构风险的主动性，并显著提升其处置不良资产、化解金融风险的能力。

（四）商业银行金融资产风险分类管理新规发布

为进一步推动商业银行准确识别、评估信用风险，真实反映资产质量，2023年2月11日，中国银保监会、中国人民银行联合发布了《商业银行金融资产风险分类办法》（中国银行保险监督管理委员会　中国人民银行令〔2023〕第1号，以下简称《办法》）（见表6-4）。

表 6-4　《商业银行金融资产风险分类办法》要点

政策要点	主要内容
金融资产分类基本原则	应遵循真实性、及时性、审慎性和独立性原则。商业银行应严格按照《办法》要求开展风险分类，并根据债务人履约能力及金融资产风险变化情况，及时、动态调整分类结果；此外，应在依法依规前提下，独立判断金融资产的风险程度，不受其他因素左右而影响分类结果，确保风险分类真实、准确反映金融资产的风险状况
风险分类对象	商业银行表内承担信用风险的金融资产，包括但不限于贷款、债券和其他投资、同业资产、应收款项等。表外项目中承担信用风险的，应按照表内资产相关要求开展风险分类
分类要求和管理要求规定	一是提出金融资产风险分类要求。明确金融资产五级分类定义，设定零售资产和非零售资产的分类标准，对债务逾期、资产减值、逃废债务等特定情形，以及分类上调、企业并购、资管及证券化产品涉及的资产分类等问题提出具体要求。二是提出重组资产的风险分类要求。细化重组资产定义、认定标准及退出标准，明确不同情形下的重组资产分类要求，设定重组资产观察期。三是加强银行风险分类管理。要求商业银行健全风险分类治理架构，制定风险分类管理制度，明确分类方法、流程和频率，开发完善信息系统，加强监测分析、信息披露和文档管理。四是明确监督管理要求。监管机构对商业银行风险分类管理开展监督检查和评估，对违反要求的银行采取监管措施和行政处罚
适用主体	适用于中华人民共和国境内依法设立的商业银行，国家开发银行及政策性银行、农村合作银行、村镇银行、农村信用社和外国银行分行、中国银保监会及其派出机构监管的其他银行业金融机构参照本办法执行
执行期限	商业银行自 2023 年 7 月 1 日起发生的业务，应按照《办法》要求进行分类；对于 2023 年 7 月 1 日前发生的业务，商业银行应制订重新分类计划，于 2025 年 12 月 31 日前按季度有计划、分步骤对所有存量业务全部按照《办法》要求重新分类

资料来源：本报告课题组整理。

信用风险是我国银行业面临的最主要风险，完善的风险分类制度是有效防控信用风险的前提和基础。近年来，我国商业银行资产结构发生了较大变化，风险分类实践面临诸多新情况和新问题。《办法》将风险分类对象由贷款扩展至承担信用风险的全部金融资产，并界定了新的风险分类定义，商业银行风险分类的金融资产范围有所拓宽，风险分类的客观指标与要求进一步明确。同时，《办法》针对商业银行加强风险分类管理提出了系统化要求，并明确了监督管理的相关措施。《办法》对于推动商业银行准确识别风险水平、做实资产风险分类，进一步明确和拓宽资产管理公司的业务边界，从而有效防范化解银行业信用风险、提升服务实体经济水平具有积极意义。

（五）不良债权以物抵债涉税政策迎来重要调整

为支持银行业金融机构、金融资产管理公司处置不良债权，有效防范金融风险，2022年9月30日，财政部、国家税务总局联合发布《关于银行业金融机构、金融资产管理公司不良债权以物抵债有关税收政策的公告》（财政部 税务总局公告2022年第31号，以下简称《公告》），对银行业金融机构、金融资产管理公司不良债权以物抵债涉及的增值税、印花税、契税、房产税、城镇土地使用税等作出重要调整（见表6-5）。

表 6-5 《关于银行业金融机构、金融资产管理公司不良债权以物抵债有关税收政策的公告》要点

政策要点	主要内容
适用主体	银行业金融机构、金融资产管理公司的抵债业务
适用客体	经人民法院判决裁定或仲裁机构仲裁的抵债不动产、抵债资产。其中，金融资产管理公司的抵债不动产、抵债资产，限于其承接银行业金融机构不良债权涉及的抵债不动产、抵债资产
税收调整	处置抵债不动产，可选择以取得的全部价款和价外费用，扣除取得该抵债不动产时的作价为销售额，适用 9% 税率计算缴纳增值税；接收抵债资产免征契税；接收、处置抵债资产过程中涉及的合同、产权转移书据和营业账簿免征印花税；持有抵债不动产，可根据《中华人民共和国房产税暂行条例》《中华人民共和国城镇土地使用税暂行条例》授权和本地实际，减免房产税、城镇土地使用税
执行期限	2022 年 8 月 1 日至 2023 年 7 月 31 日

资料来源：本报告课题组整理。

以物抵债是不良资产处置领域当中最为常见的形式之一，以物抵债及抵债资产处置纳税环节多、税费较重则是不良资产处置过程中广泛存在的痛点问题。《公告》内容覆盖了金融机构不良债权处置的各个主要环节，涉及银

行业金融机构、金融资产管理公司需缴纳的增值税、印花税及契税等多项税收减免。此次出台的税收减免政策有利于减轻银行业金融机构、金融资产管理公司不良债权以物抵债处理过程中的税收负担，加快不良债权处置效率。值得说明的是，目前该政策的执行期限暂定为1年，未来是否会延续或将根据不良资产风险化解的具体成效再行调整。

（六）财政部明确金融机构不良资产转让处置规范

为深入贯彻落实党中央、国务院关于进一步严肃财经纪律、整饬财经秩序、规范财务管理的工作要求，引导金融企业规范有序健康平稳运行，促进金融业高质量发展，2022年7月20日，财政部印发《关于进一步加强国有金融企业财务管理的通知》（财金〔2022〕87号，以下简称《通知》），就金融机构不良资产转让处置等方面的有关问题，作出了规范性要求和明确性的禁止行为（见表6-6）。

表 6-6　《关于进一步加强国有金融企业财务管理的通知》要点

政策要点	主要内容
不良资产转让规定	三个应当：应当坚持“依法合规、公开透明、洁净转让、真实出售”原则，及时充分披露相关信息；资产管理公司以批量转让方式购入的不良资产应当主要采取清收、债务重组、债转股等方式进行处置；金融企业应当对不良资产处置建立检查抽查制度 三个不得：不得通过处置不良资产进行利益输送；不得通过虚假转让不良资产；不得折价转让给该资产原债务人及关联企业等利益相关方
不良资产核销和处置管理规定	对于申请核销的不良资产，应当采取必要保全措施和实施必要追偿程序；对于已核销资产，应当实行账销案存管理，建立核销后资产管理制度，按年度向董事会报告不良资产核销管理情况，包括核销资产情况、已核销资产清收处置进展、责任认定和责任追究情况等
债务重组规定	金融企业应当加强资产质量管理，做实资产风险分类，定期对各类资产风险分类开展重检，真实准确反映资产质量，不得以无效重组等方式隐瞒资产的真实风险状况

资料来源：本报告课题组整理。

债务人操作回购自身不良债权是不良资产行业内较为常见的现象，其合法性与合理性也成为业内一项具有较大争议的内容。《通知》在不良资产转让合规问题上给出了明确规定，就严禁债务人回购自身不良债权作出了详细解释。同时,《通知》明确，应当采取必要保全措施和实施必要追偿程序，并首次提出债务不得无效重组的规定，对进一步规范金融机构不良资产处置行为、加强国有金融企业财务管理、有效防范金融风险、维护国有金融资本权益具有重要意义。

四、小结

自2022年以来，受疫情冲击及内外部环境等诸多不确定因素影响，金融风险逐渐呈现新的特征，部分领域的风险加速暴露，不良资产市场的供给进一步增加，风险防范化解压力有所加大。金融资产管理公司持续聚焦不良资产经营主责主业，主动防范化解金融风险，提升服务实体经济质效，保障经济和金融体系良性循环。

从不良资产市场供给端来看，我国商业银行资产质量持续改善，其中农村商业银行不良率下降较为明显，国有大型商业银行不良率持续保持低位运行。非银行金融机构风险加速暴露，信托业风险资产不断增加，实体企业不良资产规模继续扩大。此外，债券违约风险有所缓释但呈现结构性分化，民营企业和房地产企业构成债券违约和展期的主体，地方融资平台债务风险进一步抬升。从不良资产市场供给端的趋势来看，商业银行不良贷款短期内预计或将有所上升，中小银行资产质量仍将承压。非银行金融机构和非金融企业的不良资产业务机会或持续增多，地方融资平台债务风险化解需求将进一步增加。

从不良资产市场需求端来看，在疫情持续冲击影响下，国内经济修复继续放缓，叠加行业监管趋严，资产管理公司面临的经营压力明显增加。全国性金融资产管理公司不良资产业务整体较为稳定，地方资产管理公司严监管逐步加强，统一监管趋势逐渐明朗，银行系金融资产投资公司资本压力有所缓解，市场化债转股质效持续提升。从不良资产市场需求端的趋势来看，在金融风险化解任务更加艰巨、行业全面回归本源的严监管要求背景下，资产管理公司将继续加快回归不良资产主业，此外随着不良资产市场参与主体的不断增多，不良资产行业的内部竞争将进一步加剧，对化解重点领域风险能力的要求也将显著提高。为应对疫情冲击，有效防范和化解金融风险，维护经济金融的稳定，行业严监管仍在延续。同时，在新冠肺炎疫情持续冲击经济的背景下，资产管理公司化解风险的职能进一步获得监管政策的重视和有效支持，资产管理公司在内的不良资产市场主体的业务边界不断扩展，业务涉税政策迎来多重优惠利好。